大学治理准则研究

王绽蕊 / 著

RESEARCH ON

UNIVERSITY

GOVERNANCE

GUIDELINES

社会科学文献出版社

SOCIAL SCIENCES ACADEMIC PRESS (CHINA)

本书是全国教育科学"十三五"规划 2018 年度国家一般课题"中国特色大学治理准则研究"（课题批准号：BIA180201）的最终研究成果。

摘　要

　　当前，以建设高质量高等教育体系为核心的高等教育高质量发展成为我国高等教育发展与改革的时代主题，而高等教育治理体系和治理能力作为保障高等教育高质量发展的"基座"，必须找到新的建设抓手，以加快推进其现代化。大学治理准则是大学治理的原则和标准、大学治理机构组织与运作的专业建议、大学治理主体的行为指南，它既是一种治理规则，也与治理组织体系建设、治理工具和方法创新密切相关，是一种综合性、高质量的治理工具，可以作为新时期我国高等教育治理体系和治理能力建设的重要抓手。加强大学治理准则研究，探讨中国特色大学治理准则建设的意义与可行性，是关乎如何以中国式现代化推进我国高等教育治理体系和治理能力现代化的重要课题，值得深入研究。

　　本书从软法和系统化治理的理论视角出发，分析了大学治理准则的性质和功能。综合运用历史研究法、调查法、比较研究法和案例研究法等多种研究方法，考察了新中国成立前后我国大学治理准则建设的历史，分析了中国特色大学治理准则建设的现实需求与挑战，调查了利益相关者对中国特色大学治理准则的态度与看法，系统梳理和总结了美国和欧洲国家大学治理准则的发展历程、内容结构、治理效能、特征与建设经验，在此基础上，提出了中国特色大学治理准则建设的基本构想。

　　本书的主要观点包括以下几个方面。（1）大学治理准则是一种软法规范和集体治理制度安排，它处在大学、高等教育共同体组织和公共权力机构的连接线上，在融合一个国家高等教育治理体系的各个主体之间起着中介节点的作用。大学治理准则的这些特点决定了它不仅对大学治理有着规范和引导功能，在一个国家的高等教育治理系统层面也有着特殊的治理功能。（2）国外大学治理准则是大学发展到一定历史阶段后，多种因素影响下的产物，每个国家的大学治理准则及其建设方式都有着自己的特色。当前，大学治理准则在很多国家已经成为重要的、不可或缺的治理工具，其建设经验可以为我国大学治理准则建设提供很好的启示。（3）我国在新中国成立前后曾出现过广义上的大学治理准则，但它们还不是专门的大学治理准则。当前制定专门的中国特色大学治理准则既有必要性又有紧迫性。（4）中国特色大学治理准则建设需以全面贯彻落实党的教育方针、"为党育人、为国育才"、"办好人民满意的教育"为根本目的，以坚持"扎根中国大地办大学"、服务国家创新驱动发展为路径方向，以坚持和完善"党委领导、校长负责、教授治学、民主管理、社会参与"的大学治理结构为提高大学治理质量的核心主旨，以社会主义核心价值观和中华传统美德为大学治理价值观念和治理主体伦理道德规范的基础内核，既要凸显"中国特色"，也不能排斥对其他国家和其他领域治理准则建设经验的借鉴。

关键词： 大学　治理准则　中国特色　建设

Abstract

High-quality development of higher education centered on the construction of a high-quality higher education system has become the theme of the times for the development and reform of higher education in China. As the "foundation" for ensuring high-quality development of higher education, the governance system and capacity of higher education must find new construction methods to accelerate its modernization. University governance guidelines are the principles and standards of university governance, professional suggestions for the organization and operation of university governance institutions, and behavioral guidelines for university governance actors. They are not only governance rules, but also closely related to the construction of governance organizational systems, innovation of governance tools and methods, potentially comprehensive and high-quality governance tools that can serve as an important lever for the construction of China's higher education governance system and governance capacity in the new era. Strengthening the research on university governance guidelines and exploring the significance and feasibility of the construction of university governance guidelines with Chinese characteristics is an important issue related to how to promote the modernization of China's higher education governance system and governance capacity in the way of Chinese path to modernization, which is worthy of in-depth research.

This book analyzed the nature and functions of university governance guidelines from the theoretical perspectives of soft law and systematic governance. By comprehensively using various research methods such as historical research, investigation, comparative research, and case study, this study examines the history of the construction of university governance guidelines in China before and after the founding of the People's Republic of China. It analyzes the practical needs and challenges of the construction of university governance guidelines with Chinese characteristics, investigates the attitudes and opinions of the stakeholders, and systematically analyzed the development process, content, structure, governance effectiveness, characteristics, and construction experience of university governance guidelines in the United States and European countries. On the basis of these studies, the main ideas for the construction of university governance guidelines with Chinese characteristics has been proposed.

The main viewpoints of this book include: (1) university governance guidelines are a soft law and collective governance institutional arrangements, located on the connecting line between universities, higher education community organizations, and public power institutions, playing a mediating node role in integrating various subjects of a country's higher education governance system. The characteristics of university governance guidelines determine that they not only have normative and guiding functions for university governance, but also have special governance functions at the level of a country's higher education governance system. (2) The university governance guidelines of foreign universities are the products of various factors that influence the development of universities at a certain historical stage. Each country's university governance guidelines and their construction methods have their own characteristics. Currently, university governance guidelines have become important and indispensable governance instruments in many countries, and their construction experience can provide good insights for the construction of university governance guidelines in China. (3) Before and after the founding of the People's Republic of China, there were university governance guidelines in broad sense, but they are not yet specific guidelines for university governance. It is both necessary and urgent to formulate specific university governance standards with Chinese characteristics. (4) The construction of university governance guidelines with Chinese characteristics needs to be based on the fundamental goal of fully implementing the Party's education policy, "cultivating talents for the Party and the country", and "providing education that satisfies the people". The path direction is to adhere to the principle of "taking root in China to run universities" and serving the country's innovation driven development, The core theme of improving the quality of university governance is to adhere to and improve the university governance structure of "Party committee leadership, president responsibility, professor scholarship, democratic management, and social participation", and to use socialist core values and traditional Chinese virtues as the fundamental core of university governance values and ethical and moral norms of governance actors. We should not only highlight the "Chinese characteristics", but also exclude the reference to the experience of other countries and other fields in building university governance guidelines.

Keywords: University; Governance Guidelines; Chinese Characteristics; Construction

目　录

绪　论

第一节　研究背景

一　高等教育高质量发展的时代需求

2017 年 10 月，习近平总书记在党的十九大报告中提出"我国经济已由高速增长阶段转向高质量发展阶段"①。党的十九届五中全会将高质量发展作为"十四五"乃至更长时期经济社会各方面发展的主题；党的十九届六中全会通过了《中共中央关于党的百年奋斗重大成就和历史经验的决议》，进一步明确要求推动高质量发展②。2022 年 10 月，习近平总书记在党的二十大报告中，又提出"高质量发展是全面建设社会主义现代化国家的首要任务"③。

在以高质量发展为主题的新发展阶段，我国高等教育必然也要将高质量发展作为首要任务。高等教育高质量发展的核心是建设高质量教育体系。2022 年 3 月，《中华人民共和国国民经济和社会发展第十四个五年规划和2035 年远景目标纲要》提出要"建设高质量教育体系"④。2022 年 10 月，党的二十大报告提出"实施科教兴国战略，强化现代化建设人才支撑"⑤，

① 习近平：《决胜全面建成小康社会 夺取新时代中国特色社会主义伟大胜利——在中国共产党第十九次全国代表大会上的报告》，中国政府网，2017 年 10 月 27 日，https：//www.gov.cn/zhuanti/2017-10/27/content_ 5234876. htm。
② 尹俊：《必须牢牢把握高质量发展主题》，《光明日报》2022 年 1 月 7 日。
③ 习近平：《高举中国特色社会主义伟大旗帜 为全面建设社会主义现代化国家而团结奋斗——在中国共产党第二十次全国代表大会上的报告》，中国政府网，2022 年 10 月 25 日，https：//www.gov.cn/xinwen/2022-10/25/content_ 5721685. htm。
④ 《中华人民共和国国民经济和社会发展第十四个五年规划和 2035 年远景目标纲要》，中国政府网，2021 年 3 月 13 日，https：//www.gov.cn/xinwen/2021-03/13/content_ 5592681. htm。
⑤ 习近平：《高举中国特色社会主义伟大旗帜 为全面建设社会主义现代化国家而团结奋斗——在中国共产党第二十次全国代表大会上的报告》，中国政府网，2022 年 10 月 25 日，https：//www.gov.cn/xinwen/2022-10/25/content_ 5721685. htm。

将教育、科技、人才一体部署,强调加快建设高质量教育体系的重要性。2023年2月,中共中央、国务院印发《质量强国建设纲要》,提出"建设高质量教育体系,推动基本公共教育、职业技术教育、高等教育等提质扩容"[①]。

建设高质量高等教育体系,实现高等教育高质量发展的基本保障在于治理体系和治理能力现代化。"推进高等教育治理体系与治理能力现代化是高质量高等教育体系建设的必经之路,只有落实多元共治的机制建设与制度保障,引导学生家长、企业与行业代表、技术专家、社会公众等发挥协商对话、民主监督的正向作用,才能更好适应高等教育的发展变化,满足不同利益相关者的迫切需求,进而推动高等教育高效健康可持续发展。"[②]

推进高等教育治理体系和治理能力现代化要求我们努力建设高质量的高等教育治理体系,包括高等教育治理价值体系、规则体系、组织体系、工具和方法体系,实现治理体系与高等教育内在运行规律和高质量发展需求的紧密耦合。找到新的建设抓手,通过这一新的抓手,努力推进我国高等教育治理价值体系、规则体系、组织体系、工具和方法体系现代化,进而推动高等教育治理体系和治理能力现代化,是现阶段我们需要面对的迫切任务。

二 高等教育治理体系和治理能力现代化的路径方向

2010年颁布的《国家中长期教育改革和发展规划纲要(2010—2020年)》是进入21世纪以来推动我国大学治理制度建设的重要里程碑。自该纲要颁布以来,"完善大学治理结构""大学章程建设""中国特色现代大学制度建设"成为我国高等教育界探讨的热点话题。近年来,我国大学按照教育部发布的《高等学校章程制定暂行办法》(中华人民共和国教育部令第31号)、《学校教职工代表大会规定》(中华人民共和国教育部令第32号)、《高等学校学术委员会规程》(中华人民共和国教育部令第35号)、《普通高

---

① 《中共中央 国务院印发〈质量强国建设纲要〉》,《国务院公报》2023年第5号,https://www.gov.cn/gongbao/content/2023/content_5742204.htm。
② 刘宝存、荀鸣瀚:《普及化时代高质量高等教育体系建设的现实背景与可行路径》,《现代教育管理》2013年第1期。

等学校理事会规程（试行）》（中华人民共和国教育部令第 37 号）的要求完善了大学治理结构、大学章程、学术委员会章程等制度文本和决策程序。大学结束了"无章办学"的历史，学术委员会制度、教职工代表大会制度进一步完善，大学治理结构更加成熟、定型，大学治理制度建设取得了突出成就。这一改革过程遵循了我国大学治理改革由教育部推动、高校执行的传统路径，其优点是效率高，推广快，短短几年之内，我国所有大学的内部治理结构及规章制度迅速得以完善。但这种方式也有缺点，例如，在这一过程中，对大学治理的价值理念、使命和目标缺乏充分的讨论，大学完善治理结构、实施章程建设的目的更像是完成教育部的"规定动作"，而不是出于自身改善治理的切实需要，从而使得这种"完善"显得表面化、形式化，大学治理效能仍有待进一步提高。当前我国大学治理改革还面临不少"难点""痛点"，如教师和学生参与不足，学术委员会权力仍然较为虚弱，教职工代表大会的民主管理、民主监督权"形至而神不至"等。以我国大学的根本治理制度——党委领导下的校长负责制为例，它是"具有中国特色的大学内部治理模式，最大特点就是把党委领导和校长负责二者的功能结合在一起。党委领导什么、如何实现领导，校长负责什么、如何体现负责，自始至终一直是关乎这一治理模式顺利运转的关键问题"[1]。但"从制度文本可以发现，党委如何实现领导核心地位、校长如何依法行使法人职责、党政之间如何协调运行的规则和机制，这些规定在法律政策中都比较宏观笼统，导致许多高校的党委书记和校长在实践中对党政职能划分的认知和理解也不完全一致"[2]。还有学者从伦理的视角对我国大学的治理话语与治理实践进行了尖锐的批评，指出其存在"伦理失语、使命健忘、主体空场、原则缺位、资源妄想、反向盲视、冲突遮蔽、行动漂移"的倾向[3]。这些批评虽然严

---

[1] 李四平：《中国特色大学治理：历史选择与制度创新》，《西北师大学报》（社会科学版）2022 年第 5 期。
[2] 李四平：《中国特色大学治理：历史选择与制度创新》，《西北师大学报》（社会科学版）2022 年第 5 期。
[3] 周作宇：《大学治理的伦理基础：从善治到至善》，《高等教育研究》2021 年第 8 期。

厉，但也十分中肯。这表明，当前我国大学治理规则体系还不够健全，治理伦理规范建设还没有受到应该有的重视，治理工具和手段还不够丰富。这些问题的存在是实现我国高等教育治理体系和治理能力现代化的极大阻碍，不利于我们实现高等教育高质量发展的任务和目标。

2022 年 10 月，习近平总书记在党的二十大报告中系统阐述了中国式现代化这一重要命题，将党的十八大以来学术界对于高等教育治理体系和治理能力现代化的探索推向了新高度。与十几年前相比，当前我国大学发展的内外部条件和环境发生了很大的变化，其中最大的变化是我国已于 2019 年进入高等教育普及化时代，成为当今世界当之无愧的高等教育大国。要从高等教育大国变为高等教育强国，以中国式现代化的想象力和创造力去创新高等教育治理体系和治理能力建设方式是唯一可行的路径。

三 治理准则发展的启示

（一）治理准则的一般发展

在我国大学寻求改善治理的同时，公司也在寻求改善治理，而且因为有来自市场的压力，公司治理研究和实践都走在了大学的前面。2000 年 10 月，为了规范上市公司行为，保护投资者利益，上海证券交易所发布了《上海证券交易所上市公司治理准则指引》，这是我国第一个高标准、高起点、系统的公司治理指导文件[①]。2002 年 1 月，中国证券监督管理委员会和国家经济贸易委员会联合颁布了《上市公司治理准则》（以下简称《准则》）。在《准则》实施十多年之后，中国证券监督管理委员会为认真贯彻落实党中央、国务院关于促进资本市场稳定健康发展的决策部署，进一步推动上市公司规范运作，提升公司治理水平，保护投资者合法权益，对《准则》进行了修订，并于 2018 年 9 月正式发布修订后的《准则》。修订后的《准则》共 10 章 98 条，内容涵盖上市公司治理基本理念和原则，股东大会、董事会、监事会的组成和运作，董事、监事和高级管理人员的权利义务，上市公司激

---

① 刘银国：《公司治理准则问题研究》，《经济学动态》2007 年第 12 期。

励约束机制，控股股东及其关联方的行为规范，机构投资者及相关机构参与公司治理，上市公司在利益相关者、环境保护和社会责任方面的基本要求，以及信息披露与透明度等①。公司治理准则的发展有效地促进了我国企业（尤其是上市公司）完善治理，使现代企业制度更加健全，对维护投资者权益起到了良好的推动作用，凸显出公司治理准则是提高公司治理质量和治理效能的一个有益工具。其实，除了公司治理领域，还有很多其他领域如国际关系领域、党建领域等，也常常使用治理准则作为治理工具，这些领域准则治理的丰富实践为在我国大学治理中引入治理准则提供了很好的示范。

（二）国外大学治理准则治理功能的显现

20世纪90年代中期以来，受公司治理准则发展的影响，一些国家先后出台大学治理准则，以督促和帮助大学改善治理，提高治理水平和决策效率。例如，1995年，英国大学理事会主席委员会（Committee of University Chairs，CUC）出台了《英国高等教育治理机构成员行为指南：治理实践准则和一般原则》（Guide for Members for Higher Education Governing Bodies in the UK：Governance Code of Practice and General Principles），这是英国正式出台的第一个高等教育治理准则。在2004年修订之后，它逐渐成为英国高校治理的"黄金标准"②。2014年，该委员会又发布了《高等教育治理准则》（The Higher Education Code of Governance），重点提出了高等教育治理的七大主要原则③。2000年，澳大利亚出台了《国家治理协议》（National Governance Protocols），并于2007~2008年度对其进行了修订。丹麦、以色列、荷兰等国家也分别于2003年、2004年和2006年出台了本国的大学治理准则。

---

① 《证监会发布修订后的〈上市公司治理准则〉》，中国证券监督管理委员会网站，2018年9月30日，http：//www.csrc.gov.cn/csrc/c100028/c1001175/content.shtml。

② M. L. S. and Lord Limerick，"Guide for Members of Governing Bodies of Universities and Colleges in England and Wales," *Minerva：A Review of Science，Learning and Policy*，1995，33（4）：373-394.

③ Committee of University Chairs，"The Higher Education Code of Governance," https：//www.falmouth.ac.uk/sites/default/files/download/he-code-of-governance-updated-2018_0.pdf.

与上述国家相比，美国大学治理准则的发展几乎早了一个世纪。在美国，大学治理准则通常是由美国大学教授协会（American Association of University Professors，AAUP）、美国高校董事会协会（Association of Governing Boards of Universities and Colleges，AGB）等高等教育共同体组织以声明、宣言、标准、程序等名义单独或联合发布的、用来规范美国高等院校治理的一系列政策文件。美国大学教授协会早在 1915 年就发布了自己的第一个治理准则性质的文件——1915 年《关于学术自由和终身教职的原则宣言》（1915 Declaration of Principles on Academic Freedom and Academic Tenure，以下简称"1915 年宣言"），因此可以说，美国是世界上第一个发布大学治理准则的国家。

这些国家出台大学治理准则的首要和直接目的是促进大学实现良好治理。在制定准则的过程中，有关大学治理主体通过协商形成共识，提出实现良好治理的价值理念，汇集实现良好治理的最佳实践，对大学治理主体提出建议和治理行为指南，明确良好大学治理需遵循的原则和规范。随着了解和采纳这些治理准则的大学越来越多，大学治理准则的治理功能也逐渐显现。大学治理准则除了是一个治理指南，也是一种大学治理理念的价值表达和更新机制，有助于大学以最能呼应时代诉求和大学发展需求的价值观念，引导大学治理。因此，除了促进大学实现良好治理之外，大学治理准则在引导这些国家的大学实现价值治理，持续地促进大学治理理念和方法的更新方面，也起到了积极的作用。

（三）对大学治理准则建设的呼吁

李维安教授在和王世权合著的《大学治理》一书中，首次提出"中国大学治理改革的实践呼唤大学治理的理论创新并制定出符合本国国情、更贴近大学治理实践的非约束性和指导性的一般原则——《中国大学治理原则》"[①]。可以说，这是对中国出台大学治理准则的第一次呼吁，可惜的是，此次呼吁在高等教育界未能得到有力回应。截至目前，我国尚未出台以

_____

① 李维安、王世权：《大学治理》，机械工业出版社，2013，第 194 页。

"中国大学治理准则"为名的文件。"治理准则"作为一个专门的学术概念，在我国高等教育界也鲜有人提及。

总之，高等教育高质量发展的时代需求、中国式现代化的路径和方向要求我们探索高等教育治理体系和治理能力现代化的新抓手、新方式。国内外各个领域准则治理的经验显示，大学治理准则既是一种治理规则，也与治理组织体系建设、治理工具和方法创新密切相关，是一种综合性、高质量的治理工具。加强大学治理准则研究，探讨中国特色大学治理准则建设的意义与可行性，是关乎如何以中国式现代化推进我国高等教育治理体系和治理能力现代化的重要课题，值得深入研究。

第二节 研究问题、目的和意义

一 研究问题

什么是大学治理准则？大学治理准则具有什么样的性质、治理功能，能够产生哪些治理效能？中国是否需要创制、出台自己的大学治理准则？创制、出台大学治理准则有什么意义和价值？如果需要创制、出台中国大学治理准则，应该由谁担任创制主体？中国大学治理准则应该如何凸显中国特色？国外大学治理准则的发展能够为我们提供什么有价值的参考或借鉴？在中国特色大学治理准则建设过程中，如何处理大学治理规律普遍性与"本国特色"、适当借鉴国际经验与自主研发之间的关系？这些都是本书需关注的问题。

二 研究目的和意义

"当前，中国办大学、治理大学，已经过了依靠'舶来品'管理的时代，已经过了依靠传统经验管理的时代，已经过了依靠西方经验管理的时代，因为我们面对的社会环境发生了变化……中国高等教育走向世界，需要形成自己的治理体系。"① 高等教育治理体系包括治理价值体系、治理规则体系、治理组织体系和方法体系，内容十分丰富。高等教育治理体系之所以是一个"体系"，在于它是一个整体的系统，其各个组成部分之间存在协同和互动。

大学治理准则不仅是一个规则文本，它还承载着一个国家大学治理的基本价值理念，规定着一个国家大学治理的基本原则，指导着一个国家的大学治理结构模式，昭示着一个国家大学治理主体的行为规范，它是大学各治理主体赖以互动的一个载体，也是其对大学进行协同治理的一种工具。但无论是国内还是国外，对大学治理准则的研究都比较少，而且不够深入。

本书对大学治理准则的研究主要出于三个目的。首先，填补我国大学治理研究领域的一个空白。大学治理准则是一个值得关注的治理工具，大学治理准则建设也是一个值得关注的研究领域，但截至目前，国内尚未有学者对大学治理准则及其建设问题进行系统深入的研究，这个空白亟须得到填补。其次，针对我国大学治理准则缺失的现状，通过系统深入的理论分析和国内外比较研究，提出中国特色大学治理准则建设的若干构想，为推动我国高等教育治理体系和治理能力现代化贡献微薄之力。最后，对大学治理准则的性质与功能进行理论分析，在理论方面对大学治理准则研究作出力所能及的贡献。

当前，我国高等教育进入高质量发展新阶段，时代对于大学治理水平提出了更高的要求，但大学治理改革却似乎遇到了瓶颈，不少人对采取何种行动、通过何种方式推动大学实现高水平治理感到迷茫。而大学治理准则的性质和功能决定了它可以成为新阶段我国大学治理价值体系、规则体系、组织体系、方法体系建设的重要抓手。在这种背景下，厘清大学治理准则的治理功能，探索大学治理准则建设的普遍经验和一般规律，进而针对我国大学治理准则建设问题提出自己的观点和建议，具有重要的理论价值与时代意义。

---

① 邬大光：《重新认识高等教育研究的存在价值——兼论大学治理中的经验与科学》，《大学教育科学》2020 年第 1 期。

第三节　国内外研究进展综述

一　国内对于大学治理准则的研究

在"大学治理准则"这个词出现之前，我国学者首先对大学治理的原则表现出深切的关注，例如王洪才提出大学内部治理应遵循中位原则，认为权力不能过分集中也不能过分分散，这样才能实现学术创新和大学效率的平衡[①]。

洪源渤于 2010 年在《共同治理：论大学法人治理结构》一书中率先提出我国大学应借鉴公司治理经验，研究大学法人治理结构准则。他指出，西方国家一些大学借鉴公司法人治理结构的经验，在大学法人章程的基础上，开始明确提出自己的治理机构准则，一些大学在治理结构章程中提出了许多可操作性意见。我国在研究大学法人治理结构理论的基础上，还要结合国情，研究适合我国大学的法人治理结构准则，这在现实中具有应用意义。他还尝试提出大学法人治理结构准则的内容，如"明确一种具体、公开、严格、有效的集体决策方式""事先在治理准则（规定程序）中明确谁将参与决策、投票和详细的计分规则（包括一人一票还是不同类型利益相关者的投票的权重不同）"等[②]。这些论述表明，我国学者已经展开关于中国大学治理准则的有关设想，但因为各种原因，他们未能将研究付诸实施。

2013 年，李维安教授在和王世权合著的《大学治理》一书中，论述了大学治理原则的相关问题。他们指出，良好的大学治理既需要国家对治理结构与治理机制有强制性的法律规定，又应制定与环境变化相适应的、具有非约束性和灵活性的大学治理原则，指出大学治理原则是改善大学治理的标准与方针政策，也是大学治理层次的实务原则，可以帮助政府对有关大学治理

---

① 王洪才：《论大学内部治理模式与中位原则》，《江苏高教》2008 年第 1 期。
② 洪源渤：《共同治理：论大学法人治理结构》，科学出版社，2010，第 143 页。

的法律制度与监管制度框架进行评估与改进，对大学的各类利益相关者在大学治理中的行为提出指导和建议，因此，他们建议加快研究制定中国大学治理原则，并指出该原则一般应包括大学利益相关者权责的界定及作用范围、大学内部的问责制度、大学治理结构的形式与权责等内容①。此乃首次在国内有关大学治理的研究文献中出现"大学治理原则"和"中国大学治理原则"等提法。

笔者也较早关注了准则的治理功能，并开始使用"大学治理准则"和"中国特色大学治理准则"等概念。在对美国高校董事会制度的研究中，笔者将美国大学和学院董事会协会（也译作"美国高校董事会协会"）、美国大学教授协会、高等教育认证组织协会等高等教育协会组织称为私人制度组织，指出它们颁布的各种声明、指南、标准、准则等构成了私人集体治理层面的董事会制度的主要内容，丰富的私人集体治理结构层面的制度安排（即私人制度）是美国高校董事会制度的重要组成部分，并对私人制度的实施机制以及功能和效率进行了分析②。2016 年，在与魏孟飞、姜晓如合作完成的关于公立高校治理评价的研究中，笔者指出公立高校治理评价要实现推动高校"善治"的目标，就必须将社会利益最大化、学术至上、权责分配的清晰性、权力制衡、民主参与、开放性、透明性、治理规则明示性等八大治理准则作为设计和实施评价的价值内核，在评价过程中加以贯彻和推广③。2018 年，笔者指出以制度文化建设统领中国特色现代大学制度建设是中国特色现代大学制度建设的最佳路径，主张探讨制定并推行中国特色大学治理准则，通过治理准则来外化我国大学现阶段的"善治"标准，建立真正能够用于指导我国大学提高治理实践水平的行业规范④。柳友荣认为"我们虽然在大学制度建设上走得不慢，甚至已经形成了一定的制度体系，但执

---

① 李维安、王世权：《大学治理》，机械工业出版社，2013，第 194 页。
② 王绽蕊：《美国高校董事会制度：结构、功能与效率研究》，高等教育出版社，2010，第 101~128 页。
③ 张德祥、黄福涛主编《大学治理：权力运行制约与监督》，科学出版社，2016，第 99~100 页。
④ 王绽蕊：《中国特色现代大学制度建设：愿景、任务与路径》，《复旦教育论坛》2018 年第 4 期。

行效果却较差，就是因为我们缺失大学治理的行为准则"，指出"没有形成治理主体共同认同的治理文化和有效的治理准则，所有的法规、制度即使泛滥成灾也无人问津，或者出现制度稳定性差、朝令夕改的问题"①。

但总的来说，在我国，"大学治理准则"并未成为一个有热度的学术概念，中国特色大学治理准则研究也没有成为一个热点研究领域。我国学者仍然习惯从大学原则、大学治理的原则、大学制度和规则建设、价值治理等与大学治理准则要素相关的角度论述大学治理问题。例如，眭依凡指出善治与治理的不同，认为大学的善治本身是一种符合大学属性、特征及规律的管理之"善"，实现大学的善治要遵循效率性、民主性、整体性、法制性等原则②。李立国认为大学治理是以制度体系为主导，行动体系和价值体系与之匹配、紧密相连的"三位一体"的系统，其中价值体系是指高校治理的思想理念、价值规范和道德规范的总体构成，也是个体权利得以确立和保障的基本前提，起到导向作用③。别敦荣等人指出高等教育治理体系与治理能力现代化是一个全新的、不同于高等教育管理的以治理为主体的话语体系，应该遵循科学治理、民主治理、依法治理和过程治理等基本原则④。李立国将规则定义为"活着"的行为规范，是实践中的行为准则，有别于文本式的制度，认为试图分辨谁是治理主体及实施何种行为在大学治理主体多元化的情况下可能是无效的，解析大学治理的路径应从治理主体的辨析转向支配治理实践的规则研究，由探讨"谁在治理"转向研究"如何治理""怎样治理"，由探讨以主体为中心的"表层结构"转向以实践为中心的"深层结构"，在治理规则中，除了正式制度外，还要看到治理规则、日常生活的价值和影响⑤。李忠、王雅蓓在研究中也提到，现代大学制度只是治理的手

---

① 柳友荣：《新时代中国特色现代大学制度的学理阐释与实践理路》，《复旦教育论坛》2018年第4期。
② 眭依凡：《论大学的善治》，《江苏高教》2014年第6期。
③ 李立国：《大学治理的内涵与体系建设》，《大学教育科学》2015年第1期。
④ 别敦荣等：《高等教育治理体系和治理能力现代化的基本原则》，《复旦教育论坛》2015年第3期。
⑤ 李立国：《大学治理：治理主体向治理规则的转向》，《江苏高教》2016年第1期。

段，要达到治理的目的，必须对大学治理的价值取向和实践原则进行探究，他们认为大学治理目前处于行政化与功利化的困境，大学治理的首要目标就是进行身份矫正进而实现价值回归，并提出大学治理的实践应遵循教育性、正义性与契约性等三个基本原则①。

此外，我国学者还从多个角度论述了应由大学治理准则涵盖的一些主题和内容。例如，关于治理的价值导向问题，中国高等教育学会原会长瞿振元指出："古往今来，任何治理体系的选择、构建和完善都是以一定的价值体系为指引的。"② 范逢春强调"教育治理现代化的改革是一个教育治理价值导向调整优先于教育治理技术革新的过程。只有深刻把握这一原则，教育治理现代化才能坚持正确的方向"③。熊庆年认为大学制度作为大学的上层建筑，必须适应"知识生产"的需要④。刘尧认为大学制度是关于大学的制度，它应当始终维护和保障大学的学术价值，现代大学不是游离于社会之外的象牙塔，大学的学术价值要通过其社会价值才能实现⑤。

一些学者关注理顺高校各治理主体关系的问题。赵炬明认为中国高校治理制度改革要致力于解决政府与学校的关系、学校内部行政与学术的关系、学校与学生的关系、学校与社会的关系等四个方面的失衡问题⑥。王英杰倡导学术共同体与大学行政之间的"共同治理"，促进它们在共同治理制度下的交流与沟通，在大学构建一种平等对话的、和谐的学术共同体文化⑦。

中国大学治理和治理改革的特殊性也是备受关注的一个问题。史静寰感叹，后发外生型现代化之路使中国式现代大学制度建设存在悖论：一方面现

① 李忠、王雅蓓：《大学治理的价值取向与实践原则》，《江苏高教》2017 年第 4 期。
② 瞿振元：《推进高等教育治理现代化：目标、价值与制度》，《中国高教研究》2014 年第 12 期。
③ 范逢春：《教育治理现代化需价值引领》，《中国教育报》2014 年 9 月 26 日。
④ 熊庆年：《制度创新与世界一流大学建设》，《清华大学教育研究》2003 年第 3 期。
⑤ 刘尧：《大学治理：制度比校长更重要》，《高校教育管理》2015 年第 1 期。
⑥ 赵炬明：《建立高校治理委员会制度——关于中国高校治理制度改革的设想》，《中国高教研究》2014 年第 11 期。
⑦ 王英杰：《共同治理：世界一流大学治理的制度支撑》，《探索与争鸣》2016 年第 7 期。

代大学制度不可能自然生成，需要政府的领导和推动；另一方面，现代大学制度最根本的改革是政府简政放权，扩大大学办学自主权。这一悖论的存在增加了中国现代大学制度建设过程的难度和复杂性①。王洪才认为中国的社会力量在参与大学管理方面的公益意识还不成熟，没有意识到大学的治理需要他们的参与，大家还只把大学当作国家的机构而不是一个公共机构②。这些研究提醒我们研究大学治理准则必须深入探讨其"中国特色"问题，而不是简单照搬别的国家或地区的大学治理准则。

　　有学者就如何分析、思考和解决中国大学治理问题提出了自己的看法。刘复兴否认我们仅仅依据西方一些大学治理的概念乃至西方国家的大学制度就能对中国大学治理改革和制度创新进行顶层设计，认为中国大学的治理与制度创新必须考虑基本国情与文化根基，必须有一套具有中国特色的话语体系，提出我们思考大学治理与制度创新的逻辑起点至少应该强调四个方面的要素，即政治架构、人性与人格特征、利益关系和文化要素③。这些要素实际上也是研究大学治理准则及其实施所要考虑的内容。

　　最近几年，高校治理的价值理念和伦理基础受到越来越多的关注，有学者指出，高校应实施价值治理，设定价值目标，"促进学校价值传统与现实价值诉求的创造性融合"和"外部治理体系趋势与内部治理需求的创造性结合"④。宣勇倡导中国高等教育应从工具治理向价值治理转向⑤。周作宇倡导应该重视大学治理的伦理基础，检讨大学治理的现实问题和征候，树立和强化"从善治到至善"的理念⑥。

　　上述研究的共性在于都认为中国大学治理仍然存在较多需要解决的问

①　史静寰：《现代大学制度建设需要"根""魂"及"骨架"》，《中国高教研究》2014年第4期。
②　王洪才：《论大学内部治理模式与中位原则》，《江苏高教》2008年第1期。
③　刘复兴：《大学治理与制度创新的逻辑起点》，《教育研究》2015年第11期。
④　周海涛、施悦琪：《高校价值治理的内涵、机制与策略》，《高等教育研究》2022年第6期。
⑤　宣勇：《中国高等教育的治理转向——从工具治理到价值治理》，《北京教育（高教）》2023年第5期。
⑥　周作宇：《大学治理的伦理基础：从善治到至善》，《高等教育研究》2021年第8期。

题，这些问题难以依靠自上而下的制度改革来实现，必须重视在大学治理实践中通过沟通与对话达成共识；治理结构不是治理制度的全部内容，现阶段需要超越治理结构，研究治理制度的价值导向，系统改造治理文化；大学治理制度改革要体现制度的价值取向；要关注中国大学治理的"中国特色"。与此同时，上述研究也几乎没有提到将创制大学治理准则作为实现大学治理改革的理想和目标的工具和手段。

相比之下，国内学者对于国外大学治理准则的研究却形成了一定规模，但其切入点往往不在大学治理准则上，而是在这些大学治理准则的创制主体——高等教育协会组织上。例如，王保星指出美国大学教授协会为美国大学教师学术自由权利提供了制度性保障[1]。甘永涛对美国大学教授协会在共同治理制度方面作出的贡献进行了深入研究，指出共同治理制度的政策、评价标准大多由该协会提供或倡导产生[2]。蒙有华在研究民间高等教育协会组织对美国高等教育的影响时，以美国大学教授协会为例，指出其1915 年发布的"1915 年宣言"和 1940 年其与其他机构联合发布的《关于学术自由和终身教职的原则声明》（1940 Statement of Principles on Academic Freedom and Tenure）等保护学术自由和终身聘任制的文件切实维护了教师这一职业群体的合法权益和学术自由[3]。熊耕将高等教育协会组织颁布的规则称为协约性规则，分为入会标准、职业规则和行业规则三类，认为协约性规则具备国家法律法规所不具备的优势，能够在一定程度上弥补国家法律法规的不足，与国家法律法规相互补充，共同构成了美国高等教育的规则体系[4]，她所说的职业规则和行业规则其实就属于治理准则的范畴。黄敏、杨凤英在对美国高等教育协会组织管理职能的研究中提到，非政府的评估

---

① 王保星：《美国大学教师终身教职与学术自由的关系》，《北京大学教育评论》2005 年第 1 期。
② 甘永涛：《美国大学教授协会：推动大学共同治理制度的重要力量》，《大学教育科学》2008 年第 5 期。
③ 蒙有华：《民间高等教育协会组织：美国高校利益的维护者和代言人》，《比较教育研究》2010 年第 3 期。
④ 熊耕：《解析美国高等教育中的协约性规则》，《比较教育研究》2011 年第 2 期。

认证型协会组织负责实施对高校或者专业的质量评估工作，形成了独具特色的高等教育质量认证制度，起到规范高校及其专业办学行为、评估和保障高等教育质量的作用；形形色色的由不同身份角色的高等教育利益相关者组成的个人类协会组织为提高本组织成员高等教育活动的职业化水平和捍卫其利益服务，起到了制定高等教育领域职业活动规范、捍卫活动主体权益的作用①。宋国梁指出构建高等教育民间治理秩序是高等教育民间治理的方式之一，类型多样的民间组织为美国高等教育编织起一张来自民间的、非政府性的"约束之网"②。瓮晚平认为美国大学协会（Association of American Universities，AAU）促进了高等教育行业自律，对院校治理和科研管理以声明、报告、指南或建议的方式提出了一些基本原则和重要意见，其对维持大学办学秩序、构建大学精神和文化的作用不容忽视③。王洪才、刘隽颖在对学术自由制度的研究中也提到美国大学教授协会为保护学术自由而生，其发布的"1915年宣言"等诸多维护学术自由和终身教职制度的重要文件形成了很强的约束力，是维护美国大学学术自由的特殊力量④。可以看出，国内学者对国外大学治理准则的研究主要是通过对高等教育协会组织的研究进行的，在这些研究中，对美国高等教育协会组织的研究又占据着绝对优势。

二 国外关于大学治理准则的研究

大学治理准则是大学治理的基本原则、治理机构成员的行为守则和治理运作规范。它是利益相关者协商和达成共识的产物，在多数情况下，人们更注重它的实践应用价值，而不是仅将它作为一个学术概念来使用。在大学治理实践中，美国大学教授协会、美国教育理事会（American Council on

---

① 黄敏、杨凤英：《第三方治理：美国高等教育协会组织的管理职能》，《河北师范大学学报》（教育科学版）2014年第3期。
② 宋国梁：《美国高等教育民间治理研究》，硕士学位论文，河北大学，2016。
③ 瓮晚平：《美国大学联合会参与高等教育治理研究》，硕士学位论文，浙江师范大学，2016。
④ 王洪才、刘隽颖：《学术自由：现代大学制度的奠基石》，《复旦教育论坛》2016年第1期。

Education，ACE）和美国高校董事会协会于 1966 年联合发表的《学院与大学治理声明》（Statement on Government of Colleges and Universities，以下简称"1966 年声明"），英国大学理事会主席委员会发布的英国大学治理机构治理实践准则和详细的治理原则，澳大利亚政府与公立高校签订的《国家公立高校治理框架协议》等，都对本国的大学治理产生了很大的影响，但专门以这些治理准则为研究对象的学术论著不多，对于这些治理准则的讨论大多以新闻、报道或调查报告的形式出现。美国第一个出版学院和大学治理专著的学者科尔森（John J. Corson）早在 1973 年就出版了《学院和大学治理：原则与实践》一书；美国学者韦斯特梅叶（Paul Westmeyer）于 1990 年出版了《高等教育治理和管理准则》一书，对美国大学组织规划，董事会、校长、院长、教授、学生等治理主体的责任以及决策程序中应遵守的治理原则进行了深入的探讨和案例研究，但他们讨论的是学院和大学治理的一般原则和准则，并非对本书所界定的成文规则形式的大学治理准则的探讨。但也有少量的文献是专门针对大学治理准则研究的，如小拉尔夫·S. 布朗（Ralph S. Brown，Jr.）和马修·W. 芬金（Matthew W. Finkin）对美国大学教授协会治理准则的形成、采纳或拒绝，美国大学教授协会治理准则在法院中的应用等进行了研究[1]。肯尼斯·E. 扬（Kenneth E. Young）等对美国认证制度包括认证的目的、认证机构的作用和特点、认证标准的发展及演进，以及认证机构与政府、高校的关系等的研究中也包括了治理准则研究的内容[2]。美国高校董事会协会前主席英格拉姆（Richard T. Ingram）针对美国私立和公立高校董事会治理分别出版了《治理私立学院和大学：董事、校长和其他校级领导治理手册》、《治理公立学院和大学：董事、校长和其他校级领导治理手册》和《有效董事：公立/私立学院和大学董事会成员指南》等著作，详细探讨

---

① R. S. Brown, Jr., M. W. Finkin, "The Usefulness of AAUP Policy Statements," *AAUP Bulletin*, 1978, pp. 5-11.

② K. E. Young, H. R. Chamber and H. R. Kells, *Understanding Accreditation*, San Francisca: Jossey Bass Publishers, 1983.

了美国大学董事治理的权力、职责和行为规范①。

经合组织高等院校管理项目组（Institutional Management in Higher Education，IMHE）于 2010 年出版的《高等教育中的治理和质量准则：治理安排和质量保障准则评论》是为数不多的专门研究大学治理准则的文献。该文献分析比较了美国、英国、丹麦、荷兰、爱尔兰、以色列、澳大利亚等多个国家和地区的大学治理准则（该文献将其统称为 governance arrangements，即"治理安排"）和质量保障机构发布的认证标准（该文献将其统称为 quality guidelines，即"质量准则或指南"）发布的背景、具体内容，探讨了大学治理准则建设的必要性以及治理准则与质量准则之间的密切关系②。

和国内一样，对高等教育协会组织的研究也是美国学界研究大学治理准则的一个常见切入点。奥·玛丽蒂斯·威尔逊（O. Meredith Wilson）对美国三个大型高等教育协会进行了深入研究，指出由于美国高等教育缺乏中央统一、集中的管理，而民间协会组织通过"鼓励建立共同专业、统一标准"，保证了高等教育的秩序及和谐，从而使美国高等教育发展成为一个系统③。修·霍金斯（Hugh Hawkins）系统考察了美国大学联合会等协会组织的产生背景、过程、宗旨、活动情况及其在联邦政府活动中发挥的作用，认为协会组织是推动美国高等教育走向联合及系统化的力量，协会组织的存在避免了政府对高等教育的直接干预，在保证高等教育质量中起着不可替代的作用，

---

① R. T. Ingram et al. , *Governing Public Colleges and Universities*：*A Handbook for Trustees*，*Chief Executives*，*and Other Campus Leaders*，San Francisco：Jossey‐Bass，1993；R. T. Ingram，*Effective Trusteeship*：*A Guide for Board Members of Public* [*Independent*] *Colleges and Universities*，Washington，DC：AGB，1995.

② F. Henard，A. Mitterle，"Governance and Quality Guidelines in Higher Education：A Review of Governance Arrangements and Quality Assurance Guidelines，" Paris：OECD/Directorate for Education Programme on Institutional Management in Higher Education，2010，p. 49.

③ O. M. Wilson，"Private System of Education，" New York：International Council for Educational Development，1972.

使美国"在维护基本的质量标准和种类多样化之间取得了极为成功的平衡"①。伯顿·R.克拉克也非常肯定高等教育协会组织的作用，认为它们"了解高等院校""同情它们的需要"，并为它们向政府喊话，在国家和高校之间发挥着"缓冲器"的作用②。菲罗·赫钦森（Philo Hutcheson）对1945~1990年的美国大学教授协会进行了历史研究，对美国大学教授协会在维护学术自由和教授权益方面的作用进行了充分论述③。

除此之外，围绕大学治理准则的实施效果，还出现了一些评价研究。1994年，美国大学教授协会成员凯基·拉莫（Keetjie Ramo）开始调查制定的教师参与共同标准落实情况④，之后该协会委托其继续开展此类研究，并于2001年公开发布了由其研制的善治指标体系（Indicators of Sound Governance），以评估被调查者所在高等教育机构的共同治理实践与美国大学教授协会制定的国家标准（national standards）的契合程度。该指标体系分为院校实施共同治理的环境、教师职责领域治理情况以及教师在共同负责领域的治理角色三个部分⑤。2002年，哈佛大学教授加布里勒·卡普兰（Gabriel Kaplan）发布了《2001年高等教育治理调查报告》（2001 Survey on Higher Education Governance），用近千所院校的调查数据，说明了"共同治理对有效管理产生明显阻碍的说法缺乏证据，而且任何群体都没有在这一观点上达成广泛共识"⑥。在英国，有调查报告显示，大多数接受调查的大学认为治理问题"重要或非常重要"，而治理准则是"良

---

① H. Hawkins, *Binding Together: The Rise of National Associations In American Higher Education, 1887-1950*, Baltimore: Johns Hopskins University Press, 1992, p. 9.

② 伯顿·R.克拉克：《高等教育系统：学术组织的跨国研究》，王承绪等译，杭州大学出版社，1994，第156~158页。

③ P. Hutcheson, *A Professional Professoriate: Unionization, Bureaucratization And AAUP*, Nashville: Vanderbilt University Press, 2000.

④ American Association of University Professors, "Shared Governance," http://www.aaup.org/issues/governance-colleges-universities.

⑤ American Association of University Professors, "Indicators of Sound Governance," http://www.aaup.org/issues/governance-colleges-universities/resources-governance.

⑥ 罗纳德·G.埃伦伯格主编《美国的大学治理》，沈文钦等译，北京大学出版社，2010，第134页。

好做法的典范"，一些大学认为它是一种"有用的刺激"，或者是"有用的参考来源"①。

三　国内外大学治理准则研究述评

从以上研究中可以看出，国内外关于大学治理准则的研究整体上都还是一个正在发展中的新领域，专门研究较少，也不够系统和深入。国内对大学治理准则的研究仍然以倡导性观点为主，着力论述创制和推行大学治理准则的重要意义，对大学治理准则的内容建设也提出了些许设想，但总的来说，系统、深入地针对大学治理准则进行的学术研究几乎是个空白。

相比之下，学界对高等教育协会组织的研究成果就显得较为丰富。因为高等教育协会组织几乎在世界各国都是重要的大学治理准则创制主体，因此对高等教育协会组织的研究常常论及大学治理准则的内容、性质、功能和效能，因此这类文献常常包含比较丰富的有关大学治理准则研究方面的信息，但由于其研究的重点不是大学治理准则，而是高等教育协会组织，因此从治理准则研究的角度来看，常常显得比较散乱、不系统，对大学治理准则的性质、功能的分析也比较宏观和笼统。一些国家对大学治理准则落实情况和作用的评价研究有大量数据支撑，这对于评估大学治理准则的功能和效能具有重要意义。

第四节　理论视角与分析框架

大学治理准则是一种治理规则和制度安排。对大学治理准则性质和功能的分析有赖于采用的理论视角。本书主要从软法理论和系统化治理理论两个理论视角分析大学治理准则的性质和功能。

---

① "Report on the Monitoring of Institutional Performance and the Use of Key Performance Indicators," Bristol：Committee of University Chairmen，2006，p. 2.

一 软法视角

（一）软法的概念

软法在英文中被称为"soft law"，是硬法（hard law）的对称性概念。法国学者弗朗西斯·辛德（Francis Snyder）认为"软法是原则上没有法律约束力但有实际效果的行为规则（rules of conduct which, in principle, have no legally binding force but which nevertheless may have practical effects）"[①]，这一概念被学界广泛接受。

在学术著述中，软法有诸如"自我规制""志愿规则"等多种表达形式。罗豪才、宋功德指出，软法在形式上有两个明显的个性特征：一是软法的规范形态更加多样，国家法中的柔性规范、政治组织创制的自律规范和社会共同体创制的自治性规范都是软法，具体形式表现为纲要、章程、规程、守则、示范、指南、意见、建议、规定、条例等；二是软法的规定形式或者叙事方式明显不同于硬法，它经常比较完整地交代创制背景、制定依据、所持立场、指导原则、基本要求、行为导向、配套措施、保障措施等[②]。

（二）软法的兴起

软法也被称为"软规则""软规制""软治理"等。软法理论是随着全球公共治理、协商民主的兴起以及经济全球化、国际组织的发展而产生的，欧盟的软法实践也极大地推动了西方的软法研究[③]。一方面，20世纪后期，随着国家主义管理模式的失灵，强调公共机构和私人机构共同管理的治理理念出现，强调多元主体参与治理的公共治理模式和协商民主兴起并快速发展。由此，治理主体由国家垄断的一元主体向多元主体演变，治理方式由控制、强制的"硬"方式向平等协商的"软"方式转变，与国家主义管理模

[①] Francis Snyder, "Soft Law and Institutional Practice in the European Community," *The Construction of Europe*, 1994, p. 198.

[②] 罗豪才、宋功德：《软法亦法：公共治理呼唤软法之治》，法律出版社，2009，第375页。

[③] 凌彦君：《软法理论与我国法的传统概念之修正》，《烟台大学学报》（哲学社会科学版）2021年第4期。

式相匹配的国家中心主义的法概念已无法适应时代发展的需要。为了回应多元主体的利益诉求，软法随之兴起，并进入实践和学术研究的视野。另一方面，全球化特别是经济全球化的发展以及国际组织的成长对跨国家规则的需求为软法的发展和软法理论的兴起提供了广阔的空间。在全球化过程中，参与全球化的主权国家和跨国组织通过民主协商方式创制的交往规则和协调机制就涉及软法和软法现象。除此之外，欧盟为了缓解欧盟与成员国政府之间的冲突和矛盾，将国际法领域的软法规则和软法机制引入其议事规则和社会政策中，极大地推动了软法理论的兴起。

改革开放以来，软法理论和实践在我国迅速发展。尤其是进入 21 世纪以来，软法理论研究已经成为中国理论法学研究的新领域。

（三）软法的特征

基于传统国家主义法律观，法是指由国家制定、认可并保证实施的，反映由特定物质生活条件所决定的统治阶级意志，以权利义务为内容，以确认、保护和发展统治阶级所期望的社会关系和社会秩序为目的的行为规范体系[1]，故而体现国家意志、由国家制定、依靠国家强制力保证实施是传统的"法"——硬法的三个关键特征。软法区别于硬法，是不以国家强制力保证实施的非传统法律形式。软法的制定主体多为非立法机关，是社团等民间组织出于共同利益协商产生的结果。软法的实施不依赖国家强制力保障，而是依靠成员自觉、共同体的制度约束、社会舆论和利益驱动[2]。

概括而言，软法的特征包括：（1）软法主要由共同体成员出于共同利益协商制定，制定过程强调共同参与、平等协商，蕴含民主协商的精神[3]；（2）软法不以国家强制力保证实施，不具备法律约束力，其实施更多依靠制定主体的权威、奖惩机制和被规制主体自愿服从，这一特征是针对硬法而言的，区别于硬法的强制性；（3）软法的制定主体多元化。统治向治理的

---

① 张文显主编《马克思主义法理学——理论、方法和前沿》，高等教育出版社，2003，第136~137 页。

② 罗豪才：《公共治理的崛起呼唤软法之治》，《政府法制》2009 年第 5 期。

③ 罗豪才主编《软法的理论与实践》，北京大学出版社，2010，第19~20 页。

转变过程也是治理主体分散化的过程，软法的制定主体不仅包括国家这一传统的治理主体，还包括社会组织乃至私人组织等①。

（四）软法的法律效力

在法学界，法律效力是一个看似不言自明实则争议颇多的概念，学者们围绕法律效力概念的内涵争论不休，从不同的角度出发各抒己见，以至于对这样一个看似简单概念的阐释呈现出非常复杂的学术图景。张根大将法律效力定义为"法律在时间、地域、对象、事项四个维度中所具有的国家强制作用力"②。这是我国法学界引用最为广泛的定义之一，但并非最为学术界同仁接受的定义。法学学者围绕着法律效力究竟是一种"力"还是"力作用的结果"、是一种"作用力"还是"作用力的范围"以及是否可以脱离法律行为谈法律效力等问题展开论争，很多学者也提出了自己对"法律效力"一词的定义方法，如谢晖认为法律效力是内含于法律规范中的对法律调整对象产生作用的能力③；吴伟将法律效力界定为"由国家制定或认可的法律及其表现形式——规范性法律文件对主体行为所具有的作用力，这种作用力是由法律及其表现形式——法律文件的'合法性'（包含'形式合法性'和'实质合法性'两层含义）产生的，其作用方式表现为对主体行为的压力性影响和动力性影响"④。李琦将法律效力界定为"合法行为发生肯定性法律后果的强制性保证力"⑤，强调法律效力与法律行为之间的逻辑关系。这些定义的共同点在于它们都认为法律效力本身是一种"力"，而不是力的作用结果、作用范围。这些争论具有很强的学术价值，但站在法律实践的角度，人们更愿意从法律效力的范围、内容等方面探讨法律规范的效力问题。谢晖基于"法律被公认为是有别于纯粹理性的实践理性"这一基本理念，将法律效力看作法律规范由内部向外部（法律调整对象）的辐射力

① 罗豪才、毕洪海：《通过软法的治理》，《法学家》2006 年第 1 期。
② 张根大：《论法律效力》，《法学研究》1998 年第 2 期。
③ 谢晖：《论法律效力》，《江苏社会科学》2003 年第 5 期。
④ 吴伟：《论法律效力来源》，《理论界》2008 年第 2 期。
⑤ 李琦：《论法律效力——关于法律上的力的一般原理》，《中外法学》1998 年第 4 期。

（包括规范力、调整力和强制力等），并将其区分为内部效力（即逻辑意义上的效力）和外部效力（即实践意义的效力)[1]；李琦将法律效力纳入法的调整范畴，从法律效力与法的行为之间的逻辑关系出发，认为合法行为所具有的法律效力是由保护力（确定力）与约束力（规范力）有机合成的，它们分别针对不同的行为而共同构成对合法行为及其肯定性法律后果的保证功能[2]。

"软法亦法"，软法也具有一定的法律效力。软法效力主要涉及软法效力的内容、维度、梯度等几个方面。其中，软法效力的内容主要包括软法对相对主体及相关主体的拘束力，对法律事实、法律地位、权利义务和法律责任的确定力，对所确定的权利义务和法律责任的实现力以及对法益的保护力[3]。软法效力的维度指的是软法效力所及之范围，包括时间（公布时间与生效时间）、空间、对象和事项等四个维度[4]。软法效力还有强弱问题，一般情况下，根据软法性质的不同，从倡导性规范、任意性规范、半强制性规范到强制性规范，效力梯度渐次提高，但有时候强制性规范也会因为"制式欠缺"导致效力微弱[5]。

二 系统化治理和集体治理理论

（一）何谓系统化治理[6]

系统化治理不是一种治理理论，而是把系统论思想融入治理理论之中形成的一种理论视角。一般系统论创始人冯·贝塔朗菲指出："无论如何，我们被迫在知识的一切领域中运用'整体'或'系统'来处理复杂性问题，

---

① 谢晖：《论法律效力》，《江苏社会科学》2003 年第 5 期。
② 李琦：《论法律效力——关于法律上的力的一般原理》，《中外法学》1998 年第 4 期。
③ 江必新：《论软法效力 兼论法律效力之本源》，《中外法学》2011 年第 6 期。
④ 江必新：《论软法效力 兼论法律效力之本源》，《中外法学》2011 年第 6 期。
⑤ 江必新：《论软法效力 兼论法律效力之本源》，《中外法学》2011 年第 6 期。
⑥ 王绽蕊：《美国高校董事会制度：结构、功能与效率研究》，高等教育出版社，2010，第 165~166 页。

这将是对科学思维的一个根本改造。"① 制度经济学家一般都非常重视对制度进行系统考察和分析。柯武刚、史漫飞指出，任何一项制度都不是单独存在的，也不可能单独地得到遵守。"只有当各种各样的规则形成一个恰当的和谐整体时，它们才能有效地造就秩序，并抑制侵蚀可预见性和信心的任意性机会主义行为。"②

系统化治理结构是系统化治理的核心。所谓系统化治理结构，也即系统化的制度安排，是指相互耦合与互补的综合性治理制度安排，其各个子系统之间通过协同作用实现相互支持、相互加强，共同促进该制度的功能得以发挥。与此同时，正如系统理论所提出的，一个系统总是要受到外界环境的影响。系统化制度不一定仅仅局限在一个"域"③ 内，其他域内的制度也有可能成为它的构成部分，直接影响着它的功能和效率。青木昌彦曾提出制度化"关联"和"互补"的概念以说明在整体性制度安排中各项具体制度之间的博弈关系，其中，"制度化关联"是指促使制度产生并反过来由制度维系的不同域的关联④，"制度互补性"是指当另外的域存在一种合适的制度时，本域只有一种制度富有生命力，反之亦然⑤。

（二）治理和制度的层次与类型⑥

治理和制度是密切相关的两个概念，治理结构和治理机制也被视为制度安排的范畴。治理和制度的层次与类型是组成治理系统的要素。新制度经济学家通常会把治理和制度分成不同的层次或类型。新制度经济学的著名代表

① 转引自谭跃进等编著《系统工程原理》，国防科技大学出版社，1999，前言。
② 柯武刚、史漫飞：《制度经济学：社会秩序与公共政策》，韩朝华译，商务印书馆，2000，第164页。
③ "域"是青木昌彦开展博弈分析的基本单元，它由参与人集合和每个参与人在随后各个时期所面临的技术上可行的行动集组成。他主要根据参与人集合和不同参与人决策规则的不同特征区分域的类型，并将其分为共用资源、交易（经济交换）、组织、社会交换、政体和一般性组织领域等六个域。参见青木昌彦《比较制度分析》，周黎安译，上海远东出版社，2002，第23、24页。
④ 青木昌彦：《比较制度分析》，周黎安译，上海远东出版社，2002，第212页。
⑤ 青木昌彦：《比较制度分析》，周黎安译，上海远东出版社，2002，第229页。
⑥ 王绽蕊：《美国高校董事会制度：结构、功能与效率研究》，高等教育出版社，2010，第20~21页。

人物道格拉斯·C. 诺思（Douglass C. North）曾经指出，个体间关系的治理总是在两个相互补充的层次上进行：在个体间水平上，治理结构是通过契约建立的；在集体水平上，制度机制是通过各种有意和无意的过程集体建立的，他根据制度的表现形式，将其分为正式规则和非正式约束（informal constraints）①。

柯武刚、史漫飞将制度分为外在制度和内在制度。他们认为，外在制度是指由统治共同体的政治权力机构自上而下地设计出来、强加于社会并付诸实施的。外在制度永远是正式的，它由一个预定的权威机构，即一个高于共同体的主体以有组织的方式来实施惩罚，这是外在规则的本质特点。外在制度往往以非限制性的抽象方式起作用，它们对社会成员的行为具有规范性影响，它包括外在行为规则、具有特殊目的的指令和程序性规则或元规则②。有一种类型的内在制度虽然是随经验出现的，但它们在一个群体内是以正规方式发挥作用并被强制执行的，这就是正式化的内在规则（formalized internal rules）。例如足球联合会、行业协会等制定的规则就属于这一类③。

鲁道夫·瑞切特（Rudolf Richter）指出，存在两种极端的治理结构实施机制，一种是第三方实施机制，即由拥有惩罚权的权威来实施规则，如果有必要的话可以动用武力（physical force）；另一种是自我实施机制④。

（三）埃里克·布鲁索和姆汉德·法里斯的集体治理理论⑤

新制度经济学家埃里克·布鲁索（Eric Brousseau）和姆汉德·法里斯（M'hand Fares）对治理层次的划分最为清晰。他们认为，交易的治理主要在

---

① 转引自 Eric Brousseau & M. Fares, "Incomplete Contracts and Governance Structures: Are Incomplete Contract Theory and New Institutional Economics Substitutes or Complements?" Paris: Second Conference of the International Society for New Institutional Economics, September 18-19, 1998。

② 柯武刚、史漫飞：《制度经济学：社会秩序与公共政策》，韩朝华译，商务印书馆，2000，第130~131页。

③ 柯武刚、史漫飞：《制度经济学：社会秩序与公共政策》，韩朝华译，商务印书馆，2000，第125页。

④ Rudolf Richter. "The New Institutional Economics-Its Start, Its Meaning, Its Prospects," *European Business Organization Law Review*, 2005, 6, pp. 161-200.

⑤ 王绽蕊：《美国高校董事会制度：结构、功能与效率研究》，高等教育出版社，2010，第21~24页。

三个层次上进行，它们分别是个体间治理结构（individual governance structure）、私人制度（private institution）和公共制度（public institution，后两者又可以称为集体治理结构，即 collective governance structure）①。

在各种治理层次中，个体间治理结构是最为基本的。所谓"个体间治理结构"，是"通过行为人完全事前责任的不完全契约建立的，以保证他们的自我实施机制"②。通俗地说，"个体间治理结构"就是当事双方通过谈判、协商、命令、承诺等方式建立起来的、用于治理双方交易的契约性关系结构。③ 威廉姆森在《资本主义经济制度：论企业签约与市场签约》中分析公司的治理时，也多次用"双向治理结构"这个词来表示相同的意思④。在个体间治理结构中，通过有效的治理机制（可称其为个体间治理机制）设计，交易双方通常希望在不依赖于第三方（如法院或仲裁机构）的强制和非强制参与的情况下实现有效率的合作。

集体治理结构是相对个体间治理结构而言的。与个体间治理结构主要由当事方协调不同，集体治理结构是一种多方集体协商的结果。相对于当事方来说，它是一种第三方治理机制。集体治理结构就是我们通常所说的"制度"，它可以分为私人制度和公共制度。

所谓公共制度，也就是公共集体治理结构，主要包括公共规则（public rules）和公共制度组织（public institutional organizations），其中前者是指在特定情景下规范当事人行为的具有强制性的规则，如法律法规、公共政策，后者主要是指用于解释这些法律法规的决策机制，最为典型的是法院、国会

---

① 科斯、诺思、威廉姆森等：《制度、契约与组织——从新制度经济学角度的透视》，刘刚等译，经济科学出版社，2003，第483页。
② 科斯、诺思、威廉姆森等：《制度、契约与组织——从新制度经济学角度的透视》，刘刚等译，经济科学出版社，2003，第482页。
③ 制度经济学不仅将"交易"的概念泛化了，而且也使"契约"的概念更加泛化，交易的实施过程被解释为契约的谈判和执行过程。在这里，"契约"的概念并不完全与其法律概念等同，它更多地表达的是交易者之间的权利、义务关系。这两个概念的泛化大大增强了理论的解释力。
④ 奥利弗·E. 威廉姆森：《资本主义经济制度：论企业签约与市场签约》，段毅才、王伟译，商务印书馆，2004，第419、449页。

等公共机构①。

概括而言，"公共制度"具有如下特征。（1）它是由高于共同体的治理主体通过政治过程制定的，主要表现为法律形式的规则。由于一些公共机构如法院和国会具有作出决策或解释法律的职能，事实上也是规则制定者，因此被称为"公共制度组织"，也可以看作公共制度的一个组成部分。（2）公共制度的实施依赖于政府的暴力垄断，要求被规制者必须服从。（3）一般来说，公共制度的规制对象具有普遍性。也就是说，处于有效期内的公共制度对处于同一个政治共同体内（如联邦、州等）的成员具有普遍的约束力。（4）和私人制度一样，公共制度也是一种第三方治理机制（相对于当事方来说）。所不同的是，它是具有强制性的第三方治理机制。

私人制度是指由组织和/或个人（这里一般不包括以国家为规制对象的组织）自愿组成的机构制定的实体性和程序性规则以及各种治理机制，如仲裁机制、非法律的惩罚或激励机制等。同时，由于这些机构本身是一种决策工具，在规则不完整时，它们的决策起着弥补性作用，因此被称作"制度组织"，也是私人制度的组成部分②。

私人制度依赖于加入的自由性，它"意味着个人或组织同意按照有关组织机构所设计的规则行事，或者服从它们的指导，因为其掂量着作为它们的会员和接受其限制比其他选择更为可取"③。私人制度的权威来自这些制度的创立者的自由意志。对于当事人来说，因为私人制度是已经被同业界接受的，这样当他们面对这些制度时就只有两种选择，即接受它或者对它置之不理（take it or leave it），而不是就制度本身进行谈判。布鲁索和法里斯认

---

① Eric Brousseau & M. Fares, "Incomplete Contracts and Governance Structures: Are Incomplete Contract Theory and New Institutional Economics Substitutes or Complements?" Paris: Second Conference of the International Society for New Institutional Economics, September 18-19, 1998.

② 参见布鲁索和法里斯对"制度"的界定。科斯、诺思、威廉姆森等：《制度、契约与组织——从新制度经济学角度的透视》，刘刚等译，经济科学出版社，2003，第482页。

③ Eric Brousseau & M. Fares, "Incomplete Contracts and Governance Structures: Are Incomplete Contract Theory and New Institutional Economics Substitutes or Complements?" Paris: Second Conference of the International Society for New Institutional Economics, September 18 - 19, 1998.

为，最为典型的私人制度和制度组织是标准和标准化委员会，因为它们的规则以及决策是自愿服从而非强制性的①。具体来说，私人制度主要具有如下特征：（1）私人制度组织一般采取会员制的组织形式，规制的对象往往仅限于会员内部；（2）私人制度和治理决策一般是由利益相关者集体研究和共同制定的；（3）私人制度是法律之外的规则和治理机制，不具有强制约束力，而是由成员自愿服从；（4）私人制度组织通常为会员提供专业性服务以促进其自我管理，因此，这些组织往往以倡导会员自我规制（self-regulation）为己任。

有的经济学家还把私人制度称为私人法律体系。例如，波恩斯坦（Lisa Bernstein）用"私人法律体系"和"私人贸易法"等概念来指称在美国的棉花工业界长期存在的由贸易协会等组织制定的实体性和程序性规则、仲裁机制和非法律制裁制度等，以和由政府制定的公共贸易法律制度相对应②。

制度经济学家布鲁索和法里斯认为，仅具有有限理性的参与人之间的合作和交易机制是不完美的，这促使他们设计和建立多样化的协调机制，包括个体间治理结构和集体治理结构（制度），而它们之间的互补和联结有助于参与人以更低的成本实现协调。换句话说，系统化治理结构是一种有效率的制度安排③，它不仅有助于其中各个层次治理结构的功能得以充分发挥，而且其整体功能往往大于各部分功能的简单叠加。

三　分析框架

软法理论、系统化治理，以及布鲁索和法里斯的集体治理理论，可以为大学治理准则研究提供很好的视角。

---

① Eric Brousseau & M. Fares, "Incomplete Contracts and Governance Structures: Are Incomplete Contract Theory and New Institutional Economics Substitutes or Complements?" Paris: Second Conference of the International Society for New Institutional Economics, September 18-19, 1998.

② Lisa Bernstein, "Private Commercial Law in the Cotton Industry: Value Creation Through Rules, Norms, and Institutions," Paris: Second Conference of the International Society for New Institutional Economics, September 18-19, 1998.

③ 科斯、诺思、威廉姆森等：《制度、契约与组织——从新制度经济学角度的透视》，刘刚等译，经济科学出版社，2003，第476、483页。

首先，其用于大学治理准则的性质和类型分析。大学治理准则是一种原则、标准，也是一种规则、制度。就规则本身的性质而言，将其放在一个国家的法律体系当中来看，它在很大程度上是和"硬法"相对的软法规范；将其放在一个国家大学治理体系中来看，它在多数情况下是和公共制度、个体间治理结构不同的私人制度，或私人集体结构，在一些情况下是私人制度和公共制度的混合物。将软法视角和私人制度视角结合起来，可以分析大学治理准则的性质和类型。

其次，其用于分析大学治理准则的治理功能和治理效能。大学治理准则是一种以实现大学良好治理为目的的治理工具。作为软法，大学治理准则是不同于传统法治的另一种手段和路径；作为私人制度，或私人制度或公共制度的混合物，大学治理准则是实现高等教育集体治理和系统化治理的重要工具。大学治理准则有两个层面的治理功能：在大学层面，大学治理准则具有通过一种柔性、自愿的方式规制和调整大学内部治理主体之间关系的功能，这种功能主要表现为大学治理准则的软法治理功能；在高等教育系统层面，大学治理准则通过对大学的集体治理，在作用于大学治理的同时，也作用于一个国家的高等教育治理体系建设。同样地，大学治理准则的治理效能也体现在这两个层面：在大学层面，大学治理准则的治理效能源于软法治理和集体治理两个方面；在高等教育系统层面，大学治理准则的治理效能则主要源于通过大学治理准则实施的集体治理。

简单来说，运用两种理论视角，可以构建大学治理准则的分析框架（见图1-1）

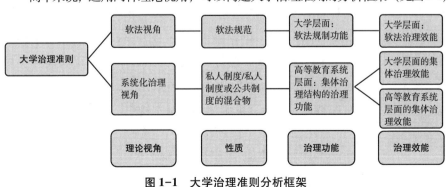

图1-1 大学治理准则分析框架

第五节　研究思路与方法

一　研究思路

本书将大学治理准则视作以中国式现代化推进我国高等教育治理体系和治理能力现代化，进而推动我国高等教育高质量发展的重要工具。

党的二十大报告提出"中国式现代化，是中国共产党领导的社会主义现代化，既有各国现代化的共同特征，更有基于自己国情的中国特色"。"中国式现代化的本质要求是：坚持中国共产党领导，坚持中国特色社会主义，实现高质量发展，发展全过程人民民主，丰富人民精神世界，实现全体人民共同富裕，促进人与自然和谐共生，推动构建人类命运共同体，创造人类文明新形态。"① 我国要进行大学治理准则建设，就必须在中国共产党领导下，既要吸收各国大学治理准则建设的共同经验，又要凸显基于本国国情鲜明特色，因此所需要的大学治理准则必然是中国特色大学治理准则。

本书的主要思路是在厘清大学治理准则概念、性质和功能的基础上，分析、总结、概括国内外大学治理准则的发展历程和建设经验，结合我国建设大学治理准则的现实需求，提出大学治理准则的基本构想。本书首先需要澄清大学治理准则的概念及其内涵，在此基础上探讨大学治理准则的性质、类型和功能；其次，了解中国大学治理准则发展的现状与存在的问题，大学各类利益相关者对中国特色大学治理准则建设的态度和看法，以了解当前我国对于中国特色大学治理准则的建设需求；再次，对美国、欧洲国家大学治理准则的发展现状、特征、治理效能进行研究，分析、总结其建设经验与启示；最后，分析中国特色大学治理准则建设的本质内涵，并根据现实的建设需求，提出关于中国特色大学治理准则建设的基本构想。

---

① 习近平：《高举中国特色社会主义伟大旗帜 为全面建设社会主义现代化国家而团结奋斗——在中国共产党第二十次全国代表大会上的报告》，中国政府网，2022 年 10 月 25 日，https：//www.gov.cn/xinwen/2022-10/25/content_ 5721685.htm。

二　研究方法

本书采用的主要研究方法是历史研究法、问卷调查法及比较研究法、案例研究法：（1）运用历史研究法，对中国、美国和欧洲国家大学治理准则和准则治理的历史进行梳理、分析；（2）运用问卷调查法，调查了412位大学内部人员和其他利益相关者，通过分析所收集到的数据，了解大学各类利益相关者对于中国特色大学治理准则建设的态度和看法；之后对研究者在学术界的同事和部分问卷调查对象合计42人进行了访谈，并将问卷调查结果与访谈结果进行了比较分析；（3）结合案例研究法，分析美国、欧洲部分国家大学治理准则特征、建设经验，并从中得出启示。

三　本书内容框架

本书除绪论外，主要包括六章内容。第一章，主要分析大学治理准则的概念、类型、性质与功能。第二章，回顾中国大学治理准则发展历史，分析中国大学治理准则发展现状与存在的问题。第三章，主要是展示中国特色大学治理准则问卷调查设计与实施情况、调查数据统计分析结果、结论与启示。第四章和第五章分别是对美国与欧洲大学治理准则发展历程、特征、治理效能的研究及对一些大学治理准则的案例分析。第六章，主要探讨了中国特色大学治理准则的性质和功能定位，以及对中国特色大学治理准则建设基本原则、价值取向、内容和形式及创制主体方面的基本构想进行分析。

第一章 大学治理准则的概念、性质与功能

第一节 大学治理准则的概念

"准则"是一种"标准，如行动准则"①。大学治理准则是大学治理的原则和标准，也是大学治理机构组织与运作的专业建议、大学治理主体的行为指南。大学治理准则以实现大学高质量治理为目标，注重彰显治理价值理念和治理主体行为伦理规范，既具有很强的工具属性，也带有很强的价值导向性。

"大学治理准则"在英语中并不总是一个有着统一用法的词语。欧洲国家常用 governance code、governance guidelines、governance principles 来指称治理准则，较少使用 statement、recommendations 等词语。在美国，大学治理准则通常是由美国大学教授协会、美国高校董事会协会等高等教育共同体组织以声明、宣言、标准、程序等名义单独或联合发布的、用来规范美国高等院校治理的一系列政策文件。这些词语的含义有着细微的差别，例如 code 在英语中的含义除了"准则"之外，还有"法典"的意思，而 statement 主要是声明的意思。用语的不同与一个国家的大学治理体制、治理文化有一定关联，如 code 在一定程度上有使大学服从某种由外部权威主体制定的规则的意思，带有一种"他律"色彩，而 statement 有大学内部群体自发组织起来带头倡导一种治理原则或规范的意思，带有一种自律色彩。但它们都有着相似的目的，即都是在现行的高等教育法律法规框架下，为完善大学治理结构与提高大学治理实践和绩效水平提供指南。基于这种名称上的多样性和目的上的一致性，经合组织高等院校管理项目组将其统称为"治理安排"

---

① 《辞海》，上海辞书出版社，2009，第3046页。

(governance arrangements)，以区别于质量保障机构发布的认证标准（该项目组将其统称为 quality guidelines，即"质量准则或指南"）[①]。因为高等教育质量保障机构和高等院校或专业认证机构的质量准则和认证标准中常常包含对大学治理质量的要求，因此广义的大学治理准则概念也应该将这些质量准则和认证标准中的相关内容包含其中。

大学治理准则是以特定文本形式存在的、以规范大学治理为目的的成文规则。在我国现有的学术文献中，有一些文献用到了与"大学治理准则"相似的表述，如有论文标题为《无为而治：大学治理应有之准则》[②]，但这里所说的"准则"是一种抽象的原则，而不是一个具体的文本。也有的文献将大学章程称为大学治理准则，如有学者认为"大学章程大多是根据国家法律、政府法规，按照一定的程序，以条文形式对大学设立及运行的重大事项及行为准则作出基本规定，进而形成的规范性文件。大学章程规定了大学的组织及运转程序，是大学治理的基础和准则"[③]。"大学章程是大学治理的'宪章'，是大学自主办学的基本准则。"[④] 从对"准则"的一般理解上来说，这些表述本身没有什么问题，大学章程可以称为大学治理的准则，或大学办学的基本准则，但这里主要是用"准则"的一般含义描述大学章程的性质和功能，而本书所说的"大学治理准则"特指一种形式的治理文本。因此，以上两种用法和本书所说的"大学治理准则"不是同一个概念。

与"大学治理准则"紧密相关的另一个概念是"大学治理准则体系"。体系是指若干有关事物或思想意识互相联系而构成的一个整体，是一个集合概念。大学治理准则体系是指由同一个或不同机构制定的、若干相互独立或紧密联系的大学治理准则组成的集合。在很多国家，大学治理准则并非只是

---

① F. Henard, A. Mitterle, "Governance and Quality Guidelines in Higher Education: A Review of Governance Arrangements and Quality Assurance Guidelines," Paris: OECD/Directorate for Education Programme on Institutional Management in Higher Education, 2010, p. 49.

② 杨科正：《无为而治：大学治理应有之准则》，《继续教育研究》2010 年第 9 期。

③ 张国有：《大学章程（五卷本）》，《北京大学教育评论》2012 年第 1 期。

④ 刘冬梅：《章程视域下的大学治理法治化》，《教师教育研究》2018 年第 2 期。

一个文本，而是由很多个文本组成的治理准则体系。本书所说的"大学治理准则"在不具体说明指哪一个特定文本的情况下，也在集合意义上使用这一概念，即"大学治理准则"有时也指"大学治理准则体系"。

理解大学治理准则的概念，不能不提到其创制主体的性质和层次。扎格（Pavel Zgaga）指出，高等教育治理有三个层次，即内部或院校层次的治理、外部或高等教育系统层次的治理、国际或全球视野下的高等教育治理[①]。在当今世界，大学治理准则不只是国家层面的治理工具，扎格所言的这三个治理层次都有相应的大学治理准则，甚至有的研究咨询机构也发布了大学治理准则。但不是所有这些大学治理准则都能纳入本书指称的"大学治理准则"的范畴，这是由本书的理论视角和研究目的决定的。

首先，以营利为目的的研究咨询机构创制的大学治理准则虽然也是大学治理准则的一个重要类型，并在一些国家（如英国、加拿大等）的大学治理中发挥着重要的作用，但因为它们是研究咨询公司用以营利的"产品"，大学采纳这类治理准则是一种交易性的"购买"行为，因此它们算不上软法性质的治理规范，其创制主体——研究咨询机构也并非共同体组织，不是一个国家大学集体治理结构的组成部分，因而本书所指的大学治理准则不包含这类由研究咨询机构出于营利目的创制的大学治理准则。

其次，国际层面的大学治理准则不是本书所指称的大学治理准则的范畴。在国际层面很早就出现了大学治理准则。例如，1988年，为了庆祝博洛尼亚大学建校900年，欧洲一些知名大学校长签署了《大学大宪章》（Magna Charta Universitatum）。《大学大宪章》总结了被公认为欧洲共同遗产的大学自治、学术自由、教学与科研相统一等有关大学治理的主要原则和价值观，是欧洲最早出现的国际层面的大学治理准则。1998年，为了纪念该活动10周年，《大学大宪章》的两位起草人——博洛尼亚大学校长法比奥·罗韦尔西-摩纳哥（Fabio Roversi-Monaco）和时任欧洲大学协会

---

① P. Zgaga, "Reconsidering Higher Education Governance," in J. Kohler, J. Huber (eds.), *Higher Education Governance Between Democratic Culture*, *Academic Aspirations and Market Forces*, Strasbourg: Council of Europe, 2006, pp. 35-50.

（European University Association，EUA）主席的何塞普・布里考尔（Josep Bricall）还决定成立一个关于大学基本价值观和权利的观察中心（Observatory），以监测《大学大宪章》的实施情况①。这种监测活动直到现在仍在进行。1999 年 Glion 论坛发布的 Glion 宣言（Glion Declaration-The University at the Millennium）也是一个国际层面的大学治理准则，其创制者——Glion 论坛是一个致力于探讨研究型大学未来发展问题的独立智库，发起人包括瑞士教育、研究和创新国务秘书，IBM 苏黎世研究中心，雀巢公司，美国的华盛顿大学，惠普公司，美国加州威廉和弗洛拉・休利特基金会（the William and Flora Hewlett Foundation），美国国家科学基金会，美国堪萨斯州尤因-马里恩・考夫曼基金会（the Ewing Marion Kauffman Foundation），日内瓦大学，阿卜杜拉国王科技大学（KAUST）和哈利法科技与研究大学（KUSTAR），瑞士联邦理工学院，苏黎世联邦理工学院和洛桑联邦理工学院（EPFL），英格兰高等教育拨款委员会（HEFCE），加拿大力拓-阿尔坎公司，加州大学圣地亚哥分校和加州大学戴维斯分校等一些知名人士、大学、基金会和商业公司②。这些国际层面的大学治理准则同样属于软法性质的大学治理规则，也可以说它们是国际层面的私人制度，但因为它们不针对一国大学治理的特定问题，不属于一个国家高等教育治理规则体系的构成部分，因此不属于本书所指称的大学治理准则的范畴。

再次，大学层面的治理准则不是本书所指称的大学治理准则的范畴。在英国、加拿大、爱尔兰等国家，很多大学也出台了治理准则。这些大学层面的治理准则要么是大学作为本国一些高等教育协会组织的会员，应该协会组织要求创制的；要么是按照研究咨询机构建议，为改善大学治理创制的。它们属于大学内部的软法规范，但不属于私人集体治理制度。

最后，高等教育系统层面的大学治理准则是大学治理准则的主体，也是介于高等教育法律法规和大学内部规章制度之间的中位性和中介性规则，在

---

① Magna Charta Observatory，"History," https：//magna-charta. org /about-us/hystory.

② Glion Colloquium，"Sponsors," https：//glion. org/tag/glion-declaration-i/.

一国高等教育治理体系中占据着独特的位置：一方面，它们明显不同于高等教育法律法规和大学章程，前者是由国家立法机构制定、对一个国家所有高等教育机构具有普遍约束力且由司法机构和政府部门实施的强制性规则，后者是一所大学的内部治理规则，高等教育系统层面的大学治理准则则是由高等教育共同体组织或由其与公共部门联合制定的、由大学自愿遵守的非强制性治理规则；另一方面，在一些情况下，它们在高等教育法律法规和大学内部规章制度之间起着中介作用，如爱尔兰的大学治理准则在将高等教育法律法规框架纳入其中的同时，又要求大学依据其所定标准制定自己的治理准则。由此，大学治理准则与高等教育法律法规、大学内部规章制度协调配合、各司其职，共同构成了一个国家的大学治理规则体系。在这个体系中，国家层面关于高等教育或大学治理的法律法规是上位的规则，大学内部规章制度是下位的规则，大学治理准则则是介于两者之间的中位的治理规则。英国大学理事会主席委员会出台的《高等教育治理准则》，美国大学教授协会等机构联合发布的"1966 年声明"，都是这个层面的大学治理准则。高等教育系统层面的大学治理准则是典型的软法和集体治理结构意义上的私人制度安排。本书指称的大学治理准则主要是这一类，下文也主要是在这个层面使用"大学治理准则"这一概念。

第二节　大学治理准则的类型

大学治理准则是大学发展到一定历史阶段后，在多种因素影响下的产物。世界上最早的大学治理准则应该是美国大学教授协会 1915 年发表的"1915 年宣言"，但作为一种流行的治理工具，大学治理准则出现在历史舞台上是近 30 年的事情。20 世纪 80 年代以来，随着全球化的不断推进，国际组织推动了治理在全球的兴起。自 20 世纪 90 年代开始，在很多经合组织成员国，治理准则先是在公司治理领域，后在高等教育治理领域流行。截至目前，大学治理准则在很多国家已经成为重要的、不可或缺的治理工具。

实际上，大学治理准则作为一种大学治理规则，并不是只有文本形式，其创制主体、内容和形式也非常复杂多样。我们从不同的角度，可以将大学治理准则划分为很多类型。

一　根据创制主体的性质进行划分

根据创制主体的性质，可以分为高等教育协会等共同体组织出台的大学治理准则、高等教育协会组织和政府部门联合出台的大学治理准则和政府部门出台的大学治理准则。在不同的国家，大学治理准则的创制主体性质也会有所不同，其中高等教育协会等共同体组织是最常见的大学治理准则制定主体，但也有国家的大学治理准则由高等教育协会组织与教育当局联合制定，或者由政府部门出面，组织高等教育协会组织以及其他利益相关主体联合制定。前者以美国、英国最为典型。美国没有全国统一的大学治理准则，它的大学治理准则主要是由美国大学教授协会、美国高校董事会协会、高等教育认证机构等在不同时期独立或联合发布的，政府部门不介入大学治理准则的制定过程。这些协会组织（如美国大学教授协会）常常把自己发布的大学治理准则称为"国家标准"，以突出其权威性，但这并不意味着国家政府部门是其创制主体。英国的《高等教育治理准则》是由英国大学理事会主席委员会制定的。爱尔兰的大学治理准则是由爱尔兰大学协会和高等教育局联合制定的，南非的大学治理准则是由南非高等教育与培训部出面组织制定并发布的。

二　根据大学治理准则的内容特点进行划分

根据大学治理准则的内容特点，可以分为原则性的大学治理准则和处方式（prescriptive）的大学治理准则。原则性的大学治理准则主要规定大学治理的基本原则，如美国"1966年声明"的内容主要是阐述高校实行共同治理的重要意义，界定高校各治理主体的治理责任，没有就如何实施共同治理作出具体的规定。美国高校董事会协会的很多治理准则规定也是原则性的。但很多欧洲国家的大学治理准则规定比较详细而具体，可以说是处方式的，对大学如何治理，尤其是大学最高治理机构如何治理大学提供了详细的指导和建议。两类大学治理准则并无优劣之分，主要与一个国家的治理体制、治理文化有关，有时也取决于大学治理准则体系内各准则之间的关系。例如，南非 2017 年 12 月由高等教育与培训部部长批准的大学治理准则——《南非公立高等教育机构理事会良好治理实践指南和治理指标》（Guidelines for Good Governance Practice and Governance Indicators for Councils of South African Public Higher Education Institution）就对南非公立高校理事会的人员组成，理事会主席、副主席和秘书的能力要求，理事会的职能，可用的治理工具等作出了全面而具体的规定。一些大学治理准则将大学治理原则和处方式的具体要求融入到一个文本之中。例如，英国大学理事会主席委员会发布的《英国高等教育治理机构成员治理指南：实践准则和基本原则》（Guide for Members of Higher Education Governing Bodies in the UK Governance：Code of Practice and General Principles）除了包括英国高校理事治理的基本原则方面的内容之外，还就其具体的治理行为如大学理事如何进行风险管理、控制和治理，审计和审计委员会如何运行等作出了处方式的规定[①]。当前，随着大学对简化大学治理准则形式需求的增加，将大学治理原则和处方式的具体要求融入一个大学治理准则文本之中的呼声也在增多。

三　根据大学治理准则的实施方式进行划分

不同国家、不同的大学治理准则，其实施方式也不尽相同。根据大学治理准则的实施方式，可以分为自愿遵守的大学治理准则和带有强制性的大学治理准则。

自愿遵守的大学治理准则没有规定具体的实施方式。美国的大学治理准则大多属于此类。尽管如此，这种自愿服从却并非指大学可以任意违背大学治理准则，而主要是指大学治理准则创制主体没有强制性手段要求大学必须服从。因此，这里所说的"自愿服从"更多的是从实施机制角度而言的，即大学是否遵守该治理准则完全出于自愿，很多国际性的大学治理准则也依

---

① "Guide for Members of Higher Education Governing Bodies in the UK Governance：Code of Practice and General Principles," Committee of University Chairmen, 2004, pp. 22-25.

赖大学的自愿认同和遵守。

在要求大学自愿遵守的同时，并不妨碍大学治理准则创制主体采取某种手段，督促甚至迫使大学遵守其治理准则。例如，美国大学教授协会发明了谴责机制，对不遵守共同治理原则的大学董事会或管理层进行公开谴责。自愿遵守机制存在的意义就在于，即便受到谴责，大学仍然可以对其置之不理。在这种情况下，最终能够对大学治理行为形成强制约束力的主要是市场力量，而非大学治理准则的谴责或制裁。

带有强制性的大学治理准则是指那些强制大学遵守，或要求大学"遵守或解释"的大学治理准则。一些国家，如澳大利亚，通过将大学治理准则遵守情况与拨款挂钩，强制要求大学遵守其治理准则。以色列的大学治理准则性质类似于法律，也有很高的强制性。但整体来说，采取强硬的手段实施其大学治理准则的国家还是少数。一些国家如英国、爱尔兰等按照"遵守或解释"（comply or explain）的原则，大学可以选择不遵守，但需要对其不遵守的理由作出公开解释。

第三节　大学治理准则的性质

大学治理准则是一种规则或制度安排。从一般意义上讲，制度是制度组织（指管理、设计规则并确保它们强制执行的组织）和规则的组合①。对大学治理准则性质的认识取决于我们界定其性质的视角。这里我们从软法和系统化治理的视角，对其性质进行分析。

一　大学治理准则是一种软法规范

从法律视角来看，大学治理准则属于不以国家强制力保证实施的非传统

---

① 科斯、诺思、威廉姆森等：《制度、契约与组织——从新制度经济学角度的透视》，刘刚等译，经济科学出版社，2003，第 482 页。

法律形式，是"原则上没有法律约束力但有实际效力的行为规则"①，即软法，和由立法机构制定、由国家强制力保证实施的"硬法"有着本质的区别。也就是说，大学治理准则是关于大学治理的成文规则，具有"法"的某些特征，如对高等院校相关治理主体的约束力和规范性等，但无论是从制定主体的性质、创制方式，还是从执行手段、规范对象范围来说，大学治理准则都属于"软法"，而不是"硬法"：大学治理准则主要由利益相关者出于共同利益相互协商而形成，制定、发布大学治理准则的主体不是国家立法部门，其创制过程和创制方式体现的往往是"共同体成员的意志"②；在实施方式上，大学治理准则主要依靠大学自愿采纳或遵守，而不是用国家强制力保证实施；在规范对象范围上，大学治理准则往往只对共同体成员，而不是对所有大学具有普遍性的约束力。

作为软法，大学治理准则具有"硬法"所不具备的优势。首先，大学治理准则制定程序比较简单快捷。一般来说，高等教育法律法规的制定需要严格遵循国家立法要求，不仅程序复杂、严谨，而且一般来说从提出法律提案到立法再到正式实施，需要经历一个很长的过程。大学治理准则的制定过程相对简单、快捷得多，通常只需要由相关创制主体成立一个起草委员会，起草一个准则草案，在一定范围内经过几次讨论，或征集意见之后，再经过正式程序批准通过，就可以开始实施。其次，和制定程序一样，大学治理准则修订甚至废止程序也比高等教育法律法规简单、快捷，能够根据大学治理的实际问题和大学治理改善的实际需求适时作出调整，也容易及时废止不合时宜的理念、条款或提法。最后，大学治理准则比高等教育法律法规在语言和内容、形式方面都更加灵活，制定和修订难度相对较小，也更便于就大学治理中的现实问题作出灵活、细致和有针对性的规定。

不属于法律法规的高等教育治理政策、大学章程以及其他内部治理文件也是软法性质的治理规范，但相对于前者，大学治理准则能够更多地反映出

---

① F. Snyder, "Soft Law and Institutional Practice in the European Community," *The Construction of Europe*, 1994, p. 198.

② 姜明安：《软法的兴起与软法之治》，《中国法学》2006 年第 2 期。

对于大学良好治理的民间立场和民间话语权；相对于后者，大学治理准则倡导的治理价值理念、原则、治理主体组织模式、行为准则和伦理规范等更具有普遍意义。因此，尽管都可以归入软法范畴，大学治理准则与高等教育政策、大学章程及其他内部治理文件却有着不同的特征和价值，不可混为一谈。

反过来，任何事情都有两面性，大学治理准则作为软法的这些优点也可能变成缺点。正是因为大学治理准则是软法，没有像硬法那样严格的立法规范和立法程序，参与制定大学治理准则的人员也可能不像立法人员那样具有很高的法律素养，难以准确把握软法和硬法的关系边界，因此制定出来的大学治理准则有可能混淆高等教育法律法规和软法规范的区别，使治理准则看起来和法律法规无异，也容易出现大学内部治理规范过于严格、死板，或者语言运用不够规范、严谨等问题。因为是不具有强制执行力的软法，当大学不愿意积极遵守时，大学治理准则的实施就会面临挑战。

二　大学治理准则是一种集体治理制度安排

如前文所述，在系统化治理的视角下，大学治理准则属于外在于大学的一种集体治理制度安排。新制度经济学家埃里克·布鲁索和姆汉德·法里斯将交易的治理分为个体间治理结构、私人制度和公共制度三个层次[1]，其中"个体间治理结构"是"通过行为人完全事前责任的不完全契约建立的，以保证他们的自我实施机制"，私人制度是指由组织或个人自愿组成的机构制定的实体性和程序性规则以及各种治理机制，公共制度主要包括公共规则和公共制度组织[2]。其中，私人制度和公共制度都属于第三方治理机制，但和由高于共同体的治理主体通过政治过程制定、主要表现为法律形式的公共制度不同的是，私人制度是法律之外的规则和治理机制，不具有强制约束力，

---

[1]　科斯、诺思、威廉姆森：《制度、契约与组织——从新制度经济学角度的透视》，刘刚等译，经济科学出版社，2003，第483页。

[2]　科斯、诺思、威廉姆森：《制度、契约与组织——从新制度经济学角度的透视》，刘刚等译，经济科学出版社，2003，第482页。

而是由成员自愿服从①。按照这一分类，绝大部分由高等教育共同体组织制定的大学治理准则属于私人制度，一小部分由公共部门制定，或者由公共部门与高等教育共同体组织联合制定的大学治理准则带有公共制度的性质。例如，美国大学教授协会、美国高校董事会协会是美国大学治理准则的重要制定主体，它们都是独立于政府部门的高等教育共同体组织，发布的治理准则不具有强制性。但爱尔兰2007年出台的大学治理准则是由爱尔兰高等教育局和爱尔兰大学协会联合发布的，它要求大学定期报告对该准则的遵守情况，或对不遵守的理由作出解释②。从这个角度来说，爱尔兰大学治理准则具有一定的强制性，更像是一种私人制度和公共制度的混合物。以色列类似于法律的大学治理准则更像是一种公共制度安排。

无论是属于私人制度，还是属于公共制度，或私人制度与公共制度的混合物，大学治理准则相对于大学内部各治理主体来说，都是一种集体治理结构，也是一种集体治理制度安排。

第四节　大学治理准则的治理功能

所谓"功能"，通俗地讲，就是"作用"。《现代汉语词典》对它的解释是"事物或方法所发挥的有利的作用，效能"③。我国学者阎光才认为，功能带有责任内涵或者说价值成分，它不是事物的本质也未必是对事物本质的反映，而是人施加于事物的种种外赋规定。他认为，功能是人们期望的一种"应然状态"④。这和伦敦政治经济学院教授帕西·S. 科恩对"功能"一

---

① 王绽蕊：《美国高校董事会制度：结构、功能与效率研究》，高等教育出版社，2010，第22~24页。

② F. Henard, A. Mitterle, "Governance and Quality Guidelines in Higher Education: A Review of Governance Arrangements and Quality Assurance Guidelines," Paris: OECD/Directorate for Education Programme on Institutional Management in Higher Education, 2010, p. 79.

③ 《现代汉语词典》，商务印书馆，2001，第438页。

④ 阎光才：《教育的功能、功用到功效——20世纪西方公共教育政策价值取向的演进逻辑》，《比较教育研究》2002年第3期。

词的解释基本相同。科恩认为，在社会学或人类学理论中，"'功能的'这个词（其意义是'有用的'）仅仅适合于这样的环境，在这种环境里，某种持久的实践（有意或无意地）促进了对社会行动者的有意识或无意识动机的满足；实践支持了这些动机，而动机反过来又有助于这些实践本身的持续，对功能这个词的其他用法都是不能接受的。……若设定某种社会实践——它是一个系统的组成部分——满足了某些社会成员的动机，这便是把一种功能赋予这种实践"①。

制度经济学对制度的研究视角基本上是功能主义的，它的核心判断即"制度在协调个人行动上发挥着关键作用"②。换句话说，每一项制度都有自己特定的功能，人们期望通过制度设计来实现协调彼此行动的目的。

在很多国家，大学治理存在方方面面的问题，其中人们讨论最多的往往是大学治理结构的问题。除了大学治理结构不完善可能会带来治理效率和效能低下问题之外，还有很多方面可以产生大学治理问题。南非高等教育与培训部曾经列举了南非公立大学里各种治理失误的主要原因，包括一些理事会成员在履行其治理和受托职责方面缺乏经验和所需的专业知识、理事会与执行管理层和工作人员之间关系紧张、领导尤其是理事会主席一级的领导工作失误、一些理事会成员存在不可接受和不利于学术生产（counter-productive）的行为及不遵守适当的会议程序等③。由此可见，与治理结构相比，大学治理主体行为和能力方面的问题也非常常见。除此之外，还有大学治理价值导向问题、治理行为主体伦理道德规范问题等，都对大学治理效率和效能有着重要影响，因而同样值得重视。但对这些问题的处理往往有很大的弹性和灵活性，很难通过立法来"一刀切"地进行规制。

---

① 亚当·库珀、杰西卡·库珀主编《社会科学百科全书》，上海译文出版社，1989，第297页。
② 柯武刚、史漫飞：《制度经济学：社会秩序与公共政策》，韩朝华译，商务印书馆，2003，第7页。
③ Directorate of Institutional Support and Sector Liaison, "Guidelines for Good Governance Practice and Governance Indicators for Councils of South African Public Higher Education Institutions," Pretoria: Higher Education and Training, 2017, p. 3.

"治理准则出现在法律止步之处。"① 尽管一些国家如以色列的大学治理准则有着类似于法律的强制性，但在很多其他国家，大学治理准则是作为法律或强制性规则的替代品出现的。大学治理准则具有软法或集体治理制度安排的性质，正是对其法律替代品角色的一种注解。大学治理准则的性质及内容决定了其治理功能。

一　大学治理准则的治理功能概述

大学治理准则虽然只是一种不具有法律强制性的"软治理规则"，但其治理功能不容小觑。

大学治理准则是一种特殊的治理工具。它将大学内部治理主体之间的关系作为规范对象，却处在大学之外，不属于大学内部的治理规则；它是一种良好治理标准，具有工具性价值，也是一种治理原则要求、治理价值规范，具有价值导向作用；它是人为创制的治理规则，因而多主体对创制过程的组织和参与创造了一种新的治理景观；它是一种动态变化的治理规则，因而通过修订创造了一种动态的治理标准、治理价值理念更新机制。大学治理准则处在大学、高等教育共同体组织和公共权力机构的连接线上，在融合一个国家高等教育治理体系的各个组成主体之间，起着中介节点的作用。

大学治理准则的这些特点决定了它不仅对大学治理有着规范和引导功能，在一个国家的高等教育治理系统层面也有着特殊的治理功能。也就是说，大学治理准则具有大学和高等教育系统两个层面的治理功能。

二　大学层面的治理功能

在大学层面，大学治理准则具有如下几个方面的治理功能。

（1）治理价值引导功能。大学治理准则注重倡导良好治理对大学的重

---

① Nolan Haskovec, "Codes of Corporate Governance: A Review," The Millstein Center for Corporate Governance and Performance, 2012, p. 8.

要意义，重视将学术自由、学术自治等基本价值理念融入其中，这使它在引导大学治理价值理念方面发挥着重要的功能。例如，爱尔兰大学治理准则开篇即指出："良好的治理安排对于公共部门和私营部门的大大小小的组织都至关重要。治理包括指导和控制组织的系统和程序。为了使组织能够有效运作，并履行其在透明度和对服务对象的问责方面的职责，健全的治理体系至关重要。鉴于大学在社会和国家经济社会发展中的重要作用，以及它们对公共和私人资金的依赖，良好治理对大学来说尤其重要。"①

（2）为大学治理提供原则遵循的功能。大学治理准则规定了大学治理和大学最高治理机构运作的基本原则，包括董事会（理事会）享有最高治理权威，但在学术治理方面应向学术评议会授权，它不应卷入应由校长负责的日常管理工作中，其应该承担起战略规划、任命或解聘校长等重要职责，应保持适当规模，既不过大，也不能过小。这些规定为大学治理和大学董事会（理事会）治理提供了基本的原则遵循，有利于大学治理主体明晰自身职能、权力和责任，了解最高治理结构和校长之间的权力边界，懂得大学治理机构成员应支持校长行使管理权，向学术评议会（senate）授权，懂得教师参与治理、正当程序、信息透明的重要性。

（3）提供最佳治理实践标准的功能。一些大学治理准则提供了大学治理的最佳治理实践标准，如大学董事会（理事会）的最佳规模范围，或最佳的治理实践做法，以备大学治理机构参考。

（4）在大学层面，大学治理准则还可以起到底线治理功能。大学治理准则不仅为大学治理提供了先进的治理价值理念、最佳治理实践经验参考、高尚的治理伦理道德规范要求，也往往会对大学治理底线提出要求，如对如何界定、处理和应对利益冲突提供建议，为大学治理机构规避利益冲突、加强风险管理提供具体建议等，这些规定有利于维护大学的合理治理秩序，减少治理失当行为。

---

① Irish University Association and Higher Education Authority, "Code of Governance for Irish Universities," Irish University Association and Higher Education Authority, 2019, p. 1.

不同的大学治理准则其治理功能并不相同，例如，如果一个大学治理准则更加注重治理的组织结构，而另一个大学治理准则更加注重治理主体的治理行为规范，两者就会产生不同的治理功能。一个大学治理准则的功能也不会是一成不变的，随着大学治理准则的修订，其治理功能也会发生相应的变化。

三　高等教育系统层面的治理功能

大学治理准则在高等教育系统层面的治理功能常常被人们忽视，但实际上，作为一种大学治理工具，大学治理准则的治理功能绝不是只体现在大学层面，它在高等教育系统层面的治理功能也一样重要。

大学治理准则在高等教育系统层面具有如下几个方面的治理功能。

（1）完善大学法治体系的功能。大学治理准则作为软法而出现，弥补了软性外部治理规则的缺失或不足，进一步完善了大学法治化的路径，也使得一个国家的大学法治体系更加完善。

（2）促进大学良好治理标准化的功能。很多大学治理准则包括大学最高治理机构的规模范围、委员会结构及职责划分等内容，避免最高治理机构规模过大或过小，倡导最高机构设立提名委员会、薪酬委员会、审计委员会等重要的次级委员会。这在一定程度上有助于实现大学良好治理标准化，有利于减少大学治理机构的学习成本。

（3）促进协同治理的功能。大学治理准则的创制和实施常常是一个协同治理过程。首先，大学治理准则的创制和实施主体主要是高等教育协会组织，它们是会员制志愿组织，会员是来自大学的董事、校长、教师或职员等治理主体。创制和实施大学治理准则的过程就是这些来自不同大学的治理主体之间协同治理的过程。其次，在创制大学治理准则的过程中，高等教育协会组织相互之间甚至与其他行业的协会组织常有协商合作，因而制定大学治理准则的过程也是高等教育协会组织相互之间甚至与其他行业协会组织协同治理的过程。最后，在创制和实施大学治理准则的过程中，政府主管部门也可能通过各种途径参与其中，如高等教育协会组织可能就准则中设定的治理标准与政府官员展开沟通对话，或者政府部门在教育政策、立法和司法过程中采纳大学治理准则的相关规范或标准，由此实现政府部门与高等教育协会组织对大学的协同治理。除此之外，大学治理准则还可以通过一些方式，把所有关心大学治理的各种利益相关者的积极性调动起来，一起参与制定和修订大学治理准则。例如，英国大学理事会主席委员会修订《高等教育治理准则》时，就通过邀请利益相关方填写咨询问卷（consultation questionnaire）的方式，指出现行治理准则的不足，并针对修订版准则草稿提出意见和建议[1]。这也意味着，所有利益相关者都可以通过制定或修订大学治理准则这样一个机制，参与对大学的协同治理。可以说，大学治理准则的创制和实施过程对一个国家的高等教育治理体系建设具有重要意义，它可以使一个国家的大学治理层次变得更加系统化，治理组织体系和治理协同机制更加完善。

（4）丰富高等教育治理"工具包"内容的功能。大学治理准则是一种治理工具，也是一种治理方法。一个国家可以通过很多手段来治理大学，如法律手段、财政手段、人事政策等，通过大学治理准则完善大学治理，丰富了大学治理方法体系，使高等教育治理"工具包"内容更加丰富多样。

（5）大学治理准则还是一种治理价值理念和治理标准更新机制，有促使大学治理制度自我更新和自我完善的功能。相对于法律法规来说，大学治理准则的一个重大优势就是修订程序比较简单、便捷，可以根据实际需要灵活地对其内容进行补充、完善。很多大学治理准则有定期修订条款的机制。例如，英国大学理事会主席委员会 2014 年发布了《高等教育治理准则》，此后每四年修订一次，以确保它能适应英国大学治理的最新情况和满足其自身的目的[2]。美国大学教授协会自 1966 年和美国教育理事会及美国高校董事会协会发布《学院与大学治理声明》（即"1966 年声明"）以来，又围绕大学共同治理发布了至少 5 个重要文件，如 1972 年发布了《教师在预算

---

① David Williams, "The New CUC Draft Higher Education Code of Governance," https://www. advance-he. ac. uk/knowledge-hub/new-cuc-draft-higher-education-code-governance.

② David Williams, "The New CUC Draft Higher Education Code of Governance," https://www. advance-he. ac. uk/knowledge-hub/new-cuc-draft-higher-education-code-governance.

和薪酬事务决策中的角色》（The Role of the Faculty in Budgetary and Salary Matters），1989 年发布了《大学教师在大学体育治理中的角色》（The Role of the Faculty in the Governance of College Athletics），1994 年发布了《教师参与治理与学术自由的关系》，等等①。这显示大学治理准则具有自我更新、自我完善的功能。

　　大学治理准则以上治理功能在实践层面转化为可能的治理效能，也体现在两个层面：在大学层面，大学治理准则通过推动大学改善治理，有助于提高大学治理绩效；在高等教育系统层面，大学治理准则及其建设过程通过完善一个国家的高等教育治理规则、组织以及工具和方法体系，推动良好治理实践在高等院校之间有序扩散，有助于提升高等教育治理体系的整体效能。为了避免重复，对于这一点，本书在后面的案例研究中再加以分析说明。

　　总之，大学治理准则在大学和高等教育系统层面的治理功能同等重要，不能只关注它在大学层面的治理功能，忽视了它在高等教育系统层面的强大治理功能。

---

① American Association of University Professors, *Policy Documents and Reports*（*Eleventh Edition*）, *Baltimore*, MD：Johns Hopkins University Press, 2015, pp. 123-141.

第二章　我国大学治理准则建设的
历史考察与现实挑战

如前文所述，我们界定一个治理文件是不是"大学治理准则"可以从该治理文件的名称出发，也可以从该治理文件发挥的治理功能出发，因此"大学治理准则"不一定是一个或一系列以此为名的治理文件，也有可能被冠以其他的名称，但事实上发挥着治理准则的功能。

截至目前，我国还没有出台以"大学治理准则"命名的治理文件。如果将其视作一个词，而不是把它拆开来理解的话，可以说，"大学治理准则"完全是一个新词语、新术语、新事物。但如果超越词语本身的语言形式，单纯从"大学治理准则"这一概念的实质内涵和功能来审视我国大学治理变革的历史，就会发现，我国并非没有出现过大学治理准则，甚至当前还有重视通过运用各种准则加强大学治理的趋势。

第一节　新中国成立前后我国大学治理准则建设的历史考察

一　新中国成立以前我国大学治理准则建设概况

自从 19 世纪末期我国第一所现代意义上的大学——北洋大学（原名天津北洋西学学堂）诞生以来，随着政局的变化，我国大学已经经历多次治理变革。早在民国时期，一些可以称为"大学治理准则"的文件曾出现在我国大学治理舞台。

民国时期，我国大学受西方"学术独立""教授治校"理念影响较大，大学层面主要靠章程规范各治理主体的职责和权力。在国家层面，政府通过颁布一些政令、条例来规范大学治理。例如，1912 年，教育部颁布《大学令》，对大学治理作出了整体性规定，其中包括设立大学评议会及各科教授会、行政会议等组织机构，由其负责大学的办学宗旨、规章制度、学科设置与废止、课程设置、学位授予、人事聘任等方面事项的确定和执行，"大学设校长一人，总辖大学全部事务"，"大学设评议会，以各科学长及各科教授互选若干人为会员"①。1924 年，北洋政府颁布《国立大学校条例》，规定："国立大学校设校长一人，总辖校务，由教育总长聘任之"，"国立大学校得设董事会，审议学校进行计划及预算、决算暨其他重要事项，以左列人员组织之：（甲）例任董事、校长。（乙）部派董事，由教育总长就部员中指派者。（丙）聘任董事，由董事会推选呈请教育总长聘任者。第一届董事由教育总长直接聘任。国立大学校董事会议决事项，应由校长呈请教育总长核准施行"②。1927 年，南京国民政府教育行政委员会公布了《大学教员资格条例》，将大学教员分为教授、副教授、讲师和助教四等，并分别对其各自的任职资格和审查程序作出了明确规定。从治理主体的角度出发，该条例也较好地体现了"大学自治""教授治校"的理念。

这一时期，因为社会团体的发展，在政府出台的政令、条例和大学章程以外，也出现了一些可以称为治理准则的文件。

最早发布准则性质治理文件的民间社会团体是全国教育会联合会，它成立于 1915 年，是我国教育现代化早期进程中影响较大的社会团体。在 1920 年发布的《第六届全国教育会联合会大会议决案》"任用校长应注重相当资格案"中，该联合会对校长选拔和任用问题提出了自己的建议："校长为一校之中枢，与学务之兴废，植材之良窳，胥有密切之关系，不独学识与经验并重，且专司其事，实力进行，不得稍涉浮滥，致有贻误。乃竟有视校长为无足轻重者。或以现任行政人员备数，或以候补官吏充当，极其弊，非兼顾不遑，难求整顿，即别思升迁，暂行托足，以至敷衍塞责，校务废弛。若斯而欲求教育进步，不亦难乎？谨请大部通令各省区，此后任用校长应注重相

---

① 璩鑫圭、唐良炎编《中国近代教育史资料汇编：学制演变》，上海教育出版社，1991，第663~664 页。
② 张国有主编《大学章程》第 1 卷，北京大学出版社，2011，第 385 页。

当资格，不得以官吏兼充，以杜流弊，而期教育发展"①。除了这一文件之外，它还发表过"学生自治纲要案"，阐述实施学生自治的重要性："共和国之教育，以全国学生人人有共和国民之资格为基本。欲期全国学生人人有共和国民之资格，以各学校实施学生自治为基本。盖学生自治所以发展青年天赋之本能；养成其负责与互助之习惯。其方法，在练习团体组织。其宗旨，在发挥民治精神。共和先进国风行有年如学校国、学校市等，其名不同，其旨则一。我中华国体既定共和，自不可无此基本教练。况近鉴于一般国民有爱国心，乏自治力，尤非从青年时代，为根本培养不可。"并进一步拟定了学生自治纲要："特恐因解释未明，误用学生才力，爰拟学生自治纲要五则……（一）学生自治，系教育陶冶，与实施政治有别。（二）以公民教育之精神，练习自治，得采分区制度。（三）学生自治权限，视学校之性质，及学生之年龄与程度，由校长酌定之。（四）学校职教员，应设自治指导员会，负指导学生之责。（五）除学校行政外，均得由学生根据校长所授与之权限，定相当之办法，由指导员会通过施行。"②

从大学治理准则的概念来审视全国教育会联合会发表的这两个文件，我们如果将其视为大学治理准则有一定的合理之处，因为它们是由教育共同体组织发布的涉及治理主体权力配置的文件，具有私人制度或软法的某些特性。但它们对于当时的大学治理发挥的作用不明，也不是特别针对大学层面的校长选任和学生自治问题提出的准则规范，从这个角度来说，将其视作大学治理准则还是比较勉强。

二　新中国成立以后我国大学治理准则建设概况

中华人民共和国成立以后，经过社会主义改造，我国逐步建立起社会主义教育体制。在大学治理方面，我国大部分情况下主要依靠政府部门发布政

---

① 邰爽秋等合选：《历届教育会议决案汇编》，教育编译馆印行，1935，"任用校长应注重相当资格案"，第11页。
② 邰爽秋等合选：《历届教育会议决案汇编》，教育编译馆印行，1935，"学生自治纲要案"，第16~17页。

令、出台条例及暂行办法等规范大学治理，大学党委与行政领导的关系经常处于动态变化之中，有时强调行政领导的业务权威，有时强调党委的政治保障作用，没有形成稳定的治理模式。直到 1998 年出台《中华人民共和国高等教育法》，大学治理才开始逐步走向正轨。

20 世纪 50 年代初期，我国高校在管理上采用苏联模式，实行校长负责制。1950 年 8 月，教育部颁布《高等学校暂行规程》，规定大学及专门学院实行校（院）长负责制，并在校（院）长领导下设校务委员会。1952 年院校调整之后，中央开始选派很多久经锻炼的老干部进入高校，以加强党对学校工作的领导。当时党委机构在行政级别上只有处级，称为"政治辅导处"，负责全校的思想政治工作。业务工作都是在校长领导下完成的，依靠原有的知识分子干部组织实施。1953 年，根据中央对东北局《关于高等学校党的组织机构和专职党务干部的规定（草案）》的指示精神，高校先后成立党委会，配合校长进行学校管理工作。但党委会和学校行政机构之间没有领导或指导关系，它对党的方针政策和教学行政工作起保证监督作用，负责思想政治工作和党的建设，各校成立党员校长、党委书记及有关负责人组成的党的核心小组，党政之间互相帮助，密切配合。1956 年，为了巩固马克思主义在教育领域的指导地位，并加强党对高校工作的领导，中央决定把高校领导体制由校长负责制改为党委领导下的校务委员会负责制。1958 年，中共中央、国务院在《关于教育工作的指示》中明确规定："在一切高等学校中，应当实行学校党委领导下的校务委员会负责制。"[1] 党委领导下的校务委员会负责制中的校务委员会不同于校长负责制时期的校务委员会，后者只是一个咨询机构，成员包括正副校长，各系主任，党委和行政部门的主要负责干部，教师、学生、职员及各群众组织的代表人物，而党委领导下的校务委员会负责制是学校的主要决策和管理机构。党委治理权力扩大，不再只限于思想政治工作，而是全面领导包括教育改革在内的学校各项工作。1957

---

[1] 《中共中央、国务院关于教育工作的指示》，载何东昌主编《中华人民共和国重要教育文献（1949~1975）》，海南出版社，1998，第 859 页。

年整风"反右"、红专大辩论以及 1958 年的"教育革命"都是在党委领导下进行的[1]。但这种领导体制没有明确学校校长的权力，也没有明确系主任和教研室主任等行政负责人的权力，行政领导和负责人的作用被忽视了，积极性受到影响。因此，1961 年 9 月 15 日，中共中央批准试行《教育部直属高等学校暂行工作条例（草案）》（即"高教六十条"），规定"高等院校的党委会是学校的领导核心，对学校工作实行统一领导"，"学校中的领导权力集中在校党委，实行党委领导下的以校长为首的校务委员会负责制"。这一规定理顺了党政关系以及个人领导与集体领导之间的关系[2]。

"文革"时期，革命委员会掌握学校领导权，原有的高校领导体制被完全否定。直到 1978 年，革命委员会在高校的领导才告终止。此前和此后直至 20 世纪 80 年代的一段时期之内，是党委领导权得以确立并不断加强的时期。

拨乱反正以后，根据 1978 年《全国普通高等学校暂行工作条例（试行草案）》，学校试行党委领导下的校长分工负责制，但这一体制也存在弊端。后来，邓小平同志在论述工厂管理体制时，认为原有的党委领导下的厂长负责制"既不利于工厂管理的现代化，不利于工业管理体制的现代化，也不利于工厂里党的工作的健全"[3]。在这种背景下，20 世纪 80 年代中央曾经鼓励高校试行校长负责制，校长成为试点高校的最高决策权威。1985 年《中共中央关于教育体制改革的决定》明确提出，"学校逐步实行校长负责制"，"有条件的学校要设立由校长主持的、人数不多的、有威信的校务委员会，作为审议机构"。"要建立和健全以教师为主体的教职工代表大会制度，加强民主管理和民主监督。""学校中的党组织要从过去那种包揽一切的状态中解脱出来，把自己的精力集中到加强党的建设和加强思想政治工作

---

[1]　《樊恭烋高等教育文集——中国理工科教育规律的探索与实践》，北京工业大学出版社，2009，第 8 页。

[2]　《樊恭烋高等教育文集——中国理工科教育规律的探索与实践》，北京工业大学出版社，2009，第 13 页。

[3]　《邓小平文选》第 2 卷，人民出版社，1994，第 340 页。

上来；要团结广大师生，大力支持校长履行职权，保证和监督党的各项方针政策的落实和国家教育计划的实现；要坚持用马克思主义教育广大师生，激励他们立志为祖国的富强奋勇进取、建功立业，保证学生德智体的全面发展，使学校真正成为抵御资本主义和其他腐朽思想的侵蚀，建设社会主义精神文明的坚强阵地。"① 这一决定激发了行政领导干部的热情。有的大学校长认为，校长负责制应该是校长全面领导，而不是校长领导教学、科研和行政业务，党委领导思想政治、道德品质教育工作。党委应该摆脱行政事务，集中精力做党的自身建设工作，并对学校工作中是否正确地贯彻执行了党的方针、政策等进行监督、调查研究，及时发现问题并予以纠正。

1989 年 8 月，中共中央下发了《关于加强党的建设的通知》。该通知要求："高等院校实行党委领导下的校长负责制。试行校长负责制的范围不再扩大。"② 1990 年，国家教委工作会议进一步指出："高等学校原则上实行党委领导下的校长负责制，党委要担负起把握学校社会主义方向和对学生思想政治工作全面领导的责任；同时要充分发挥校长在管理和学校思想政治工作中的作用。"③ 此后至 1992 年，各高等学校除清华大学、北京航空航天大学等少数几所高校继续试行校长负责制外，大部分均实行党委领导下的校长负责制。1993 年，《中国教育改革和发展纲要》提出要"加快法制建设"，走"依法治教"道路④。1998 年，《中华人民共和国高等教育法》出台，明确规定我国高校实行党委领导下的校长负责制。至此，高校党委与行政领导之间的关系以法律的形式确定了下来。

总之，新中国成立以来，我国高校领导体制基本上经历了校（院）长负责制——党委领导下的校务委员会负责制——革委会（"文革"期间）——党委领导下的校长分工负责制——校长负责制——党委领导下

① 《十二大以来重要文献选编》（中），人民出版社，1986，第 736 页。
② 《十三大以来重要文献选编》（中），人民出版社，1991，第 596 页。
③ 《1990 年国家教委工作会议》，载何东昌主编《中华人民共和国重要教育文献（1976～1990）》，海南出版社，1998，第 2920 页。
④ 《中共中央 国务院关于印发〈中国教育改革和发展纲要〉的通知》，《国务院公报》1993 年第 4 号。

的校长负责制等几个阶段。

新中国成立后，我国原有的教育社团为适应时代发展的需要，由新中国成立前的兼具政治色彩和学术功能的社团组织转变为了为社会主义事业服务的学术性团体①。为了进行社会主义建设，国家对社团资源进行了重新整合。在我国，社会团体是指"中国公民自愿组成，为实现会员共同意愿，按照其章程开展活动的非营利性社会组织"②。从广义来说，社会团体包括：（1）参加中国人民政治协商会议的人民团体，它们是中华全国总工会、中国共产主义青年团、中华全国妇女联合会、中国科学技术协会、中华全国归国华侨联合会、中华全国台湾同胞联谊会、中华全国青年联合会、中华全国工商业联合会；（2）由国务院机构编制管理机关核定，并经国务院批准免予登记的团体，包括中国文学艺术界联合会、中国作家协会、中国人民对外友好协会等 14 个团体；（3）由民政部门进行登记管理，人民政府各部门或授权组织进行业务管理的社会团体，包括各地区或全国性的行业协会、理事会、各学科协会等③。1983 年 5 月，中国高等教育学会成立，这是我国高等教育领域第一个全国性学术社团组织。

为规范社会团体发展，我国 1950 年颁布了《社会团体登记暂行办法》。依据该办法，1950~1953 年，我国对旧社会遗留下来的社会团体进行了清理整顿，消灭了一些反动团体，之后成立了大量学术性团体、文艺类团体、联合性团体等。1976 年以后，一些独立于政府和市场的第三方社会团体相继成立。1989 年 10 月 25 日，国务院颁布并实施了《社会团体登记管理条例》（以下简称《管理条例》），对社会团体的成立、变更、注销、日常管理进行了规定④。

---

① 刘春平：《回眸百年再启程：中国科技社团发展的历史进程与主要贡献》，《科技导报》2019 年第 9 期。

② 《社会团体在新中国的发展历程》，天津泽惠律师事务所网站，http：//www. gongsifalvtj. com/nd. jsp？fromColId＝-1&id＝1835。

③ 《社会团体在新中国的发展历程》，天津泽惠律师事务所网站，http：//www. gongsifalvtj. com/nd. jsp？fromColId＝-1&id＝1835。

④ 《社会团体登记管理条例》，国家法律法规数据库，2016 年 2 月 6 日，https：//flk. npc. gov. cn/detail2. html？ZmY4MDgwODE2ZjNjYmIzYzAxNmY0MGVlZDI3ZjBjMTk。

可以看出，这一时期我国高等教育领域的许多政策文件都是由中共中央、国务院印发，或由教育部根据中共中央、国务院意见下达并实施。这些政策文件虽然没有以法律的名义颁布，但往往有很强的规范作用和实施效力，大学层面在大多数情况下需要遵照执行，自主选择权较小。社会团体整体来说发展比较缓慢，高等教育领域社会团体数量不多，在规范大学治理方面发挥的作用还比较有限。

但如果说我国在这一时期完全不存在大学治理准则也不客观。例如，1980年，党的十一届五中全会制定并发布了《关于党内政治生活的若干准则》，认真总结了党在历史上的优良传统，重申了十二条党内政治生活原则，在党的历史上第一次用党内立法的形式把党内政治生活的原则、内容规定出来①。该准则并不是专门针对大学治理制定的，但它完全适用于大学内部的党内政治生活，因此它在一定程度上起到了大学治理准则的作用。

第二节　1998年以来我国大学治理准则的发展

1998年，《中华人民共和国高等教育法》（以下简称《高等教育法》）出台，标志着我国高等教育法治化取得了突破性的进展，但由于其规定过于原则化，现实中有很多问题仍然难以解决。例如，《高等教育法》第三十九条规定，"国家举办的高等学校实行中国共产党高等学校基层委员会领导下的校长负责制"，但对于党委应当如何领导，校长应该如何负责和对谁负责，党委和校长之间的权力边界应如何划分等重要问题，并没有具体和详细的规定。

中共中央、国务院2010年印发的《国家中长期教育改革和发展规划纲要（2010—2020年）》，是我国大学治理改革中又一个里程碑式的文件。它明确提出"完善治理结构。公办高等学校要坚持和完善党委领导下的校长

---

① 罗星：《中国共产党党内法规制定和修改的逻辑探析——以党内政治生活两部〈准则〉为视角的探讨》，《学术探索》2020年第7期。

负责制。健全议事规则与决策程序，依法落实党委、校长职权。完善大学校长选拔任用办法。充分发挥学术委员会在学科建设、学术评价、学术发展中的重要作用。探索教授治学的有效途径，充分发挥教授在教学、学术研究和学校管理中的作用。加强教职工代表大会、学生代表大会建设，发挥群众团体的作用"①。为了落实该纲要，教育部相继发布了《高等学校章程制定暂行办法》（中华人民共和国教育部令第 31 号）、《学校教职工代表大会规定》（中华人民共和国教育部令第 32 号）、《高等学校学术委员会规程》（中华人民共和国教育部令第 35 号）、《普通高等学校理事会规程（试行）》（中华人民共和国教育部令第 37 号），这些政策文件对完善大学治理结构起到了直接的促进作用，基本结束了我国大学"无章办学"的历史，大学开始普遍设置学术委员会，议事规则和程序逐步开始健全。

2013 年，党的十八届三中全会发布《中共中央关于全面深化改革若干重大问题的决定》，提出"当前，我国发展进入新阶段，改革进入攻坚期和深水区。必须以强烈的历史使命感，最大限度集中全党全社会智慧，最大限度调动一切积极因素，敢于啃硬骨头，敢于涉险滩，以更大决心冲破思想观念的束缚、突破利益固化的藩篱，推动中国特色社会主义制度自我完善和发展……到二〇二〇年，在重要领域和关键环节改革上取得决定性成果，完成本决定提出的改革任务，形成系统完备、科学规范、运行有效的制度体系，使各方面制度更加成熟更加定型"②，并针对教育领域的改革，提出"深入推进管办评分离，扩大省级政府教育统筹权和学校办学自主权，完善学校内部治理结构。强化国家教育督导，委托社会组织开展教育评估监测"③。在这之后，我国高等教育领域的治理制度建设进入了一个新阶段。2017 年中共中央办公厅、国务院办公厅印发了《关于深化教育体制机制改革的意见》。同一年，教育部等 5 部门联合印发了《关于深化高等教育领域简政放

---

① 《中共中央 国务院印发国家中长期教育改革和发展规划纲要（2010—2020 年）》，《人民教育》2010 年第 17 期。

② 《十八大以来重要文献选编》（上），中央文献出版社，2014，第 514 页。

③ 《十八大以来重要文献选编》（上），中央文献出版社，2014，第 536 页。

权放管结合优化服务改革的若干意见》。此后，党的十九大和二十大报告，以及中共中央、国务院和教育部发布的一系列文件，如《中国教育现代化 2035》《中华人民共和国国民经济和社会发展第十四个五年规划和 2035 年远景目标纲要》等对于高等教育高质量发展、中国式现代化的论述，对我国大学治理研究产生了广泛的影响。

1998 年以来，我国社会团体发展环境更加宽松。1998 年 10 月 25 日，国务院颁布并实施了新的社团《管理条例》，将 1989 年颁布的《管理条例》废止。2016 年，国务院对 1998 年颁布的《管理条例》进行了修改，将"申请筹备"修改为"申请登记"①，社会团体成立和登记程序更加简便。中国高等教育学会一方面加强相关领域研究和对外交流合作，另一方面配合国家"放管服"改革，承接政府转移职能，在大学治理方面发挥着越来越重要的作用。

在这一阶段，我国出现了多个以准则命名，且与大学治理相关的政策文件。

例如，中国工程院 1998 年发布《中国工程院院士科学道德准则》，2001 年，中国科学院也发布了《中国科学院院士科学道德自律准则》。其中《中国科学院院士科学道德自律准则》提到反对弄虚作假、文过饰非，反对学术上的浮躁浮夸作风，反对学霸作风，反对不属实的署名和侵占他人成果，坚决抵制科技界的腐败和违规行为②。这些准则对于中国顶尖科学家提出了严格的道德要求，引起了强烈的社会反响。

2018 年，教育部印发《新时代高校教师职业行为十项准则》，指出"准则是教师职业行为的基本规范"③，彰显了其功能和价值作用。该准则发布之后，教育部多次曝光一些高校教师违反该准则的行为，一些高校在其官网

---

① 杜力：《嵌入型治理：中国社会组织参与国家治理的路径探究》，《甘肃理论学刊》2019 年第 4 期。

② 《中国科学院院士科学道德自律准则》，中国科学院网站，2004 年 5 月 20 日，https：//www.cas.cn/zt/jzt/yszt/zgkxydsecysdh/bjzl/kxdd/200405/t20040520_2671243.shtml。

③ 《教育部关于印发〈新时代高校教师职业行为十项准则〉〈新时代中小学教师职业行为十项准则〉〈新时代幼儿园教师职业行为十项准则〉的通知》，教育部网站，2018 年 11 月 14 日，http：//www.moe.gov.cn/srcsite/A10/s7002/201811/t20181115_354921.html。

上开设了专门的曝光违反师德行为的平台，在职称评审、年度考核、聘期考核中实行师德不合格一票否决制度。

2022 年，科技部等 22 部门印发了《科研失信行为调查处理规则》，用 7 章 53 条的篇幅，对科研失信行为的调查处理组织方法和程序作出了详细、清晰、明确的规定。

除了上述与大学教育、科研工作直接相关的机构和部门制定了准则之外，其他政府部门也积极尝试制定一些与教育有关的准则。例如，2010 年，全国质量管理和质量保证标准化技术委员会决定按照国家标准化管理委员会下达的国家标准制订项目计划，发布《卓越绩效评价准则在教育组织中的应用指南》。该指南借鉴国内外教育组织实现卓越绩效的经验和做法，结合我国教育管理的实践，从领导、战略、学生、相关方、市场、资源、过程管理、测量、分析与知识管理以及结果等多个方面给出了卓越绩效评价准则在教育组织中的应用指南[1]。

除此之外，当前我国对大学党的领导的准则化治理已经成为惯例，且逐渐法规化。中国共产党在其百余年的发展历程中，形成了运用准则作为党内法规进行治理的优良传统。在"共产党员网""党章党规"栏目下，有"党章""准则""条例""规定""办法""规则""细则""规范性文件"等诸多党内规章制度的类目。这些文件不论是否以"准则"命名，广义上都可以归为准则性质的软法规范。我国大学实行党委领导下的校长负责制，党委既是大学的领导核心，又是中国共产党的基层组织，对于这些党内准则，大学党委及其成员都必须严格遵守，因此可以说，它们都是对大学党委及其成员具有约束力的"治理准则"。除了这些一般党员和党组织必须遵守的"准则"以外，专门针对高等学校制定的《中国共产党普通高等学校基层组织工作条例》《关于坚持和完善普通高等学校党委领导下的校长负责制的实施意见》等党内规章制度，从广义上都可以归为我国大学党委必须遵守的软

---

① 温恒福、王丽丽：《"卓越绩效准则"对完善大学教育质量评估标准的启示》，《现代教育管理》2012 年第 9 期。

法性质的"治理准则"。

从上文分析可知，当前我国已经出现各式各样的"准则"，从广义上讲，可以将它们归为大学治理准则的范畴。但这些准则严格说来，还不是真正意义上的大学治理准则，原因在于以下几方面。

（1）它们不是专门针对大学治理或大学治理机构制定的准则。

一所大学是一个有机的整体，它内部的任何一个群体、部门和组织都只能是它的局部。上文提到的广义上的大学治理准则文件都不是专门的大学治理机构制定的。党内准则针对的是所有的党组织和党员，而不仅是大学党委及其组成成员——党委委员；工程院院士、科学院院士、教师、科研人员都只是大学社区的一个组成部分。只对大学内部的某个群体的行为进行规范的治理准则只能作用于大学的局部，不能发挥对大学整体性治理和系统化治理进行规范和引导的功能。因此，虽然我国已经在实践中对大学实行了一定程度的准则治理，但仍有必要以实现整所大学的良好治理为目标，出台专门的大学治理准则。

（2）高等教育共同体组织多数情况下不是这些治理准则的主要创制和发布主体。

我国现有准则的创制主体大多是政府部门，或者是接受财政资助的事业单位，而不是以大学或其内部治理主体为成员构成的高等教育共同体组织。虽然并非所有的大学治理准则都要由高等教育共同体组织创制和发布，但缺乏这类准则在很大程度上意味着国家高等教育治理组织体系、规则体系不够完善，大学治理参与群体比较有限，不利于调动多方积极性，也不利于经由多种路径、采用多种手段和方法对大学进行协同治理。我国现有准则多由官方路径自上而下发布，虽然由此创制出来的准则具有很强的权威性，但不具备民间或半官方路径参与性、平等性的特征和优势。鉴于两者有着不同的治理功能，官方发布的治理准则不能完全取代社会团体或半官方组织发布的治理准则。我们仍然需要高等教育共同体组织担任大学治理准则的创制主体，单独或与政府部门联合出台大学治理准则。

第三节 中国特色大学治理准则建设的现实需求与挑战

一 启动中国特色大学治理准则建设的意义

党的二十大报告提出："高质量发展是全面建设社会主义现代化国家的首要任务。"[①] 2023 年 2 月，中共中央、国务院印发《质量强国建设纲要》，该纲要提出"建设高质量教育体系，推动基本公共教育、职业技术教育、高等教育等提质扩容"[②]。高等教育高质量发展是经济社会高质量发展的重要支撑。

高质量发展的保障在于治理体系和治理能力现代化。"推进高等教育治理体系与治理能力现代化是高质量高等教育体系建设的必经之路，只有落实多元共治的机制建设与制度保障，引导学生家长、企业与行业代表、技术专家、社会公众等发挥协商对话、民主监督的正向作用，才能更好适应高等教育的发展变化，满足不同利益相关者的迫切需求，进而推动高等教育高效健康可持续发展。"[③] 自《国家中长期教育改革和发展规划纲要（2010—2020年）》颁布，尤其是党的十八大以来，我国大学治理结构改革和中国特色现代大学制度建设逐年深化，以加强党的领导为核心的中国特色现代大学治理规则制度体系建设路径更加清晰。但当前我国大学治理规则体系还不够完善，治理工具还不够丰富，这阻碍着我们以中国式现代化的想象力和创造力去大力发展高质量高等教育。以我国大学的根本治理制度——党委领导下的校长负责制为例。因为现行制度文本中对"党委如何实现领导核心地位、校长如何依法行使法人职责、党政之间如何协调运行的规则和机制，这些规

---

① 习近平：《高举中国特色社会主义伟大旗帜 为全面建设社会主义现代化国家而团结奋斗——在中国共产党第二十次全国代表大会上的报告》，中国政府网，2022 年 10 月 25 日，https：//www.gov.cn/xinwen/2022-10/25/content_ 5721685.htm。

② 《中共中央 国务院印发〈质量强国建设纲要〉》，共产党员网，2023 年 2 月 6 日，https：//www.12371.cn/2023/02/06/ARTI1675689613447305.shtml。

③ 刘宝存、荀鸣瀚：《普及化时代高质量高等教育体系建设的现实背景与可行路径》，《现代教育管理》2023 年第 1 期。

定在法律政策中都比较宏观笼统，导致许多高校的党委书记和校长在实践中对党政职能划分的认知和理解也不完全一致"①，因此当前"党委如何实现领导、校长如何体现负责在实践中还没有真正落实到位，党政分工合作、协调配合的体制机制也还没有得到根本理顺"②。全国人民代表大会常务委员会执法检查组在全国对《高等教育法》实施情况开展执法检查时也发现，近年来，随着党对高校领导的加强和大学领导体制的完善，高校党委领导的地位更加突出，高校党委把方向、管大局、做决策、抓班子、带队伍、保落实的职能更加明确，但是也暴露出一些问题。"与加强党对高校全面领导的要求相比，有的高校党委管方向、谋大事、做决策能力不足；有的高校党委书记、校长配合不好，难以形成工作合力；有的高校'大事议不透，小事议不完'，决策议事规则有待完善。"③ 除此之外，学术委员会权力虚化，教职工代表大会民主管理、民主监督"形至而神不至"，党政负责人是否可以兼任学术委员会主任，教授如何参与治学治校活动，学生应该如何参与大学治理等问题也一直困扰着大学管理者。这说明我国大学治理的一些理念、原则，各治理主体的治理行为规范等仍需进一步厘清。

基于我国新时代高等教育高质量发展的现实需求，探讨、制定、推行中国大学治理准则，建立能够真正用于指导我国大学实行高质量治理的专业指南和行业规范，既是回应高等教育高质量发展现实需求的必要举措，也是丰富我国大学中国式现代化治理路径的有益选择。

需要明确的是，中国大学治理准则是中国特色高等教育治理规则体系的重要组成部分，尽管和其他国家大学治理准则具有相同的性质和功能，但它理应也必须具有鲜明的中国特色，这是由中国社会主义国家大学的性质决定的。中国大学治理准则本质上是中国特色大学治理准则，中国大学治理准则

---

① 李四平：《中国特色大学治理：历史选择与制度创新》，《西北师大学报》（社会科学版）2022年第5期。
② 李四平：《中国特色大学治理：历史选择与制度创新》，《西北师大学报》（社会科学版）2022年第5期。
③ 李四平：《中国特色大学治理：历史选择与制度创新》，《西北师大学报》（社会科学版）2022年第5期。

建设本质上是中国特色大学治理准则建设。中国大学治理准则建设需求本质上是对中国特色大学治理准则建设的需求。

当前启动中国特色大学治理准则建设的意义在于以下几方面。

首先，中国特色大学治理准则建设是扩大准则治理成果的需要。如前文所述，在大学党的领导、教师和科研人员行为规范方面，我国成功地实施了多年的准则治理，显示出准则治理的优势和效能。通过中国特色大学治理准则建设扩大准则治理实践范围，有助于进一步彰显我国大学准则治理实践成果，充分发挥准则治理优势，扩大准则治理效能。

其次，中国特色大学治理准则建设是弥补我国高等教育治理体系现有不足之处，推动高等教育高质量发展的重要途径。长期以来，"以工具理性为主的价值体系、非完善性的制度体系、单中心的组织体系和行政化的方法体系"[①] 影响着我国高等教育治理体系和治理能力现代化建设的顺利开展，也成为当前以中国式高等教育现代化实现高等教育高质量发展的阻碍。而要完善我国大学治理价值体系、制度体系、组织体系和方法体系，中国特色大学治理准则建设是重要抓手。

再次，中国特色大学治理准则建设是回应利益相关者对大学高质量发展诉求的重要手段。笔者曾就"制定和推行中国特色大学治理准则的必要性和紧迫性"这一问题进行了问卷调查。问卷将被调查者的态度分为"非常不赞同"、"不赞同"、"一般"、"赞同"到"非常赞同"五个等级，结果显示，在接受调查的 409 位大学内外利益相关者（其中 32.8% 在部属高校，56.5% 在地方高校，10.8% 不在高校）当中，对"现阶段我国有必要制定和推行中国特色大学治理准则"持"赞同"和"非常赞同"态度者占 84.4%，73.8% 的被调查者"赞同"和"非常赞同""现阶段制定和推行中国特色大学治理准则不仅具有必要性，而且具有紧迫性"，80.9% 的被调查者认为"中国特色大学治理准则是我国高等教育法律法规和大学内部规章制度的必

---

① 肖京林、王靖：《中国式高等教育治理体系现代化：内涵、语境与路径》，《苏州大学学报》（教育科学版）2023 年第 1 期。

要补充"，只有23.9%的被调查者认为"现行高等教育法律法规和大学内部规章制度完全可以满足大学善治需求，没必要制定中国特色大学治理准则"，32.8%的被调查者认为"即便制定了中国特色大学治理准则，也不会对我国大学治理产生很大的影响"①。可以看出，绝大多数被调查者认为制定和推行中国特色大学治理准则既有必要性又有紧迫性。

最后，中国特色大学治理准则建设也是以中国式现代化实现高等教育高质量发展的本质要求。有学者将"中国式高等教育现代化"的"式"解读为"准则"②，认为"中国式高等教育现代化"本身就有建立准则的意思，这表明中国特色大学治理准则建设本身就是中国式高等教育现代化的应然路径。

二　中国特色大学治理准则建设的现实挑战

中国特色大学治理准则建设肩负着以中国式现代化大学治理工具促进高等教育高质量发展的重要使命，既要借鉴各国大学治理准则的共同特征，也要充分体现基于中国国情的鲜明特色。也就是说，中国特色大学治理准则建设需以全面贯彻落实党的教育方针、"为党育人、为国育才"、"办好人民满意的教育"为根本目的，以坚持"扎根中国大地办大学"、服务国家创新驱动发展为路径方向，以坚持和完善"党委领导、校长负责、教授治学、民主管理"的大学治理结构为提高大学治理质量的核心主旨，以社会主义核心价值观和中华民族传统美德为大学治理价值观念和治理主体伦理道德规范的基础内核。这对我国大学治理准则建设提出了很高的要求。实现这些目标，必须正视如下几方面的挑战。

首先，我国高等教育领域的私人制度组织不发达，且治理职能比较欠缺。创制大学治理准则离不开私人制度组织的参与，私人制度组织越发达，也就意味着其创制或参与创制的大学治理准则越完善和成熟。在我国，私人

---

① 更多的调查结果详见本书第三章。
② 陈廷柱：《"式"论中国高等教育现代化》，《大学教育科学》2023 年第 1 期。

制度组织在政策文件中的正式称谓是"社会团体"。高等教育领域社会团体虽然为数众多，但它们大多是中国高等教育学会的分会或分支机构，其主要职能是促进高等教育研究以及学术交流与合作，治理职能比较欠缺。虽然近年来我国大力鼓励社会团体与其上级行政主管部门脱钩，真正实现市场化运作，但总的来说，很多影响力较大的全国性社会团体仍然没有完全摆脱行政化思维，工作着力点仍然重在阐释、宣传政府制定的行业政策，面向市场主体制定独立的行业政策的能力仍有待提高。社会团体不发达，意味着我国高等教育治理组织体系还不够完善，这对于我国大学治理准则建设是个挑战。

其次，各主体在一定程度上对自上而下"一条主线"的改革方式形成了路径依赖。"现代公共政策，不仅仅是决策者的事，更是一个'社会建构'的过程。"① 近年来我国高等教育立法和在出台很多高等教育政策时都加入了征求社会意见的环节，这其实就是向着将立法或政策制定过程发展成为一个社会建构过程前进了一步。但整体来说，我们仍习惯于实行由政府部门主导、从中央政府到地方政府再到大学内部根据"上下对口、左右对齐"的原则，一条主线从顶层贯穿到底层②的改革方式，并形成了惯习，产生了一定的路径依赖。如果为了建设大学治理准则，真的要改变这种政府主导的改革方式，加大高等教育共同体组织的参与力度，不仅政府部门不容易适应，就连高等教育共同体组织自己都可能不太适应。这种"惯习"和路径依赖是大学治理准则建设需面对的挑战。

再次，我国大学治理主体法治观念比较淡薄，像大学治理准则这样的软法能否产生预期的实施效能，是个很大的未知数。长期以来，我国大学十分尊重政府的治理权威，由政府颁发的政策文件，如前述的各类指南、意见、办法、暂行规定等，虽然在很多学者看来也属于软法范畴，但对大学却有着极强的约束力。而对于一些并非出自政府部门的软法，如大学自己制定的章程，相关主体就常常缺乏应有的尊重和重视，以至于不得不由国家立法部门

---

① 周川：《中国高等教育管理体制改革的政策分析》，《高等教育研究》2009 年第 8 期。
② 王建华：《重申高等教育体制改革》，《教育发展研究》2018 年第 1 期。

来监督其实施。这似乎预示着，大学治理准则如若不能由政府权威背书，即便制定出来，也很可能落入无人问津的田地。

最后，凸显中国特色的挑战。大学治理制度的现代化与西方化是什么关系？在大学治理制度改革过程中，我们是应该更加注重采纳各国大学治理的普遍规律和通行做法，还是更加强调本国特色，在我国，这些争论从未停止过。

就大学治理准则建设而言，各个国家的做法和经验虽然存在一些共性，但因为国情不同，也有很多方面存在明显的差异。基于本国国情凸显本国特色进行大学治理准则建设是一种普遍的做法。我国大学治理准则要基于中国特有的治理制度环境，针对中国特有的治理问题，就要凸显中国特色。而要建设"中国特色大学治理准则"，使其真正成为以中国式现代化实现高等教育治理体系和治理能力现代化的高质量治理工具，就必须深入研究中国特色"特"在何处，以及中国特色与现代大学良好治理普遍规律之间的契合点所在，使其不仅符合当下的教育方针政策，也符合大学长期可持续发展的需要。截至目前，这方面的学术研究和实践共识还比较薄弱。因此，如何在大学治理准则建设中凸显中国特色，也是一个不小的挑战。

因此，要启动中国特色大学治理准则建设，就必须对这些挑战作出合理的回应。

第三章　中国特色大学治理准则
调查研究

大学治理水平直接影响大学办学质量，因此大学治理并非只是少数治理主体的事情，它与每个学生及家庭乃至整个社会的利益都有着深度的关联。大学治理准则是一种关乎大学办学质量的治理工具，关注大学办学质量的利益相关者也会不同程度地关注大学治理准则建设问题。中国特色大学治理准则是一个新名词、新事物，这些利益相关者对它的认知和接纳程度如何还是一个未知数。但不管其对建设中国特色大学治理准则问题持支持态度还是反对态度，都有必要加以调查，"用数据说话"，来阐明其对于中国特色大学治理准则建设问题的认知程度和看法。

这次调查研究主要采用了两种资料收集方法：一方面，通过问卷调查，了解利益相关者对中国特色大学治理准则建设问题的态度和看法；另一方面，通过访谈调查，有针对性地了解了部分被访者对于中国特色大学治理准则建设中一些重要问题的看法。这些调查研究为我们了解不同利益相关者群体对于中国特色大学治理准则建设的态度和看法提供了宝贵的数据资料。

第一节　问卷调查设计

一　调查问卷设计思路

由于本调查问卷是为了了解大学内外部利益相关者对引入中国特色大学治理准则这一治理工具的态度和看法而设计的，因此笔者在此将问卷题目确定为"中国特色大学治理准则调查问卷"。

"中国特色大学治理准则调查问卷"包括七个部分的内容（见表4-1）。

表 4-1　问卷结构提纲

单位：个

问题层次	调查目标	题目数量
A	个人基本信息	10
B	制定和推行中国特色大学治理准则的必要性和紧迫性	7
C	制定和推行中国特色大学治理准则的目的和意义	5
D	中国特色大学治理准则的价值取向与内容定位	12
E	制定中国特色大学治理准则的依据和要求	13
F	中国特色大学治理准则的制定主体及其相互关系	13
G	中国特色大学治理准则的实施	7
H	受访者建议	2

为了使获得的信息足够全面和丰富，本课题对该问卷特意做了如下设计。

首先，对被调查者身份的设计。

中国特色大学治理准则是一种治理工具，制定和推行中国特色大学治理准则是为了提高大学治理水平及大学办学绩效，包括教育质量、科研贡献和社会服务水平。一般来说，身处高校内部的人最为关心大学治理质量如何，能否很好地促进大学办学质量的提高。但大学的利益相关者并非只是校内的管理者、教师、行政人员和学生，也包括校外所有关心大学发展的人。如果仅仅将调查对象设定为校内群体，就意味着中国特色大学治理准则建设问题只与校内群体有关，这不仅与事实不符，而且也将导致对校外利益相关者态度和看法的忽视。基于此，本调查尽管假定高校内部利益相关者为问卷的主要填答者，但没有仅仅将被调查者身份限定为高校内部利益相关者群体，而是将校外利益相关者也作为重要的调查对象。这一设计思路主要体现在问卷被调查者"个人基本信息"部分，即在被调查者的"身份或职业""党政领导职务""学术管理职务""所在高校"等各项题目的选项里，除了有供大学内部成员填写的选项之外，又分别设置了"其他（请自愿补充填写）""未在高等学校任党政领导职务""未任高等学校学术管理职务""不在高校（请自愿填写单位性质或名称）"等选项，以供不在高校就读或就职的被调查者选填。

其次，对部分问题选项的权变式设计。

这里所谓的权变式设计，是指研究者在进行统计分析时，对调查问卷中部分问题的选项进行了重新归类处理，故而被调查者和研究者使用的调查问卷版本略有不同。

之所以进行这样的权变式设计，主要是因为被调查者和研究者对问卷设计有不同的需求。如前文所述，被调查者来自高校内外，其个人身份复杂多样，尽量详细地列举被调查者的身份类型，既便于他们更加准确地作出选择，也便于研究者从中获取更多的信息，因此在面向被调查者的问卷中，对部分涉及被调查者个人身份信息的题目设置多个经过详细分类的选项是有利且可行的，但在有些情况下，这样做不利于研究者对回收上来的数据进行统计分析。因此，在进行统计分析时，研究者对这部分题目的选项进行了更为简洁的归类，以应对因为选项分类过细导致的样本数据偏斜而产生的统计问题。

以对港澳台高校的重新分类为例。用于调查的问卷版本在被调查者所属高校类型和所处地区两个题目中，设计了"港澳台高校""中国港澳台地区"两个选项。之所以如此设计，是希望能收集有限的几位港澳台高校同仁对于中国大学治理准则建设问题的看法和态度，让问卷调查同时发挥结构性访谈的作用。但这样处理的问题在于港澳台高校地区受访者数量过少，无法作为一类被调查者进行分析。因此，在最终处理数据时，将港澳台高校类数据分别归入了"地方高校"和非"双一流"高校，港澳台受访者所在地区与东部地区合并成为一类，即"东部和港澳台地区"。

其他几项出于统计分析便利对选项进行重新分类的基本信息还包括以下几类。（1）身份或职业，最终分为五类：除现有选项分类"在校生、大学教学科研人员（含博士后研究人员）、大学行政管理人员"外，将填答了"其他（请自愿补充填写）"选项的被调查者考虑进来之后，又增加了"大学内部其他人员（包括退休和同时拥有上述多重身份的人员）、非大学内部人员"两类；（2）将"党政领导职务"下的五类选项合并为两类：担任、未担任；（3）将"学术管理职务"下的四类选项最终分为两类：担任、未担任。

此外，这种权变式设计不仅是为了统计上的方便，也是为了从原始调查数据中挖掘更多有价值的信息。例如，在被调查者使用的调查问卷中，高校类型包括部属"双一流"建设高校、部属普通高校、地方"双一流"建设高校、地方普通本科院校、地方普通专科院校、不在高校（请自愿填写单位性质或名称）、港澳台高校等七个选项。研究者在进行统计分析时，对高校类型进行了重新分类：在将被调查者分为"在高校"（除选择"不在高校"的被调查者外均归入此类）和"不在高校"两大类的基础上，按照高校所属主管部门和是否属于"双一流"高校两个维度对高校类型进行再次分类，由此形成新的两组分类。所在高校类型Ⅰ：部属高校、地方高校（含港澳台高校）、不在高校；所在高校类型Ⅱ："双一流"高校、非"双一流"高校（含港澳台高校）和不在高校。经过这样的权变设计和处理，研究者就可以从不同的角度对同一组数据进行两次分析。

在两个版本的问卷中，涉及"个人基本信息"部分选项调整的题目共5个。表4-2显示了这5个题目选项在调查时和调查后进行数据统计分析处理时的变化情况。

表4-2 问卷"个人基本信息"部分题目数据处理前后选项分类变化情况

调查问卷题目序号	题项表述	调查时选项分类情况	数据统计处理时选项分类情况
A:4	您的身份或职业（多选题）：	○在校生 ○大学教学科研人员（含博士后研究人员） ○大学行政管理人员 ○其他（请自愿补充填写） _____	○在校生 ○大学教学科研人员（含博士后研究人员） ○大学行政管理人员 ○大学内部其他人员（包括退休和同时拥有上述多重身份的人员） ○非大学内部人员
A:6	您的党政领导职务（多选题）：	○高等学校校级党政领导班子成员 ○高等学校院（部）级党政领导班子成员 ○高等学校基层系所党政领导班子成员 ○未在高等学校任党政领导职务 ○在高等学校外任领导职务	○担任 ○未担任

续表

调查问卷题目序号	题项表述	调查时选项分类情况	数据统计处理时选项分类情况
A:7	您在高等学校的学术管理职务(多选题):	○高等学校校级学术组织成员 ○高等学校院(部)级学术组织成员 ○高等学校基层系所(中心)学术组织成员 ○未任高等学校学术管理职务	○担任 ○未担任
A:8	您所在高校属于:	○部属"双一流"建设高校 ○部属普通高校 ○地方"双一流"建设高校 ○地方普通本科院校 ○地方普通专科院校 ○不在高校(请自愿填写单位性质或名称)＿＿＿ ○港澳台高校	Ⅰ部属高校　地方高校(含港澳台高校)　不在高校 Ⅱ"双一流"高校　非"双一流"高校(含港澳台高校)　不在高校
A:10	10. 您所在地区:	○中国东部地区(包括北京、天津、河北、辽宁、上海、江苏、浙江、福建、山东、广东和海南) ○中国中部地区(包括山西、吉林、黑龙江、安徽、江西、河南、湖北、湖南) ○中国西部地区(包括四川、重庆、贵州、云南、西藏、陕西、甘肃、青海、宁夏、新疆、广西、内蒙古) ○中国港澳台地区	东部和港澳台地区 中部地区 西部地区

二 问卷调查的实施

(一)调查工具和问卷发放方式

本课题采用问卷星作为问卷调查工具。考虑到对中国特色大学治理准则建设问题关注群体的复杂性,传统的整群抽样、分层抽样方法对这一调查不太适用。因此,研究者采取了一种自由度较高的问卷发放方法,在问卷星网站上传设计好的问卷并生成问卷链接之后,采用如下几种方式发放调查问卷：首先，将问卷发放至若干个国（境）内外高等院校领导、教师和管理者，高等教育协会组织领导，教育类期刊报纸主编、编辑所在的微信群，由群友自愿填答和帮忙转发；其次，由在高校工作的同事、同学帮忙，向其同事、学生定向投放问卷；再次，社会参与大学治理是现代大学治理结构的基本特征，大学治理问题不仅与高等教育领域的行为主体有关，也与家长、校友、社区居民群众不无关系，中国特色大学治理准则建设也应是他们关心的问题。为了了解关心大学教育质量的家长、社区居民对中国特色大学治理准则建设问题的看法和态度，研究者分别向一个中学家长群、一个小区居民群投放了调查问卷。考虑到这些利益相关者的教育程度、理解能力、关注程度，研究者选择了北京市中心城区某重点中学家长群，以及与某"双一流"大学一墙之隔的某小区居民群投放了本问卷。

（二）调查样本信息

通过上述发放方式，课题组共回收问卷 412 份，其中在 A 部分第七题"您在高等学校的学术管理职务"中，有 3 份问卷同时选择了"高等学校校级学术组织成员"和"未任高等学校学术管理职务"两项，回答自相矛盾，导致问卷无效。剔除 3 份无效问卷后，剩余有效问卷为 409 份，有效问卷回收率为 99.27%。

在按照问卷权变设计方案对选项进行重新分类处理后，整理出调查样本的基本信息如表 4-3 所示。

表 4-3　调查样本基本信息

统计变量	选项	频数	占比（%）	累计占比（%）
性别	男	166	40.6	40.6
	女	243	59.4	100.0
年龄	18~22 岁	69	16.9	16.9
	23~28 岁	63	15.4	32.3
	29~35 岁	49	12.0	44.3
	36~45 岁	101	24.7	69.0
	46~60 岁	116	28.4	97.4
	60 岁以上	11	2.7	100.0

续表

统计变量	选项	频数	占比（%）	累计占比（%）
学历	本科及以下	63	15.4	15.4
	硕士研究生	147	35.9	51.3
	博士研究生	199	48.7	100.0
身份或职业	在校生	123	30.1	30.1
	大学教学科研人员（含博士后研究人员）	188	46.0	76.1
	大学行政管理人员	41	10.0	86.1
	大学内部其他人员（包括退休和同时拥有上述多重身份的人员）	13	3.2	89.3
	非大学内部人员	44	10.8	100.0
专业技术职称	正高级	113	27.6	27.6
	副高级	74	18.1	45.7
	中级	68	16.6	62.3
	初级	11	2.7	65.0
	未定级	143	35.0	100.0
党政领导职务	担任	103	25.2	25.2
	未担任	306	74.8	100.0
学术管理职务	担任	90	22.0	22.0
	未担任	319	78.0	100.0
所在高校类型 I	部属高校	134	32.8	32.8
	地方高校（含港澳台高校）	231	56.5	89.3
	不在高校	44	10.8	100.0
所在高校类型 II	"双一流"高校	256	62.6	62.6
	非"双一流"高校（含港澳台高校）	109	26.7	89.3
	不在高校	44	10.8	100.0
工作年限	30 年以上	42	10.3	10.3
	20~30 年	82	20.0	30.3
	10~20 年	91	22.2	52.5
	10 年以下	79	19.3	71.8
	未参加过工作	115	28.1	100.0
所在地区	东部和港澳台地区	290	70.9	70.9
	中部地区	90	22.0	92.9
	西部地区	29	7.1	100.0
总计		409	100.0	100.0

注：频数占比为四舍五入后数值，累计占比数值部分有细微波动，但不影响整体精度，累计占比总值均取 100%，后表同此。

从表4-3可以看出，本问卷调查对象覆盖到了大学的各类利益相关者，他们分别属于不同的性别，分布在不同的年龄段，有着不同的身份或职业、工作年限。

在所有的被调查者中，担任党政领导职务者占25.2%，未担任党政领导职务者占74.8%；担任学术管理职务者占22.0%，未担任学术管理职务者占78.0%。以上各项信息与大学利益相关者的自然分布特征大致吻合。

就被调查者所在高校类型而言，32.8%在部属高校，56.5%在地方高校（含港澳台高校），62.6%在"双一流"高校，26.7%在非"双一流"高校（含港澳台高校），10.8%不在高校，该数据和被调查者"身份或职业"这一题选择"非大学内部人员"数据完全相等，从这个方面也可以说明这些问卷属于有效问卷。

就被调查者所在地区而言，70.9%的被调查者来自东部和港澳台地区，22.0%的被调查者来自中部地区，只有7.1%的被调查者来自西部地区。这与调查者本人所在高校和交往人群分布特征有关，也表明本问卷调查所得数据主要代表"双一流"高校、东部和港澳台地区大学利益相关者对中国特色大学治理建设问题的看法和态度。来自非"双一流"高校或不在高校，以及中部地区和西部地区的被调查者样本量不够多，其数据代表性较弱，但仍然可以进行分析。

（三）赋值方法

本问卷正文部分按照五级量表形式，在处理数据时对选项的五个等级进行赋值，即将"非常不赞同"、"不赞同"、"一般"、"赞同"到"非常赞同"等五个选项分别由低到高赋值，其中"非常不赞同"赋值为1，"非常赞同"赋值为5。换句话说，对该题目赞同程度越高，得分就越高。

在设计问卷时，研究者设计了3道反向选择题目，以检验被调查者对问题填答的认真程度。这些反向计分题主要集中在问卷正文的第一部分，即B2："现行高等教育法律法规和大学内部规章制度完全可以满足大学善治需求，没必要制定中国特色大学治理准则"；B5："即便制定了中国特色大学治理准则，也不会对我国大学治理产生很大的影响"；B7："我国已经出台了一些可以称为大学治理准则的文件，中国特色大学治理准则不是新概念。"对于这些反向选择题目，在统计处理时采取了反向计分方法，即赞同程度越高，得分越低，其中"非常不赞同"赋值为5，"非常赞同"赋值为1。

（四）问卷信效度

1. 信度问题

设计本问卷的目的是收集关心我国大学高质量发展的利益相关者对于有关中国特色大学治理准则的几个方面"主题"，包括制定和推行中国特色大学治理准则的必要性和紧迫性、目的和意义、价值取向和内容定位、制定依据和要求、制定主体及其相互关系、如何实施等的态度和看法，具体来说，是收集这些利益相关者对于研究者围绕上述几个主题事先拟定的一些表述所表达的字面意思，这些字面意思代表了利益相关者对中国特色大学治理准则制定、推行和实施问题的特定内涵的态度、看法、个人理解和判断，以及这些利益相关者围绕这些主题和问题看法的分歧度和共识度，还有受访者对于制定和出台中国特色大学治理准则和中国特色大学治理准则研究的建议。本问卷和一般的调查问卷有所不同。

首先，本问卷的调查主题"中国特色大学治理准则制定、推行和实施"无论在理论上还是在实践中都是一个新课题，对于被调查者来说，"大学治理准则"指什么，"中国特色大学治理准则"又是指什么，并没有自认为十分确定的内涵。虽然在问卷指导语中对这些概念的内涵有所触及，但并没有界定什么是"大学治理准则"，或者什么是"中国特色大学治理准则"，而是从大学治理的重要性切入，指出"大学治理与大学所有成员和其他利益相关者息息相关，是影响大学教育质量和知识生产的重要因素。作为公司治理现代化的一部分，我国已经出台《上市公司治理准则》，但尚未出台大学治理准则。本调查是全国教育科学规划课题'中国特色大学治理准则研究'的一部分，旨在了解、收集受访者对我国制定和出台中国特色大学治理准则的态度和看法"。之所以这样写指导语，一是为了避免向被调查者灌输问卷设计者对于中国特色大学治理准则的观点，影响被调查者对问卷调查正文内容的理解和判断；二是为了提醒被调查者"中国特色大学治理准则"是一个类似《上市公司治理准则》的文本，被调查者可以参照《上市公司治理准则》，对问卷中提到的"中国特色大学治理准则"的形式、内容、治理功能等，有一个基本的理解。这些因素决定了被调查者填答问卷时基本没有任何预设和成见，全凭填答问卷时的直觉和判断进行选择，从而保证了回答的高度真实性，从这个角度来说，本研究具有很高的理论信度。

其次，本问卷与其他问卷的不同之处，还在于"中国特色大学治理准则"只是一种研究者建构意义上的政策、理论"存在"，并非现实中真实存在的治理工具，因此调查目的不是收集被调查者对于某种已经存在的事实（如大学生参与社会实践情况）的态度和看法，而是在收集被调查者对于研究者理论想象和建构性文字表述的赞同度。换句话说，本问卷作为一个调查工具，其内容是高度"依赖设计者"的，不仅其他研究者运用该问卷进行调查的可能性很小，而且相信任何一个研究者要做一个类似的调查，都可能会进行完全不同的设计。从这个角度来说，本问卷虽然旨在收集被调查者态度和看法方面的"客观"数据，但其题目设计方法实际上带有很强的研究者个人的主观性，对于本问卷调查来说，信度似乎并非十分重要的问题。

最后，正如前文提到的，问卷正式内容虽然被分成了六个主题，每个题目都归类在一个主题之下，但这些主题之间的关系主要表现为一种逻辑关联，主题之下的各个问题之间具有很强的独立性，而非相互影响的"变量"，题目和主题、主题和调查问题"中国特色大学治理准则"之间并非自变量和因变量的关系，也无法对它们的关系进行因果分析。但反过来，每一个题目或每一个主题的数据都包含丰富的信息，可以单独拿来进行描述和分析。另外，从问卷自身的结构性和规范性来说，也不适宜将其数据用作定量的信度分析。

2. 效度问题

由于设计者本人对大学治理准则有较多的研究，并且在问卷设计过程中咨询了本领域的专家，因此可以确保问卷的专家效度。但鉴于和前文信度部分提到的同样的原因，对于本问卷也难以做定量的效度分析。

（五）统计分析方案

本研究运用 SPSS 统计分析软件对问卷调查所得数据进行分析。

需要说明的是，本问卷虽然采取了五级量表形式，但和通常的心理学量表有着显著的不同。问卷正文由 B 到 G 六个部分的内容虽然分别是中国特色大学治理准则建设的重要主题和重要内容，但它们并不是概念边界十分清晰且可准确测量的"建设要素"，相互之间尽管在逻辑上紧密相连，却很难与"中国特色大学治理准则建设"之间形成严格的依赖关系。换句话说，很难用自变量和因变量这样的概念来指称各个题项及其集合（B—G）乃至"中国特色大学治理准则建设"这个总集。虽然运用统计分析软件可以对数据进行这样的处理，如进行回归分析，但这种处理方式是不科学、不合理的。

鉴于问卷的性质和分析的目的，对问卷调查所得数据进行简单的描述统计分析已经能够满足本研究的需要。因此，这里对数据的最终统计分析方法是：先对数据进行频数、均值和方差分析，在此基础上，再对样本基本信息的各类特征和问卷正文各题项数据进行交叉分析和平均数差异检验。

第二节　问卷调查结果统计分析

一　频数、均值和方差分析

（一）制定和推行中国特色大学治理准则的必要性和紧迫性

问卷在 B 部分"制定和推行中国特色大学治理准则的必要性和紧迫性"设计了 7 个问题，它们自 B1~B7 分别是：（1）现阶段我国有必要制定和推行中国特色大学治理准则；（2）现行高等教育法律法规和大学内部规章制度完全可以满足大学善治需求，没必要制定中国特色大学治理准则；（3）中国特色大学治理准则可在高等教育法律法规与大学内部规章制度之间起到承上启下的作用；（4）中国特色大学治理准则是我国高等教育法律法规和大学内部规章制度的必要补充；（5）即便制定了中国特色大学治理准则，也不会对我国大学治理产生很大的影响；（6）现阶段制定和推行中国特色大学治理准则不仅具有必要性，而且具有紧迫性；（7）我国已经出台了一些可以称为大学治理准则的文件，中国特色大学治理准则不是新概念。

从表4-4可以看出，在409名被调查者中，对于正向选择题B1，B3，B4，B6，选择"赞同"和"非常赞同"者占到了绝大多数，且平均值都超过了4，标准差小于1，说明被调查者之间看法一致程度较高，即绝大多数被调查者认为"制定和推行中国特色大学治理准则具有必要性和紧迫性"；而对于反向选择题B2，B5，选择"赞同"和"非常赞同"者则占绝对少数，且平均值低于4，标准差大于1，表明被调查者态度较为分散。对于反向选择题B7，选择"一般"、"赞同"和"非常赞同"者却占到了绝对多数，其平均值在7道题目中得分最低，为2.54，标准差大于1，说明对于我国是否已经出台了一些可以称为大学治理准则的文件，中国特色大学治理准则是否为新概念，被调查者之间态度很不一致。

表4-4　制定和推行中国特色大学治理准则的必要性和紧迫性

题项	频数占比（%）					频数占比总计（%）	平均值	个案数（个）	标准差
	非常不赞同	不赞同	一般	赞同	非常赞同				
B1	1.7	1.7	12.2	19.6	64.8	100.0	4.44	409	0.895
B2	24.9	28.9	22.2	7.3	16.6	100.0	3.38	409	1.372
B3	1.0	2.4	19.6	32.5	44.5	100.0	4.17	409	0.894
B4	1.7	1.7	15.6	34.2	46.7	100.0	4.22	409	0.893
B5	15.9	21.0	30.3	15.4	17.4	100.0	3.03	409	1.303
B6	1.5	5.1	19.6	30.3	43.5	100.0	4.09	409	0.981
B7	6.1	9.0	38.1	25.7	21.0	100.0	2.54	409	1.105

（二）制定和推行中国特色大学治理准则的目的和意义

问卷在C部分"制定和推行中国特色大学治理准则的目的和意义"设

计了 5 个问题，它们自 C1～C5 分别是：（1）中国特色大学治理准则可以完善我国现代大学治理规则和制度体系；（2）中国特色大学治理准则可以为大学治理提供价值指引；（3）中国特色大学治理准则可以为我国大学治理实践提供指南；（4）中国特色大学治理准则是将善治理论转化为善治实践的重要工具；（5）中国特色大学治理准则是实现我国高等教育治理体系和治理能力现代化的重要工具。

表 4-5 数据显示，在 409 名被调查者中，对于这部分题目，选择"赞同"和"非常赞同"者都占到了 80% 上下，且平均值都在 4.20 及以上，标准差均小于 1，说明被调查者之间看法高度一致，即绝大多数被调查者认为中国特色大学治理准则可以完善我国现代大学治理规则和制度体系，可以为大学治理提供价值指引，可以为我国大学治理实践提供指南。中国特色大学治理准则既是将善治理论转化为善治实践的重要工具，也是实现我国高等教育治理体系和治理能力现代化的重要工具。

表 4-5　制定和推行中国特色大学治理准则的目的和意义

| 题项 | 频数占比（%） | | | | | 频数占比总计（%） | 平均值 | 个案数（个） | 标准差 |
	非常不赞同	不赞同	一般	赞同	非常赞同				
C1	1.2	1.7	14.9	36.4	45.7	100.0	4.24	409	0.855
C2	0.7	2.9	14.4	34.2	47.7	100.0	4.25	409	0.862
C3	1.5	2.4	14.4	34.2	47.4	100.0	4.24	409	0.891
C4	1.2	2.4	16.1	35.2	45.0	100.0	4.20	409	0.883
C5	1.2	2.9	16.9	31.3	47.7	100.0	4.21	409	0.911

（三）中国特色大学治理准则的价值取向与内容定位

问卷在 D 部分"中国特色大学治理准则的价值取向与内容定位"内容较多，共有 12 个问题，它们自 D1～D12 分别是：（1）中国特色大学治理准则应强调大学治理的社会公益性目的；（2）中国特色大学治理准则应明确善治之于大学发展的意义；（3）中国特色大学治理准则应明确大学各治理主体实行共同治理的原则；（4）中国特色大学治理准则应明确教师和学生有权参与共同治理;(5)中国特色大学治理准则应阐明大学各治理主体的治理伦理和道德规范;(6)中国特色大学治理准则应阐明大学各治理主体承担的善治责任和义务;(7)中国特色大学治理准则应阐明大学各治理主体的治理能力和素质要求;(8)中国特色大学治理准则应阐明大学各治理主体的行为规范;(9)中国特色大学治理准则应阐明对大学各治理主体不当治理行为的禁止性规范要求;(10)中国特色大学治理准则应阐明沟通和协商之于大学善治的重要性;(11)中国特色大学治理准则应阐明严守权力边界之于大学善治的重要性;(12)中国特色大学治理准则应阐明信息公开之于大学善治的重要性。

表4-6数据显示,在409名被调查者中,对于这部分题目,选择"赞同"和"非常赞同"者的频数占比均在80%以上,且呈现出平均值高、标准差低的特点。进一步计算显示,除了在D1~D3和D9四个题目上,选择"赞同"和"非常赞同"者的频数占比低于85%以外,在其他8个题目上,选择"赞同"和"非常赞同"者的频数占比均超过86%。对于第8个题目"中国特色大学治理准则应阐明大学各治理主体的行为规范",两类选择合计频数占比高达88.1%。这些回答在很大程度上揭示了人们对于大学良好治理的直观看法,即对于大的治理原则和价值取向,如大学治理应坚持社会公益性目的、善治之于大学发展有很大意义、大学应实行共同治理,被调查者均持赞同和支持态度,并认为应该在中国特色大学治理准则中加以体现,但总的说来,人们对于师生参与共同治理、大学各治理主体应遵守治理伦理和道德规范、明确各治理主体应承担的善治责任和义务、各治理主体应具备相应的治理能力和素质、各治理主体应遵守善治行为规范支持度更高,尤其认为中国特色大学治理准则应阐明大学各治理主体的行为规范。被调查者还高度认同沟通和协商、权力边界清晰和信息公开对于大学善治的重要性,认为中国特色大学治理准则应对此加以阐明;但被调查者对于中国特色大学治理准则应阐明对大学各治理主体不当治理行为的禁止性规范要求的支持度稍低(选择"赞同"和"非常赞同"者合计84.1%)。

表4-6　中国特色大学治理准则的价值取向与内容定位

题项	频数占比（%）					频数占比总计（%）	平均值	个案数（个）	标准差
	非常不赞同	不赞同	一般	赞同	非常赞同				
D1	0.7	3.7	15.2	34.5	46.0	100.0	4.21	409	0.884
D2	0.7	1.5	14.2	31.3	52.3	100.0	4.33	409	0.826
D3	0.5	1.2	14.2	27.4	56.7	100.0	4.39	409	0.809
D4	0.2	0.7	11.7	25.7	61.6	100.0	4.48	409	0.748
D5	0.7	0.5	10.8	27.1	60.9	100.0	4.47	409	0.764
D6	0.5	1.5	10.5	28.1	59.4	100.0	4.44	409	0.778
D7	0.5	1.5	10.8	28.1	59.1	100.0	4.44	409	0.781
D8	0.7	1.0	10.3	28.4	59.5	100.0	4.45	409	0.775
D9	0.5	2.0	13.4	26.9	57.2	100.0	4.38	409	0.827
D10	0.5	0.7	12.5	29.3	57.0	100.0	4.42	409	0.772
D11	1.0	0.7	11.7	28.6	57.9	100.0	4.42	409	0.801
D12	0.7	1.5	10.3	26.4	61.1	100.0	4.46	409	0.794

（四）制定中国特色大学治理准则的依据和要求

问卷在E部分"制定中国特色大学治理准则的依据和要求"共有13个问题，它们自E1~E13分别是：（1）中国特色大学治理准则应以中国特色大学治理的成功实践为基础；（2）制定中国特色大学治理准则应坚持问题导向；（3）制定中国特色大学治理准则应着重凝聚中国特色大学善治共识；（4）制定中国特色大学治理准则可以参照国外的相关经验；（5）中国特色大学治理准则的规定需要相关实证研究结论支撑；（6）中国特色大学治理准则应以中国共产党的重要纲领性文件和《中华人民共和国高等教育法》为基本依据；（7）中国特色大学治理准则应对反复出现的治理情境中的特定行为作出最佳实践规定；（8）中国特色大学治理准则应该语言简练、清晰易懂；（9）中国特色大学治理准则需要对核心概念进行专门和清晰的界定，以杜绝含义的模糊性；（10）中国特色大学治理准则不必是一个文本，也可以是一系列不同主体制定的不同文本的集合；（11）针对不同类型、不同层次的大学应该制定不同的治理准则；

（12）中国特色大学治理准则应有明确的制定、批准和发布程序；

（13）应结合中国大学治理实际，适时对中国特色大学治理准则进行修订和完善。

表4-7数据显示，在409名被调查者中，对于这部分题目，选择"赞同"和"非常赞同"者的频数仍然呈现出平均值高、标准差低的特点。进一步计算显示，除了在E4"制定中国特色大学治理准则可以参照国外的相关经验"和E10"中国特色大学治理准则不必是一个文本，也可以是一系列不同主体制定的不同文本的集合"两道题目上，选择"赞同"和"非常赞同"者的频数占比低于80%（但仍然很高，分别为78.7%和78.0%）之外，其他所有题目两种选择相加得到的频数占比都超过了83%。这表明人们更赞成从中国大学治理实际出发制定中国特色大学治理准则，以中国共产党的重要纲领性文件和《中华人民共和国高等教育法》为基本依据，坚持问题导向，凝练我国大学治理成功经验，凝聚共识。在这个过程中，可以适当参照国外的相关经验，但研究我国自身实际情况和问题比学习国外经验更为重要。

此外，超过85%的被调查者"赞同"和"非常赞同""中国特色大学治理准则应对反复出现的治理情境中的特定行为作出最佳实践规定"；88.0%的被调查者认为"中国特色大学治理准则应该语言简练、清晰易懂"；88.8%的被调查者认为"中国特色大学治理准则需要对核心概念进行专门和清晰的界定，以杜绝含义的模糊性"；86.3%的被调查者认为"针对不同类型、不同层次的大学应该制定不同的治理准则"；分别有87.5%和89.5%的被调查者认为"中国特色大学治理准则应有明确的制定、批准和发布程序"，并"应结合中国大学治理实际，适时对中国特色大学治理准则进行修订和完善"。对于"中国特色大学治理准则不必是一个文本，也可以是一系列不同主体制定的不同文本的集合"这一表述，持"赞同"和"非常赞同"态度者合计占被调查者总数的78.0%，支持率虽然已经很高，但与其他表述的高支持度相比，略有差距，在一定程度上反映了人们对中国特色大学治理准则的文本形式还持有相对不太确定的态度。

表 4-7　制定中国特色大学治理准则的依据和要求

题项	频数占比（%）					频数占比总计（%）	平均值	个案数（个）	标准差
	非常不赞同	不赞同	一般	赞同	非常赞同				
E1	0.7	0.7	15.4	32.3	50.9	100.0	4.32	409	0.811
E2	1.0	1.2	12.5	31.1	54.3	100.0	4.36	409	0.821
E3	0.5	2.0	13.0	31.8	52.8	100.0	4.34	409	0.814
E4	1.7	2.9	16.6	35.9	42.8	100.0	4.15	409	0.919
E5	0.7	1.0	10.5	32.8	55.0	100.0	4.40	409	0.774
E6	0.5	1.2	11.0	26.2	61.1	100.0	4.46	409	0.776
E7	1.0	1.2	12.5	29.1	56.2	100.0	4.38	409	0.824
E8	0.7	1.2	10.0	24.7	63.3	100.0	4.49	409	0.783
E9	0.5	1.2	9.5	25.7	63.1	100.0	4.50	409	0.758
E10	1.5	3.9	16.6	26.9	51.1	100.0	4.22	409	0.958
E11	1.5	1.7	10.5	27.9	58.4	100.0	4.40	409	0.855
E12	0.5	0.7	11.2	26.4	61.1	100.0	4.47	409	0.760
E13	0.7	0.2	9.5	26.2	63.3	100.0	4.51	409	0.738

（五）中国特色大学治理准则的制定主体及其相互关系

问卷在 F 部分"中国特色大学治理准则的制定主体及其相互关系"共有 13 个问题，它们自 F1~F13 分别是：（1）政府主管部门是合适的中国特色大学治理准则制定主体；（2）中国特色大学治理准则应由专业性的高等教育协会组织制定；（3）我国没有合适的高等教育协会组织担任中国特色大学治理准则的制定主体；（4）中国特色大学治理准则应由高等教育协会组织合作制定；（5）制定中国特色大学治理准则应有教育主管部门的参与；（6）政府部门不应参与中国特色大学治理准则的制定，但可以为其背书；（7）制定出来的中国特色大学治理准则应由教育主管部门核准；（8）协会组织制定中国特色大学治理准则不需要政府授权；（9）中国特色大学治理准则应由教育部牵头，组织专门的专家委员会负责制定；（10）中国特色大学治理准则应由相关协会组织背书；（11）中国特色大学治理准则应由各大学自己联合起来制定；（12）大学可以自行制定学校层面甚至院系层面的治理准则；（13）中国特色大学治理准则的制定者应该拥有解释和修订权。

如表4-8所示，在409名被调查者中，对于这一部分题目的回答虽然仍集中在从"一般"到"非常赞同"之间，但进一步统计发现，选择"赞同"和"非常赞同"者的平均频数占比只达到了65.2%，相对其他部分来说，对本部分各题目表述情况整体支持度偏低。而且总体来说，均值稍低（多数低于4)，标准差较大，说明被调查者对于这部分题目表述整体看法有较大分歧。

表4-8 中国特色大学治理准则的制定主体及其相互关系

题项	频数占比(%)					频数占比总计（%）	平均值	个案数（个）	标准差
	非常不赞同	不赞同	一般	赞同	非常赞同				
F1	6.6	9.8	25.9	26.4	31.3	100.0	3.66	409	1.202
F2	2.0	2.2	19.8	33.5	42.5	100.0	4.12	409	0.935
F3	7.6	9.8	27.4	24.9	30.3	100.0	3.61	409	1.224
F4	2.9	3.4	23.7	34.5	35.5	100.0	3.96	409	0.997
F5	2.4	2.2	16.9	34.5	44.0	100.0	4.15	409	0.946
F6	9.5	9.8	28.4	28.1	24.2	100.0	3.48	409	1.227
F7	3.2	4.6	17.6	34.2	40.3	100.0	4.04	409	1.026
F8	17.4	17.4	24.9	16.9	23.5	100.0	3.12	409	1.402
F9	3.9	5.1	25.4	29.6	35.9	100.0	3.89	409	1.077
F10	5.1	6.8	27.4	30.6	30.1	100.0	3.74	409	1.115
F11	5.1	8.3	27.1	28.6	30.8	100.0	3.72	409	1.139
F12	3.4	4.9	18.8	35.5	37.4	100.0	3.99	409	1.034
F13	1.0	1.2	13.4	38.9	45.5	100.0	4.27	409	0.810

对各题项所获"赞同"和"非常赞同"频数合计占比情况由高到低进行排序，发现支持度最高的是"中国特色大学治理准则的制定者应该拥有解释和修订权"，其次是"制定中国特色大学治理准则应有教育主管部门的参与"，再次是"中国特色大学治理准则应由专业性的高等教育协会组织制定"，又次是"制定出来的中国特色大学治理准则应由教育主管部门核准"（见表4-9）。由对这些存在一定程度内在冲突的说法近似的支持率可以推断，绝大部分被调查者对于应该由教育主管部门还是专业性的高等教育协会组织制定中国特色大学治理准则态度莫衷一是。

在"赞同"和"非常赞同"的回答中，分别有72.9%和59.4%的被调查者认为"大学可以自行制定学校层面甚至院系层面的治理准则""中国特色大学治理准则应由各大学自己联合起来制定"，这说明绝大部分被调查者认为大学可以成为中国特色大学治理准则的重要制定者；高达76%的被调查者认为"中国特色大学治理准则应由专业性的高等教育协会组织制定"，70%的被调查者认为"中国特色大学治理准则应由高等教育协会组织合作制定"，同时也有55.2%的被调查者认为"我国没有合适的高等教育协会组织担任中国特色大学治理准则的制定主体"。鉴于支持这些题目表述的人都超过了半数，填写以上选项的被调查者之间定然存在一些重叠交叉。这表明人们对于高等教育协会组织作为中国特色大学治理准则制定主体的角色既有高度期待，也存在较大程度的怀疑。

最后，尽管整体来看，这部分调查数据显示被调查者对应该由谁来制定中国特色大学治理准则态度比较暧昧，甚至自相矛盾，但可以看出，不管是授权、背书、制定还是核准，人们都倾向于认为，政府在制定和推行中国特色大学治理准则的过程中是不可或缺的角色。

表4-9　对F部分题项表述表示"赞同"和"非常赞同"的频数占比排序（由高到低）

单位：%

题号	题目表述	赞同	非常赞同	两项合计	排序
F13	中国特色大学治理准则的制定者应该拥有解释和修订权	38.9	45.5	84.4	1
F5	制定中国特色大学治理准则应有教育主管部门的参与	34.5	44.0	78.5	2
F2	中国特色大学治理准则应由专业性的高等教育协会组织制定	33.5	42.5	76.0	3
F7	制定出来的中国特色大学治理准则应由教育主管部门核准	34.2	40.3	74.5	4
F12	大学可以自行制定学校层面甚至院系层面的治理准则	35.5	37.4	72.9	5
F4	中国特色大学治理准则应由高等教育协会组织合作制定	34.5	35.5	70.0	6
F9	中国特色大学治理准则应由教育部牵头,组织专门的专家委员会负责制定	29.6	35.9	65.5	7
F10	中国特色大学治理准则应由相关协会组织背书	30.6	30.1	60.7	8

题号	题目表述	赞同	非常赞同	两项合计	排序
F11	中国特色大学治理准则应由各大学自己联合起来制定	28.6	30.8	59.4	9
F1	政府主管部门是合适的中国特色大学治理准则制定主体	26.4	31.3	57.7	10
F3	我国没有合适的高等教育协会组织担任中国特色大学治理准则的制定主体	24.9	30.3	55.2	11
F6	政府部门不应参与中国特色大学治理准则的制定,但可以为其背书	28.1	24.2	52.3	12
F8	协会组织制定中国特色大学治理准则不需要政府授权	16.9	23.5	40.4	13

（六）中国特色大学治理准则的实施

问卷在 G 部分"中国特色大学治理准则的实施"共有 7 个问题,它们自 G1～G7 分别是: (1) 中国特色大学治理准则需要配套的实施机制; (2) 制定主体负责中国特色大学治理准则的实施和推广; (3) 中国特色大学治理准则应由大学自愿遵守; (4) 中国特色大学治理准则的实施不应有强制性; (5) 大学可以将中国特色大学治理准则的相关原则和治理规范要求融入章程、教师手册或其他规章制度以实现善治; (6) 中国特色大学治理准则应成为政府部门、司法机构、仲裁机构等处理与大学相关事务时的重要依据或参考; (7) 在出台中国特色大学治理准则之前,可以暂时不讨论其实施机制。

和其他部分一样,在这一部分,被调查者选择"赞同"和"非常赞同"的频数平均值整体来说仍然较高,都在 3.5 以上（见表 4-10）,说明被调查者对各题项表述内容支持度仍然较高。除了 G3"中国特色大学治理准则应由大学自愿遵守"、G4"中国特色大学治理准则的实施不应有强制性"和 G7"在出台中国特色大学治理准则之前,可以暂时不讨论其实施机制"三道题目标准差超过 1,尤其 G7 这道题目标准差达 1.312,显示被调查者看法差异稍大之外,在其他题项上,标准差均在 1 以下,表明被调查者共识度较高。

表 4-10 中国特色大学治理准则的实施

题项	频数占比（%）					频数占比总计（%）	平均值	个案数（个）	标准差
	非常不赞同	不赞同	一般	赞同	非常赞同				
G1	0.5	0.5	13.4	29.3	56.2	100.0	4.40	409	0.774
G2	0.7	2.2	16.6	32.0	48.4	100.0	4.25	409	0.862
G3	4.4	5.4	17.4	31.8	41.1	100.0	4.00	409	1.095
G4	4.9	6.4	22.7	30.8	35.2	100.0	3.85	409	1.120
G5	1.0	1.7	12.2	36.7	48.4	100.0	4.30	409	0.822
G6	1.0	1.0	16.9	36.7	44.5	100.0	4.23	409	0.831
G7	9.8	14.7	20.0	26.2	29.3	100.0	3.51	409	1.312

对各题项所获"赞同"和"非常赞同"合计频数占比由高到低进行排序（见表 4-11），发现支持度最高的是"中国特色大学治理准则需要配套的实施机制"，其次是"大学可以将中国特色大学治理准则的相关原则和治理规范要求融入章程、教师手册或其他规章制度以实现善治"，再次是"中国特色大学治理准则应成为政府部门、司法机构、仲裁机构等处理与大学相关事务时的重要依据或参考"，又次是"制定主体负责中国特色大学治理准则的实施和推广"，所获"赞同"和"非常赞同"合计频数占比均超过了 80%。在各题项所获"赞同"和"非常赞同"的频数占比中"中国特色大学治理准则应由大学自愿遵守"获得了 72.9% 的支持率，"中国特色大学治理准则的实施不应有强制性"为 66.0%，支持率稍低，说明被调查者在中国特色大学治理准则是否应该自愿遵守、是否应有强制性问题上，还有一定疑虑。55.5% 的被调查者认为"在出台中国特色大学治理准则之前，可以暂时不讨论其实施机制"，虽然占比过半，但明显低于本部分其他题项所获得的支持率，表明对这一问题，被调查者之间态度分化比较严重，还是有相当比重的人认为，如果制定中国特色大学治理准则的话，就应该及时讨论起实施机制问题。

表 4-11　对 G 部分题项表述表示"赞同"和"非常赞同"
的频数占比排序（由高到低）

单位：%

题号	题目表述	赞同	非常赞同	两项合计	排序
G1	中国特色大学治理准则需要配套的实施机制	29.3	56.2	85.5	1
G5	大学可以将中国特色大学治理准则的相关原则和治理规范要求融入章程、教师手册或其他规章制度以实现善治	36.7	48.4	85.1	2
G6	中国特色大学治理准则应成为政府部门、司法机构、仲裁机构等处理与大学相关事务时的重要依据或参考	36.7	44.5	81.2	3
G2	制定主体负责中国特色大学治理准则的实施和推广	32.0	48.4	80.4	4
G3	中国特色大学治理准则应由大学自愿遵守	31.8	41.1	72.9	5
G4	中国特色大学治理准则的实施不应有强制性	30.8	35.2	66.0	6
G7	在出台中国特色大学治理准则之前，可以暂时不讨论其实施机制	26.2	29.3	55.5	7

（七）B~G 部分总体均值和标准差分析

对 B~G 部分总体均值和标准差的统计分析表明，除了 B 部分"制定和推行中国特色大学治理准则的必要性和紧迫性"和 F 部分即"中国特色大学治理准则的制定主体及其相互关系"均值分别为 3.6961[①] 和 3.8253 之外，其余 4 部分的均值都在 4 以上，且这 6 个部分的标准差都小于 1，409 名被调查者对调查问卷各部分问题的回答均呈现出均值高、标准差低的特点（见表 4-12）。这表明，尽管在一些题目上的选择略有差异，但总的来说，被调查者对于制定和推行中国特色大学治理准则的必要性、紧迫性、目的、意义，以及如何制定和实施中国特色大学治理准则有着高度共识。

---

① 这部分的反向选择题在一定程度上分化了被调查者的选择，降低了整体均值。

表 4-12　问卷 B~G 部分总体均值和标准差

	B	C	D	E	F	G
平均值	3.6961	4.2284	4.4073	4.3857	3.8253	4.0765
个案数	409	409	409	409	409	409
标准差	0.63026	0.82235	0.68005	0.62195	0.68308	0.69353

二　差异检验

在频数分析的基础上，运用独立样本 T 检验，或单因素方差分析方法，对被调查者性别、年龄、学历、身份或职业、专业技术职称、党政领导职务、学术管理职务、所在高校类型、工作年限、所在地区等 10 类特征变量引起的其对中国特色大学治理准则建设问题的态度和看法的差异进行检验，分析不同组别之间差异是否显著。以下是分析结果。

（一）在所有变量上均无显著差异的题项

在所有变量上均无显著差异的题项为 6 项，在问卷 B~G 正文部分 57 项中占 10.53%，它们分别是：

B5，"即便制定了中国特色大学治理准则，也不会对我国大学治理产生很大的影响"；

E4，"制定中国特色大学治理准则可以参照国外的相关经验"；

F3，"我国没有合适的高等教育协会组织担任中国特色大学治理准则的制定主体"；

F6，"政府部门不应参与中国特色大学治理准则的制定，但可以为其背书"；

G3，"中国特色大学治理准则应由大学自愿遵守"；

G7，"在出台中国特色大学治理准则之前，可以暂时不讨论其实施机制"。

可以看出，被调查者在中国特色大学治理准则建设对我国大学治理的影响、制定中国特色大学治理准则可以参照国外相关经验、高等教育协会组织和政府部门在中国特色大学治理准则建设中的角色、如何实施中国特色大学治理准则等问题上存在较大共识。

（二）各变量上差异项总数及占总项数比重的比较

学历、性别是导致被调查者对中国特色大学治理准则建设问题的态度和看法存在差异的最为重要的两个变量，工作年限、专业技术职称和所在地区次之，身份或职业更次之。是否担任党政领导职务、所在高校类型Ⅰ或Ⅱ有一定影响，年龄、是否担任学术管理职务对被调查者态度和看法的影响不大（见表4-13）。其中，年龄因素只在 F 部分"中国特色大学治理准则的制定主体及其相互关系"的相关题项中产生一些差异，是否担任党政领导职务只在 E 部分"制定中国特色大学治理准则的依据和要求"和 F 部分的相关题项中产生一些差异，是否担任学术管理职务只在 D 部分"中国特色大学治理准则的价值取向与内容定位"和 E 部分的相关题项中产生一些差异，但学历、性别造成的显著差异覆盖了 B~G 的所有部分，在个别部分甚至覆盖了该部分的绝大多数题项。

表4-13　各变量上差异项总数及占总项数比重

单位：个，%

变量	差异项总数	差异项占总项数比重
性别	32	56.1
年龄	3	5.3
学历	34	59.6
身份或职业	10	17.5
专业技术职称	13	22.8
党政领导职务	5	8.8
学术管理职务	2	3.5
所在高校类型Ⅰ	5	8.8
所在高校类型Ⅱ	7	12.3
工作年限	19	33.3
所在地区	13	22.8

注：所在高校类型Ⅰ：部属高校、地方高校（含港澳台高校）、不在高校。
所在高校类型Ⅱ："双一流"高校、非"双一流"高校（含港澳台高校）、不在高校。

（三）各变量上的差异性分析结果

1. 性别、党政领导职务和学术管理职务变量引起的差异

运用独立样本 T 检验，对性别、是否担任党政领导职务、是否担任学术管理职务变量引起的被调查者各题项选择的差异显著性进行分析，在 0.05 的显著性水平下，检验结果如下。

首先，性别变量引起的差异。除了在 B2 "现行高等教育法律法规和大学内部规章制度完全可以满足大学善治需求，没必要制定中国特色大学治理准则" 一题上，男性均值大于女性，表明男性 "不赞同" 程度显著大于女性之外，在其他所有呈现出显著性差异的题项上，女性均值均大于男性，表明女性赞同程度显著大于男性（见附录二表 1 ①）。

其次，是否担任党政领导职务引起的差异。在 E6 "中国特色大学治理准则应以中国共产党的重要纲领性文件和《中华人民共和国高等教育法》为基本依据" 一题上，担任党政领导职务的被调查者均值大于未担任党政领导职务的被调查者，表明担任党政领导职务的被调查者对此表述的 "赞同" 程度显著大于未担任党政领导职务的被调查者；在 E11 "针对不同类型、不同层次的大学应该制定不同的治理准则"、F2 "中国特色大学治理准则应由专业性的高等教育协会组织制定"、F4 "中国特色大学治理准则应由高等教育协会组织合作制定"、F11 "中国特色大学治理准则应由各大学自己联合起来制定" 题项上，未担任党政领导职务的被调查者均值均大于担任党政领导职务的被调查者，表明未担任党政领导职务的被调查者对此表述的赞同程度显著大于担任党政领导职务的被调查者（见附录二表 2）。

最后，是否担任学术管理职务引起的差异。在 D6 "中国特色大学治理准则应阐明大学各治理主体承担的善治责任和义务" 一题上，担任学术管理职务的被调查者，均值大于未担任学术管理职务的被调查者，表明担任学术管理职务的被调查者对此表述的 "赞同" 程度显著大于未担任学术管理职务的被调查者，在 E11 "针对不同类型、不同层次的大学应该制定不同的

---

① 这部分数据表格所占篇幅较长，因此将其放在了附录部分。

治理准则"这一题项上，未担任学术管理职务的被调查者均值大于担任学术管理职务的被调查者，表明未担任学术管理职务的被调查者对该题项的赞同程度显著大于担任学术管理职务的被调查者（见附录二表3）。

2. 其他变量引起的差异

运用单因素方差分析方法，对被调查者年龄、学历、身份或职业、专业技术职称、所在高校类型、工作年限和所在地区等特征变量引起的赞同度差异显著性进行分析。为进一步找出哪些组别之间的差异有显著性，本研究又进行LSD事后多重比较分析，结果如下。

（1）年龄引起的差异

单因素方差分析显示，各年龄组只在F4"中国特色大学治理准则应由高等教育协会组织合作制定"、F10"中国特色大学治理准则应由相关协会组织背书"、F12"大学可以自行制定学校层面甚至院系层面的治理准则"等3个题项上 p 值小于 0.05，呈现显著性差异（见附录二表4）。

进行LSD事后多重比较分析，发现以下情况。

在F4，即"中国特色大学治理准则应由高等教育协会组织合作制定"这个题项上，18~22岁年龄组与46~60岁、60岁以上年龄组差异显著，其中18~22岁与60岁以上年龄组平均值差值最大，其次是18~22岁与46~60岁年龄组。

在F10，即"中国特色大学治理准则应由相关协会组织背书"这个题项上，18~22岁年龄组与29~35岁、46~60岁年龄组，23~28岁年龄组与29~35岁、36~45岁、46~60岁年龄组差异显著。按平均值差值从高到低排序，可以看出，23~28岁与46~60岁年龄组在平均值差值上差异最明显，其次依次是23~28岁与29~35岁、18~22岁与46~60岁、18~22岁与29~35岁、23~28岁与36~45岁年龄组。

在F12，即"大学可以自行制定学校层面甚至院系层面的治理准则"这个题项上，60岁以上年龄组与18~22岁、23~28岁、29~35岁、36~45岁年龄组均有显著差异，此外，18~22岁与46~60岁年龄组也有显著差异，按平均值差值从高到低排序，可以看出，18~22岁与60岁以上年龄组在平均值差值上差异最明显，其次依次是 36~45 岁与 60 岁以上、23~28 岁与 60 岁以上、29~35 岁与 60 岁以上、18~22 岁与 46~60 岁年龄组。

从平均值差值来看，多数情况下，对于上述表述，18~22 岁年龄组得分均值高于其他年龄组，46~60 岁、60 岁以上年龄组得分均值低于其他年龄组，且 60 岁以上年龄组得分均值几乎总是最低。这表明，18~22 岁年龄组更倾向于支持高等教育协会组织以及大学在中国特色大学治理准则建设中发挥积极作用，与之相比，46~60 岁、60 岁以上年龄组，尤其是 60 岁以上年龄组，态度较为保守（见附录二表 5）。

（2）学历引起的差异

单因素方差分析显示，在学历变量上，被调查者的学历水平在多达 34 个题项上呈现显著差异（见附录二表 6）。

再进行 LSD 事后多重比较分析，发现以下情况。

本科及以下组与硕士研究生组、博士研究生组都呈现显著差异的有 B2："现行高等教育法律法规和大学内部规章制度完全可以满足大学善治需求，没必要制定中国特色大学治理准则"。

本科及以下组与博士研究生组、硕士研究生组与博士研究生组均有显著差异的有 B3，B4，B6，C1，C2，C3，C4，C5，D1，D2，E2，E10，E13，F1，F4，F5，F7，F9，F10，G5，G6，合计 21 项[1]。

仅硕士研究生组与博士研究生组有显著差异的为 D4，D10，D11，E1，E11，E12，F12，G2，G4，合计 9 项。

只有本科生及以下组与博士研究生组有显著差异的为 B7，F2，F13，合计 3 项。

整体而言，本科及以下组与硕士研究生组只在 B2 这一个问题上有显著差异，在其余题项上均无显著差异。本科及以下组与博士研究生组存在显著差异的项数合计为 25 项，硕士研究生组与博士研究生组有显著差异的项数

---

① 为节约篇幅和便于阅读，在涉及题项较多时，文中只呈现题项符号，不再呈现题项文字表述内容。

合计为 30 项，这表明持有硕士与博士研究生学历的被调查者之间的差异比本科及以下组与博士研究生组的差异更具普遍性（见附录二表 7）。

从平均值差值来看，除了对于 B2"现行高等教育法律法规和大学内部规章制度完全可以满足大学善治需求，没必要制定中国特色大学治理准则"和 B7"我国已经出台了一些可以称为大学治理准则的文件，中国特色大学治理准则不是新概念"两种表述，具有博士研究生学历的被调查者均值远远大于本科及以下学历组，表明前者对这两种表述持不赞同态度的远远大于后者[①]，在其他绝大多数有显著差异的题项上，被调查者的得分均值基本呈现出本科及以下学历>硕士研究生学历>博士研究生学历的趋势，即本科及以下学历较之后两者更倾向于赞同这些题项的表述。

（3）身份或职业引起的差异

单因素方差分析显示，不同身份或职业的被调查者（"在校生"、"大学教学科研人员［含博士后研究人员］"、"大学行政管理人员"、"大学内部其他人员"［包括退休和同时拥有上述多重身份的人员］、"非大学内部人员"）在 D 部分"中国特色大学治理准则的价值取向与内容定位"、E 部分"制定中国特色大学治理准则的依据和要求"和 G 部分"中国特色大学治理准则的实施"的态度和看法均无显著差异。身份或职业造成的显著差异主要集中在 B 部分即"制定和推行中国特色大学治理准则的必要性和紧迫性"、C 部分即"制定和推行中国特色大学治理准则的目的和意义"和 F 部分即"中国特色大学治理准则的制定主体及其相互关系"的 10 个题项上（见附录二表 8）。

进一步进行 LSD 事后多重比较分析，发现以下情况。

在校生组与大学教学科研人员（含博士后研究人员）组呈现显著差异的有 B3，B4，C1，C2，F5，F7，F9，F10，共 8 项以下情况。

大学教学科研人员（含博士后研究人员）组与非大学内部人员组呈现显著差异的有 B2，B3，B7，C1，C2，F9，F10，共 7 项。

---

① 两道题为反向计分题，附录二表 7 呈现数据为反向计算后数据。

大学教学科研人员（含博士后研究人员）组与大学行政管理人员组呈现显著差异的有 B3，B4，C1，C2，F5，F7，共 6 项。

在校生组与大学内部其他人员（包括退休和同时拥有多重身份的人员）组呈现显著差异的有 B2，B7，F7，共 3 项；大学内部其他人员（包括退休和同时拥有多重身份的人员）组与非大学内部人员组呈现显著差异的有 B2，B7，F7，共 3 项。

大学行政管理人员组与大学内部其他人员（包括退休和同时拥有多重身份的人员）组呈现显著差异的有 F5，F7，共 2 项。

大学教学科研人员（含博士后研究人员）组与大学内部其他人员（包括退休和同时拥有多重身份的人员）组呈现显著差异的只有 B4（见附录二表9）。

可以看出，不同身份或职业的被调查者在 F7 上的显著差异最为普遍。关于对 F7 "制定出来的中国特色大学治理准则应由教育主管部门核准"这一题项的表述，在校生组与大学教学科研人员（含博士后研究人员）组、在校生组与大学内部其他人员（包括退休和同时拥有多重身份的人员）组、大学教学科研人员（含博士后研究人员）组与大学行政管理人员组、大学行政管理人员组与大学内部其他人员（包括退休和同时拥有多重身份的人员）组、大学内部其他人员（包括退休和同时拥有多重身份的人员）组与非大学内部人员组之间的看法均呈现显著差异。

（4）专业技术职称引起的差异

单因素方差分析显示，不同专业技术职称（"正高级""副高级""中级""初级""未定级"）的被调查者对 D 部分即"中国特色大学治理准则的价值取向与内容定位"表述的态度与看法均无差异，在其他部分共 13 个题项上的态度和看法呈现显著差异（见附录二表10）。

进一步进行 LSD 事后多重比较分析，发现以下情况。

正高级组与未定级组的被调查者呈现显著差异的题项最多，共 12 项，它们是：B3，C2，C3，C4，C5，E11，E12，E13，F9，F10，G2，G6。

其次，正高级组与初级组的被调查者呈现显著差异的题项共有 7 项，它们是：B6，C3，C4，E11，E12，E13，G6。

也就是说，正高级组与未定级组、正高级组与初级组的被调查者除了对 D 部分的态度和看法无显著差异，正高级组与初级组对 F 部分的态度和看法无显著差异，在其他各部分，都有一些题项态度和看法差异显著。

正高级组与副高级组呈现显著差异的主要在 C、E 和 G 部分，共 7 项，它们是：C2，C4，C5，E11，E12，G2，G6，在 F 部分无显著差异；

中级组与初级组呈现显著差异的共 5 项，它们是：B6，C3，C4，E12，G6。

中级组与未定级组呈现显著差异的有 F9，F10，共 2 项。

副高级组与中级组呈现显著差异的只有 G2。

副高级组与未定级组呈现显著差异的只有 F10。

初级组与未定级组呈现显著差异的只有 G6（见附录二表 11）。

也就是说，由专业技术职称造成的对中国特色大学治理准则建设问题的态度和看法的差异主要体现为正高级组与未定级组、正高级组和初级组、正高级组与副高级组之间的差异。

（5）高校类型引起的差异

当将高校类型分为"部属高校"、"地方高校（含港澳台高校）"和"不在高校"时，单因素方差分析显示，来自不同类型高校的被调查者在 C 部分和 E 部分的所有题项上均无显著差异，其余部分的绝大多数题项上也均无显著差异，有显著差异的只有 B6、D1、D2、F1、G2 等 5 个题项（见附录二表 12）。

进一步进行 LSD 事后多重比较分析，发现以下情况。

部属高校组与地方高校（含港澳台高校）组、不在高校组都呈现显著差异的只有 G2，即"制定主体负责中国特色大学治理准则的实施和推广"这一题项。

部属高校组与地方高校（含港澳台高校）组呈现显著差异的有 B6，D2，G2。

部属高校组与不在高校组呈现显著差异的有 D1，F1，G2。

地方高校（含港澳台高校）组与不在高校组呈现显著差异的只有 F1 "政府主管部门是合适的中国特色大学治理准则制定主体"这一题项（见附录二表 13）。

当将高校分为"'双一流'高校"、"非'双一流'高校（含港澳台高校）"和"不在高校"等三种类型时，单因素方差分析显示，来自不同类型高校的被调查者在 B1、B6、D1、F1、F4、F8、F12 等 7 个题项上的选择呈现显著差异（见附录二表 14）。

进一步进行 LSD 事后多重比较分析，发现以下情况。

"双一流"高校组与非"双一流"高校（含港澳台高校）组呈现显著差异的有 B1、B6、F4、F8、F12 等 5 个题项。

"双一流"高校组与不在高校组呈现显著差异的有 D1、F1。

非"双一流"高校（含港澳台高校）组与不在高校组呈现显著差异的只有 F1，即"政府主管部门是合适的中国特色大学治理准则制定主体"这一题项（见附录二表 15）。

（6）工作年限引起的差异

单因素方差分析显示，工作年限不同（"30 年以上""20～30 年""10～20 年""10 年以下""未参加过工作"）的被调查者在多达 19 个题项上呈现显著差异（见附录二表 16）。

进一步进行 LSD 事后多重比较分析，发现以下情况。

30 年以上组与 20～30 年组、10～20 年组、10 年以下组、未参加过工作组都呈现显著差异的有 F4，F5，F9，F10，F12，G5，G6，共 7 个题项，主要集中在 F 部分"中国特色大学治理准则的制定主体及其相互关系"和 G 部分"中国特色大学治理准则的实施"。

30 年以上组仅与 20～30 年组、10～20 年组、未参加过工作组一起呈现显著差异的有 B2，C2，C5，E2，F13，G1，共 6 个题项。

20～30 年组与 10 年以下组呈现显著差异的有 E1，E2，E3，E5，E6，E7，E11，共 7 个题项，主要集中在 E 部分"制定中国特色大学治理准则的依据和要求"。

20～30 年组与未参加过工作组呈现显著差异的有 E2，E3，E6，E7，E11，共 5 个题项。

20～30 年组与 10～20 年组呈现显著差异的有 E7，E11。

10～20 年组与未参加过工作组呈现显著差异的有 E6，F10。

10 年以下组与未参加过工作组呈现显著差异的有 C2，F10（见附录二表 17）。

可以看出，工作 30 年以上的被调查者与其他年龄组有显著差异的题项覆盖面最广，其次是 20～30 年组；10～20 年组、10 年以下组以及未参加过工作组只在少量题项上表现出显著差异。

（7）地区引起的差异

单因素方差分析显示，不同地区（"东部和港澳台地区"、"中部地区"和"西部地区"）的被调查者在多达 13 个题项上呈现显著差异（见附录二表 18）。

进行 LSD 事后多重比较分析，发现以下情况：

中部地区组与西部地区组有显著差异的为 B3，B4，B6，C1，C2，D11，E7，E8，E13，F5，F10，G1，G5，共 13 项；

东部和港澳台地区组与中部地区组、西部地区组均有显著差异的为 B3，C2，共 2 项；

东部和港澳台地区组与中部地区组有显著差异的为 B3，B4，B6，C2，D11，F10，共 6 项（见附录二表 19）。

可以看出，中部地区的被调查者与西部地区的被调查者的显著差异覆盖面较广。

第三节　访谈调查

为了更好地了解利益相关者对中国特色大学治理准则建设的真实态度，也为了对问卷调查结果进一步验证，本节选择部分利益相关者进行了访谈。

被访者由两部分人组成：一部分是研究者在学术界的同事，如一位是某大学高等教育研究所所长，另一位是某大学国际化顾问，均为男性，已退休，其余为高等教育专业在职教学科研人员，多数为教育学或管理学博士，有男性，也有女性；另一部分来自问卷调查对象，其中有大学行政管理人员，有博士后研究人员，也有一般教学科研人员。

访谈问题主要有：（1）您是否认为有必要制定和出台中国特色大学治理准则？（2）您认为中国特色大学治理准则应该"特"在何处？（3）您对制定中国特色大学治理准则有什么建议？（4）您对中国特色大学治理准则研究有什么建议？

绝大多数被访者认为制定和出台中国特色大学治理准则很有必要，但需要进一步澄清"中国特色大学治理准则"的内涵和定位："中国特色大学治理准则是侧重中国特色的大学治理准则还是侧重中国特色大学的治理准则需要有一定阐释。中国特色大学治理准则应该是面向所有国内大学的一种通用的基础性的规则，在对象上，应面向所有大学，应该是通用的而不是体现不同大学特色的；应该是基础性的，中观层面的，而不是事无巨细的，否则就不能成为准则，而是具体规则了。"但也有被访者表示："不知道大学治理准则是什么，没有专门研究过，不知道该怎么回答。"有被访者表示："没有必要，上有政策下有对策，没有法律的支持不会有人听的。""似乎意义不大，与中国特色的现代大学制度之间有什么区别，也许就是在玩概念。"也有被访者认为教育部有关规定就可以发挥治理准则的作用，因此无须制定专门的中国特色大学治理准则。

很多受访者关心中国特色大学治理准则的中国特色是什么，与国外大学的关键区别在哪里，以及治理准则与其他规范的不同之处。有被访者反对提"中国特色"，认为"自己发展自己的故步自封没有益处"，有的认为"要多参考别的国家的现行制度，同时注意避免别的国家出现的问题"。

很多被访者针对如何制定中国特色大学治理准则提出了自己的建议。例如，有被访者（大学国际化顾问）表示："这个研究很重要。开放办学是全方位的，不仅仅是在人才培养和科研方面。在办学方向、特色发展、服务社会重大需求等方面避免闭门造车和利己主义同样重要。"他认为："中国特色首先是走社会主义道路和党领导一切，这是宪法规定的，另外就是培养什么样的人。"因此,他建议准则中是不是应该规定设立一个有各相关利益关切者参与的决策咨询机构,对学校各项重大问题有建议权,学校党委会讨论决策重大事项时应参考学校咨询机构的意见和建议,并将其列入会议纪要。通过这种(治理结构设计),使学校某些重大决策既符合"党委领导下的校长负责制"又能广泛吸纳各方意见。有被访者表示:"应当明确准则是倡议性质还是规定性质,明确治理准则的服务对象和制定目的。""立足实际,不要理想化","突出不同主体的价值诉求","要多听取专家意见,多参考世界通例"。

很多被访者强调要重视大学治理准则的实施问题。"准则出台再多关键还是落实问题。""一定要突出可操作性,不能只强调指导性、原则性。"在制定和出台策略上,很多受访者表示"要分阶段、分层分类推进","吸收普通教师意见","先试行,再推广","建议做深入研究,研究成果各高校专业人士讨论,报教育主管部门审核发布,并组织实施"。"坚持自治自愿原则,以服务学生为中心",还有被访者建议"增加评价部分"。

第四节　调查结论与讨论

一　调查结论

通过对问卷和访谈调查结果的分析,我们可以得出如下几个方面的结论。

(一)被调查者高度认同中国特色大学治理准则建设的重要意义,认为中国特色大学治理准则建设具有必要性和紧迫性,而且对建设和实施中国特色大学治理准则的基本构想有着高度共识

具体而言,这些共识表现在如下几个方面。

首先,被调查者高度认同现阶段我国制定和推行中国特色大学治理准则的必要性、紧迫性和重要意义。

被调查者赞同"现阶段我国有必要制定和推行中国特色大学治理准

则"，不太认同"现行高等教育法律法规和大学内部规章制度完全可以满足大学善治需求，没必要制定中国特色大学治理准则"。他们认为"现阶段我国有必要制定和推行中国特色大学治理准则""中国特色大学治理准则是我国高等教育法律法规和大学内部规章制度的必要补充"，认为"现阶段制定和推行中国特色大学治理准则不仅具有必要性，而且具有紧迫性"，不太赞同"即便制定了中国特色大学治理准则，也不会对我国大学治理产生很大的影响"。

被调查者高度认同制定和推行中国特色大学治理准则的目的和意义，赞同中国特色大学治理准则可以完善我国现代大学治理规则和制度体系、可以为大学治理提供价值指引、可以为我国大学治理实践提供指南、是将善治理论转化为善治实践的重要工具和实现我国高等教育治理体系和治理能力现代化的重要工具。

其次，被调查者对于中国特色大学治理准则的价值取向和内容定位有着高度共识。

被调查者高度认同中国特色大学治理准则应强调大学治理的社会公益性目的，应明确善治之于大学发展的意义，应明确大学各治理主体实行共同治理且教师和学生有权参与共同治理，应阐明大学各治理主体的治理能力和素质要求、行为、伦理和道德规范，应阐明大学各治理主体承担的善治责任和义务，应强调信息公开之于大学善治的重要性。

最后，被调查者对于制定中国特色大学治理准则的依据和要求有着高度共识。

关于如何制定和实施中国特色大学治理准则，涉及很多方面的复杂问题，问卷从制定中国特色大学治理准则的法律和政策依据、研究结论和实践依据、国内共识和国外经验的关系等几个方面设计了问题。调查数据表明，被调查者对于"中国特色大学治理准则应以中国共产党的重要纲领性文件和《中华人民共和国高等教育法》为基本依据""中国特色大学治理准则应以中国特色大学治理的成功实践为基础""制定中国特色大学治理准则应坚持问题导向""制定中国特色大学治理准则应着重凝聚中国特色大学善治共识""中国特色大学治理准则的规定需要相关实证研究结论支撑"等表述高度赞同，而被调查者在"制定中国特色大学治理准则可以参照国外的相关经验"题项上得分均值稍低，表明被调查者认为，从我国自身实际情况和问题出发制定中国特色大学治理准则，比参照国外经验更为重要。

被调查者对于中国特色大学治理准则的内容和形式要求有高度共识。被调查者高度赞同"中国特色大学治理准则应对反复出现的治理情境中的特定行为作出最佳实践规定"，语言应该简练、清晰易懂，需要对核心概念进行专门和清晰的界定，以杜绝含义的模糊性，中国特色大学治理准则不必是一个文本，也可以是一系列不同主体制定的不同文本的集合，针对不同类型、不同层次的大学应该制定不同的治理准则。

对于中国特色大学治理准则的制定和修订程序，被调查者也有高度共识。他们高度赞同"中国特色大学治理准则应有明确的制定、批准和发布程序"，以及"应结合中国大学治理实际，适时对中国特色大学治理准则进行修订和完善"。

（二）被调查者对于中国特色大学治理准则的制定主体及其相互关系的态度和看法分歧稍大，在实施问题上略有分歧

对于中国特色大学治理准则的制定主体及其相互关系，问卷的调查意图主要集中在以下几个方面：（1）被调查者对政府部门扮演的可能角色的态度和看法；（2）被调查者对高等教育协会组织扮演的可能角色的态度和看法；（3）被调查者对大学及其院系扮演的可能角色的态度和看法；（4）被调查者对中国特色大学治理准则的制定者的解释权与修订权的态度和看法。

整体而言，赞同由专业的高等教育协会组织作为制定主体的被调查者略多于赞同由政府主管部门作为制定主体的被调查者。但数据显示，被调查者对于我国当前是否有合适的高等教育协会组织担当这一角色存在一定的矛盾态度，与此同时，虽然对政府主管部门应作为中国特色大学治理准则制定主体的角色赞同度稍低，但对于政府部门担任其他角色，如参与者、核准主体等却有着较高的赞同度，表明绝大多数被调查者认为，虽然政府部门不一定

适合作为中国特色大学治理准则的制定主体，但在制定和推行中国特色大学治理准则的过程中，政府部门应是不可或缺的角色。此外，被调查者对于大学甚至院系层面自行制定的治理准则或由各大学自己联合起来制定治理准则有较高的赞同度，且高度认同中国特色大学治理准则的制定主体应拥有对它的解释权和修订权。

对于中国特色大学治理准则的实施问题，被调查者也存在很多共识，如绝大多数被调查者认为"中国特色大学治理准则需要配套的实施机制""大学可以将中国特色大学治理准则的相关原则和治理规范要求融入章程、教师手册或其他规章制度以实现善治""中国特色大学治理准则应成为政府部门、司法机构、仲裁机构等处理与大学相关事务时的重要依据或参考""制定主体负责中国特色大学治理准则的实施和推广"，但在中国特色大学治理准则的实施是否应有强制性，以及是否在出台中国特色大学治理准则之前讨论其实施机制方面，有一定的分歧。

（三）被调查者的个人身份特征会影响其对中国特色大学治理准则问题的看法

尽管整体来说，被调查者对问卷各题项表述内容赞同度都比较高，但在绝大多数题项上，都有不同类型的被调查者态度和看法呈现出显著差异。这表明不同类型的被调查者对中国特色大学治理准则建设问题的态度和看法仍有自己的倾向性，导致被调查者态度和看法产生差异的因素依次是学历、性别、工作年限、专业技术职称和所在地区、身份或职业，是否担任党政领导职务、所在高校类型Ⅰ或Ⅱ有一定影响，但年龄、是否担任学术管理职务对被调查者态度和看法的影响不大。

（四）中国特色大学治理准则建设能否取得成功的关键在于如何凸显"中国特色"以及确保其能得到有效实施

被调查者普遍关注中国特色大学治理准则"特"在何处，事实上也是在关注，这些"特色之处"如何能够更好地确保它能成为一个高质量的治理工具，真正能够起到促进大学改善治理结构和提高办学质量的作用。因此，中国特色大学治理准则建设必须在凸显"中国特色"的同时，确保其能够充分体现大学治理的内在规律。此外，准则的实施是特别需要关注的问题。在我国大学治理实践中，很多时候并非没有规则，而是规则要求不能落到实处，从而影响了规则治理效能的发挥。中国特色大学治理准则建设要取得成功，一定要确保其得到有效落实。

二　讨论

"中国特色大学治理准则"对于被调查者来说是一个新词语，但调查结果显示，被调查者对于这一新事物接受度相当高，而且对于如何建设中国特色大学治理准则也有着高度一致的认知。究其原因，可能与被调查者对于中国大学治理现状和存在问题的认知共识度较高有关。因为中国特色大学治理准则虽然是个新事物，但它作为一种治理工具和手段，理解起来并不复杂。当调查者把这个新的治理工具呈现在被调查者面前时，他们能够在较短的时间内对引入这一治理工具的必要性和紧迫性、目的和意义等问题作出判断和选择。结合当前我国大学治理现状和问题，以及治理准则的工具和价值属性，对于中国特色大学治理准则的价值取向和内容定位也不难作出自己的判断。

但是，对于如何建设，由谁来组织制定、推行和实施中国特色大学治理准则，就涉及我国当前的大学治理结构体系和治理改革模式是否能够很好地适应中国特色大学治理准则建设需要的问题。不同类型的被调查者对此理解不同，在中国特色大学治理准则制定主体及其相互关系以及中国特色大学治理准则实施问题上存在分歧，其实也不难理解。

与此同时，对于任何一种事物，不可能所有人都持相同的看法，学历、性别、身份或职业、专业技术职称、所在高校或所在地区等差异导致被调查者对中国特色大学治理准则建设问题的态度和看法存在区别其实也是正常的。由于相关同类研究极其缺乏，仅仅从数据本身探讨不同类型被调查者选择存在倾向性的原因和意义有些证据不足，因此笔者不再尝试对这些差异进行更多的解释，只能期待在以后的研究中，通过更多的学者加入分析、讨论行列，在获得更多的支持性数据和资料之后，进行更有说服力的解释。

第四章　美国大学治理准则研究

本章所说的"美国大学治理准则"是指由美国大学教授协会、美国高校董事会协会等高等教育共同体组织以声明、宣言、标准、程序等名义单独或联合发布的、用来规范美国高等院校治理的一系列政策文件。虽然"治理准则"是 20 世纪 80 年代以来随着全球治理改革热潮出现的新词语，但美国将治理准则作为大学治理工具的实践早在 20 世纪初就出现了。各国在研究大学治理准则时，也将美国大学教授协会、美国高校董事会协会等共同体组织发布的这些声明、宣言作为美国的大学治理准则，与其他国家的大学治理准则、指南相提并论。

第一节　美国大学治理准则的发展

严格说来，治理准则出现在美国大学治理舞台已经有了一百多年的历史。在这一百多年当中，美国大学治理准则从一个文本发展成了一套内容丰富的治理准则体系，成为美国大学治理体系重要的有机组成部分。

一　美国大学治理准则的早期发展

（一）美国第一个大学治理准则的出台及完善

1915 年，美国大学教授协会颁布的"1915 年宣言"是美国第一个大学治理准则。美国大学教授协会发布该宣言的目的是维护大学教师的学术自由。之所以说它是一个治理准则，不仅是因为学术自由是与大学治理相关的一个主题，也是因为它本身就从论证学术自由权力的合理性出发，第一次正式界定了美国大学教师学术自由权的内涵，将美国大学董事会和教师的关系界定为大学受托人和受任者（appointees），而不是受托人和雇员

（employees）的关系①，为"法人—董事会"和管理层干预教师学术活动设立了原则性的边界。美国大学教授协会指出，要在美国大学维护适当的学术自由，既需要对与之相对应的相关原则有一个清晰的认识，也需要大学采取具体的安排和规定，以有效防止对学术自由的侵犯，并消除对这种侵犯行为进行任何辩护的可能性②。因此，美国大学教授协会发表的"1915 年宣言"不仅是关于学术自由和终身教职的原则宣言，也是第一个关于大学治理的原则宣言。

但"1915 年宣言"没有立即得到大家的认可，反而出现了很多反对的声音。例如，美国教育委员会和美国学院协会（Association of American Colleges，AAC；后改为美国学院和大学协会 Association of American Colleges and Universities，AACU）等协会组织就认为，该宣言只关注少数教授的学术自由，不能代表大多数教师的权益，并且置董事会、校长于不顾，忽略了董事会和校长作为大学治理主体的责任与自由。在一片质疑声中，美国大学教授协会认识到兼顾所有利益相关者关切和站在高等教育全局思考教师学术自由、终身教职制度等问题的重要性，于是开始积极谋求与上述高等教育协会组织的沟通与合作，努力改进对教师学术自由和终身教职制度的定义与解释。1925 年，美国教育委员会召集了包括美国大学教授协会在内的一些代表召开会议，会后就学术自由和终身教职发表了一份简短的原则声明③。美国学院协会和美国大学教授协会分别在 1925 年和 1926 年批准了在这次会议上出台的声明，即 1925 年《关于学术自由和终身教职的会议声明》（1925 Conference Statement on Academic Freedom and Tenure）。1940 年，美国大学教授协会和美国学院协会就之前学术自由和任期声明中提出的原则进行了重新表述，联合发布了《关于学术自由和终身教职的原则声明》（以下简称

---

① American Association of University Professors，*Policy Documents and Reports*（*Eleventh Edition*），Baltimore，MD：Johns Hopkins University Press，2015，p. 6.

② American Association of University Professors. ，*Policy Documents and Reports*（*Eleventh Edition*），Baltimore，MD：Johns Hopkins University Press，2015，p. 4.

③ American Association of University Professors，*Policy Documents and Reports*（*Eleventh Edition*），Baltimore，MD：Johns Hopkins University Press，2015，p. 13.

"1940年声明")。该声明指出，高等教育机构的运作是为了公共利益，而不是为了促进教师个人或整个机构的利益，而公共利益取决于对真理的自由探索和对真理的自由阐述[①]，这进一步强调了教师学术自由的重要性。它对教师的学术自由权利进行了更为清晰的界定和说明，促进了公众对学术自由和终身教职的理解与支持。更为重要的是，该声明成为确立终身教职制度的纲领性文件，对教师的任期、聘任、解聘程序进行了更清晰的界定。可以说，"1940年声明"是"1915年宣言"的修订版本，但与"1915年宣言"不同的是，"1940年声明"得到了很多协会组织的支持，使其成为维护大学教师学术自由和终身教职制度的最为重要的准则和依据，也为美国大学教授协会等高等教育协会组织赢得影响力和公信力奠定了良好的基础。尤其值得一提的是该声明所具有的强大的生命力和影响力，截至2001年，"1940年声明"有181个组织机构为其背书；到2014年，为其背书的协会和学会组织达到了248个[②]；2018年认可该声明的高等教育机构和学科协会有250多个，其中包括若干宗教院校或神学学科类协会，如神学院协会（Association of Theological Schools）、美国宗教学会（American Academy of Religion）、美国天主教哲学协会（American Catholic Philosophical Association）等[③]。可以说，历经半个多世纪之后，直到今天，"1940年声明"仍是美国处理大学教师学术自由和终身教职问题的重要准则。

（二）探索关于共同治理的治理准则

美国大学教授协会是推动大学教师参与共同治理的发起者和中坚力量。1915年，该协会在筹备过程中就开始研究教师在大学治理中的作用。1917年，美国大学教授协会成立了"教师在大学治理和管理中的地位和作用委员会"（Committee on the Place and Function of Faculties in University

---

① American Association of University Professors, *Policy Documents and Reports* (*Eleventh Edition*), Baltimore, MD: Johns Hopkins University Press, 2015, p.14.

② American Association of University Professors, "1940 Statement of Principles on Academic Freedom and Tenure," https://www.aaup.org/file/1940%20Statement.pdf.

③ American Association of University Professors, "AAUP Amicus Briefs," https://www.aaup.org/sites/default/files/McAdams_Marquette_Feb2018.pdf.

Government and Administration），即该学会大学和学院治理委员会（the Committee on College and University Governance）的前身，并于 1920 年发布了它的第一份声明。该声明包括对高校治理行为的具体建议，建议内容涉及教师与董事会、校长、院长之间的关系以及教师群体在教育政策决策、开支预算和院系治理中的作用，以及对 60 多所高校的调查分析[①]。1938 年，美国大学教授协会发布报告，就共同治理提出了进一步的建议，其中就包括教师与董事会的沟通问题[②]。在 1958 年至 1964 年，美国大学教授协会又发布了一系列相关原则草案。这些努力为 1966 年《学院与大学治理声明》的发布积累了力量，奠定了基础。

（三）在高等院校认证标准中加入治理标准

19 世纪末 20 世纪初是美国高等教育认证组织建立的热潮时期。以中北部地区院校协会（North Central Association of Colleges and Schools，NCACS）为例。该协会成立于 1898 年。1909 年，它率先通过了首个高等院校认证标准，开启了美国高等院校认证的先河。但它在 1909 年、1912 年颁布的认证标准中均未涉及治理问题，直到 1934 年，该协会才在其发布的政策声明中提到对院校行政管理的认证要求，指出在评价院校的行政管理时应强调各行政部门的运行方式，认证时还需考虑董事会的组成及活动、行政管理体系、学术事务管理等因素[③]，这标志着美国高等教育认证机构首次将治理要求纳入到了认证标准之中。

在 1945 年的认证标准中，中北部地区院校协会再次对被认证院校的管理部门设置、政策和程序研究等提出了要求[④]。1958 年，该协会发布《高等教育机构评价指南》，提出了 7 个根本问题，其中一个为"院校是否组织良好以完成自己的任务"，里面就涉及大学治理问题。该评价指南指出，运行

[①] American Association of University Professors, *Policy Documents and Reports*（*Eleventh Edition*）, Baltimore, MD: Johns Hopkins University Press, 2015, p. 115.

[②] American Association of University Professors, "Faculty Communication with Governing Boards," https://www.aaup.org/article/faculty-communication-governing-boards#fbcomm.

[③] 林晓：《美国中北部协会院校认证标准与程序研究》，浙江大学出版社，2010，第 75 页。

[④] 张斌贤主编《美国高等教育史》（中），教育科学出版社，2019，第 471 页。

良好的高等院校都有一个有效的组织管理结构，对高等院校的评价既要分析其组织管理结构，也要分析该结构是否能够促进院校任务的完成，指出评价领域应包括董事会监管、行政管理和教师组织等治理事项①。在认证标准中加入大学治理评价，使高等院校认证标准成为美国大学治理准则体系的一个重要部分。研究美国大学治理准则，不可忽视这部分内容所具有的重要治理功能。

（四）美国大学治理准则早期发展的影响因素

美国大学治理准则早期发展是宏观因素和微观因素共同作用的结果。

1. 志愿系统的诞生

《莫雷尔法案》出台后，赠地学院蓬勃发展。为防止政府对高等教育的过度干预，1887 年，赠地学院发起成立了"美国农业学院和试验站协会"（AAACES），这是美国最早成立的非营利性的高等教育协会组织。1900 年，美国大学联合会成立。1915 年，美国大学教授协会成立。1918 年，美国教育委员会成立。1921 年，美国高校董事会协会成立。美国进入了一个高等教育协会组织大发展的时代。正如高等教育历史学者霍金斯（Hugh Hawkins）所说的："人们很少意识到，在这个世纪之交（19 世纪和 20 世纪之交），美国的学院和大学自己发起了一种通过各种各样的院校协会来进行协调的活动，其结果就是——按照美国人的习惯称呼——诞生了一个志愿系统（voluntary system）。"② 美国大学教授协会、美国教育委员会等高等教育协会组织的成立就是这一趋势的产物。这些协会组织的使命不是解释和推广政府的政策，而是维护会员的利益，游说立法机构和政府官员以影响教育政策，以及加强自律以避免政府对高等教育机构的过多干预。志愿系统的发展不仅催生了美国大学教授协会、美国高校董事会协会等高等教育协会组织，促使其成为美国最为重要的大学治理准则创制主体，其与政府的关系也使得美国大学治理准则从一开始就成为不同于法律法规和政府规章的私人制度，

---

① 林晓：《美国中北部协会院校认证标准与程序研究》，浙江大学出版社，2010，第 103 页。

② H. Hawkins, *Banding Together: The Rise of National Associations in American Higher Education 1887-1950*, Baltimore, MD: Johns Hopkins University Press, 1992.

发挥着对大学实施软法治理的特殊功能。

2. 高等教育的标准化趋势

19世纪末20世纪初还是美国高等教育的标准化发展时代。这一时期，随着高等教育的不断扩张，高校数量不断增加、类型逐渐丰富，高等教育系统变得日趋复杂，中学教育质量低下导致生源质量不高、大学入学标准难以统一、大学过度膨胀、提供虚假证书和学位的"学位工厂"四处泛滥、大学研究受到特殊利益的腐蚀[①]等问题日益累积并逐步暴露出来，引起各界广泛关注。为了规范高等教育发展，确保高等教育质量，美国开始进入标准化时代。1905年，美国州立大学协会（National Association of State Universities，NASU）最先设立了"标准委员会"，积极推动美国公立大学系统建立入学和毕业标准，并与几大协会联合起来，共同规范大学常用的专业术语和数据统计的口径[②]。同一年，美国医学协会（American Medical Association，AMA）的医学教育委员会（Council on Medical Education，CME）制定了美国医学院校的教育评估标准[③]，并根据当时的状况规划了医学教育的课程设置，确立了A、B、C三级医学院分类标准，这是美国最早的有关医学专业资格认定和评估的标准[④]。美国教育委员会也参与到标准化运动中，为认证组织的认证工作提供指导方针，并在后来发展成为"全国标准化委员会"的核心[⑤]。1908年，美国大学协会开始对美国的大学进行认证，通过认证的大学被列入"美国大学协会接受的名单"，该名单所列大学的毕业生被认为有资格继续攻读研究生。美国教育委员会成立后不久，也将其主要任务确定为推动美国高等教育规范化和标准化进程，倡导高等院校自律，规范高等教育秩序，制定大学发展质量标准。

在院校认证方面，为了解决美国中学质量参差不齐、高校生源质量难以

① 邵常盈：《美国高等教育六大核心协会的功能与启示》，《教育发展研究》2007年第Z1期。
② 邵常盈：《美国高等教育六大核心协会的功能与启示》，《教育发展研究》2007年第Z1期。
③ 王建成：《美国高等教育认证制度研究》，教育科学出版社，2007，第45页。
④ 张斌贤主编《美国高等教育史》（中），教育科学出版社，2019，第478页。
⑤ 邵常盈：《美国高等教育六大核心协会的功能与启示》，《教育发展研究》2007年第Z1期。

保证的问题，区域性的院校认证协会组织相继成立，它们分别是新英格兰地区院校协会（New England Commission of Higher Education，NECHE）、西北部地区院校协会（Northwest Commission on Colleges and Universities，NWCCU）、中北部地区院校协会（现为高等教育委员会）、中部各州高等教育委员会（Middle States Commission on Higher Education，MSCHE）、南部地区院校协会（Southern Association of Colleges and Schools，SACS）和西部地区院校协会（Western Association of Schools and Colleges，WASC）。1909年，中北部地区院校协会根据其制定的10项院校认证标准率先开展认证活动。这是美国高等教育史上第一份正式的院校认证标准①。1912年，中北部地区院校协会公布了12项院校认证标准，并在次年公布了第一份认证院校的名单。

美国高等教育的标准化依托的是高等教育协会和认证组织及其制定的准则和标准，标准化在一定程度上也可以称为准则化。作为19世纪末20世纪初的一种时代特征和趋势，美国高等教育的标准化趋势为大学治理准则的出台营造了良好的时代氛围。

3. 大学内部治理问题凸显

在美国建国至南北战争前后，受经济发展、社会进步、达特茅斯案等多种因素的影响，美国的高校数量从1790年的11所增长到1869年的240所，出现了州立大学、赠地学院等多种类型的高等院校②。随着高等教育的扩张，教师和学生群体不断壮大。在大学内部，教师、董事会、行政管理人员、学生都有着自身的利益关注点③，对共同利益的追逐以及与之相伴的利益冲突使得治理问题变得日益复杂。

美国大学长期以来一直实行以董事会为主导的内部治理模式，外行董事会是大学内部治理的权力中心。但到了19世纪末期，随着高等教育的发展，校长作为行政管理负责人在大学治理中的影响力不断增强。此外，教师群体也在不断壮大，权利诉求不断增加。19世纪末20世纪初，由于缺乏相关组

---

① 张斌贤主编《美国高等教育史》（中），教育科学出版社，2019，第464页。
② 熊耕：《美国高等教育协会组织研究》，知识产权出版社，2010，第38页。
③ 熊耕：《美国高等教育协会组织研究》，知识产权出版社，2010，第39页。

织和规则的保护，大学教授因为学术观点与董事会成员相悖而遭到解聘的事件屡有发生，教师群体与管理层、董事会的冲突愈演愈烈，教师权益受到威胁。高等教育体系内部对出台大学治理准则的需求变得日益强烈。

4. 重要治理事件导火索

19 世纪末 20 世纪初，美国大学尚未建立起尊重学术自由的传统，在董事会、管理层与教授之间发生冲突时，教授常常是权益受到损害的一方。从 1890 年到 1910 年，一些知名教授因其校内外言论受到批评甚至被解雇。例如，1894 年，在威斯康星大学，经济学家理查德·埃利（Richard Ely）因支持罢工和抵制活动而受到批判；1897 年，在芝加哥大学，经济学家爱德华·贝米斯（Edward Bemis）因在普尔曼罢工期间批评公共铁路政策而遭到解雇；1897 年，在俄亥俄州的玛丽埃塔学院，政治学家詹姆斯·艾伦·史密斯（James Allen Smith）因反对垄断而受到批评；1897 年，在布朗大学，校长、经济学家 E. 本杰明·安德鲁斯（E. Benjamin Andrews）因偏爱银币和自由贸易而受到批评；1894 年，在锡拉丘兹大学，经济学家约翰·R. 康芒斯（John R. Commons）因其引人争议的经济观点而受到批评；1900 年，在北卡罗来纳州的三一大学，历史学家约翰·斯潘塞·巴赛特（John Spenser Bassett）因支持黑人民权运动而受到批评。这些事件显示了在那个时期，对教职员工的言论和观点进行限制的趋势①。

在所有这些事件中，斯坦福大学罗斯教授被解聘事件②与美国大学教授协会的成立直接相关。1900 年，经济学家爱德华·罗斯（Edward Ross）批评了铁路垄断和使用移民劳工的做法。由于这些观点与斯坦福大学的创办人简·拉索普·斯坦福（Jane Lathrop Stanford）的利益存在冲突，校方根据斯坦福的要求解除了罗斯教授在该校的职务。罗斯被解聘的事件让亚瑟·O. 洛夫乔伊（Arthur O. Lovejoy）等人感到震惊和愤怒，并对保护教授的权益

---

① W. E. Carter, "Academic Freedom: The Silencing of the Faculty," The University of Texas at Austin, 2013, p. 23.

② American Association of University Professors, "AAUP Archives," https://www.aaup.org/about/history/aaup-archives.

和建立教授专业协会的重要性产生了深刻认识。他和其他 5 位教授一起辞去了在斯坦福大学的职位，以此表达对罗斯教授的支持和对校方行为的抗议。随后，洛夫乔伊于 1910 年接受了约翰·霍普金斯大学的教职，并开始筹备成立美国大学教授协会。1915 年，美国大学教授协会在纽约成立，哲学教授约翰·杜威（John Dewey）担任第一任主席，并在成立后不久就发表了"1915 年宣言"。

总之，大学治理准则出现在美国大学治理舞台是 19 世纪末 20 世纪初之交多种因素合力促成的结果，也是很多关键人物努力的成果，更是时代的产物。

二　美国大学治理准则体系的形成和发展演变

自从 20 世纪初出现第一个大学治理准则以来，美国多个高等教育协会组织已经以声明、宣言、标准、程序等名义发布了一系列用来规制美国高等院校治理的政策文件，即本书所说的大学治理准则，丰富多样的准则共同组成了一个颇具规模的大学治理准则体系。

（一）美国大学治理准则的分类

大致而言，美国大学治理准则主要包括维护大学教师学术自由的治理准则、关于大学共同治理和董事会治理的治理准则、高等院校认证标准中的治理准则和维护学生群体参与大学治理权益的治理准则等几个方面。

1. 维护大学教师学术自由的治理准则

如前文所述，维护大学教师学术自由的治理准则是美国最早出台的大学治理准则，"1915 年宣言"的出台是标志性的历史事件。该宣言并非只论述了学术自由的原则，还重点阐述了学术自由和终身教职制度之间的关系，指出终身教职制度是维护大学教师学术自由的保障，因此在美国，维护学术自由与终身教职制度是可以相提并论的两个问题。继"1915 年宣言"之后，美国大学教授协会联合其他相关高等教育协会组织，不断完善有关学术自由的治理准则和终身教职制度，其中尤以"1940 年声明"获得了最为广泛的认可。

但正如美国大学教授协会与美国学院协会联合委员会于 1970 年针对"1940 年声明"作出的解释性评论所言,"1940 年声明"并非静态的准则,而是一个用以指导制定适应不断变化的时代和环境的政策的基础框架①。在"1940 年声明"的基础上,美国大学教授协会与其合作者就不断发布补充性的治理准则,以应对学术自由和终身教职制度面临的种种挑战。例如,1958年,美国大学教授协会和美国学院协会联合委员会共同批准了《关于教师解聘程序和标准的声明》,提出在解聘程序中应遵守"学术正当程序"②;1963 年,美国大学教授协会通过了《不再任用通知的标准》,对解聘教师通知的标准作出了说明;1969 年,美国大学教授协会和美国学院协会联合委员会对"1940 年声明"进行了重新评估,并根据 30 年来的实施经验对该声明进一步作出了解释性说明,这些解释性说明于 1970 年被美国大学教授协会批准成为协会政策;1971 年,美国大学教授协会通过了《关于续聘或不续聘教师的程序标准声明》,以保障教师的职业安全。这些标准、声明等极大地丰富了美国关于大学学术自由以及与之密切相关的终身教职制度的治理准则的内容,使该国维护大学学术自由的治理准则更加完善。

20 世纪末期,美国大学治理形势越发复杂,终身教职制度面临巨大压力和挑战。1983 年,美国大学教授协会针对"终身教职后评审"这一政策提出,对教职工进行评审不仅会产生金钱和时间上的成本,还会威胁学术自由③。然而在 20 世纪末期,相当多的立法机构、大学董事会、管理层将终身教职后评审作为强制性的要求。在此背景下,美国大学教授协会于 1999年发布了《终身教职后评审:美国大学教授协会的回应》,在重申 1983 年观点的基础上,对后评审政策提出了建议,即终身教职后评审不应以问责和淘汰为目的,而应着眼于对教师的激励和促进教师的发展,指出评审工作应

① American Association of University Professors, *Policy Documents and Reports* (*Eleventh Edition*), Baltimore, MD: Johns Hopkins University Press, 2015, p.14.

② American Association of University Professors, *Policy Documents and Reports* (*Eleventh Edition*), Baltimore, MD: Johns Hopkins University Press, 2015, p.91.

③ American Association of University Professors, "Post-tenure Review: An AAUP Response," https://www.aaup.org/report/post-tenure-review-aaup-response.

按照保护学术自由和教育质量的标准进行①，实行教师终身教职后评审必须保护"1940 年声明"中所定义的学术自由，以及教师要参与评估标准的制定、审查等②。这种为了适应现实而对终身教职制度作出的妥协主要是基于对终身教职制度与学术自由关系的调适而作出的新的表述，"1940 年声明"中对大学学术自由原则的表述依旧没有改变，且截至目前，其仍然是美国各大高等教育协会组织极力维护的大学治理的基本原则和标准。

2. 关于大学共同治理和董事会治理的治理准则

董事会、以校长为首的管理层和教授等治理主体共同治理是美国大学内部治理的鲜明特色。美国高等教育协会组织建立了有关共同治理的治理准则，为平衡治理主体关系作出了重要贡献。

在 20 世纪初期，美国大学教授协会在推进教师参与共同治理上起到了主要的作用。1916 年，该协会成立了大学和学院治理委员会；1920 年，该委员会发布了有关共同治理的第一份治理准则，该治理准则包括对高等院校治理行为的具体建议以及对 60 多个高校的实践调查报告，这些建议涉及教师与董事会、校长、院长之间的关系，以及教师群体在教育政策决策、开支预算和院系治理中的作用③等内容。1938 年，美国大学教授协会发布报告，就教师与董事会的沟通等共同治理问题提出了进一步的建议④；在 1958 年至 1964 年，该委员会又发布了一系列原则草案。

"1966 年声明"的发布是该委员会努力的最重要成果。1966 年，美国大学教授协会、美国高校董事会协会、美国教育理事会联合发布了《学院与大学治理声明》（即"1966 年声明"），倡导在美国高校实行董事会、管

①　杨红霞：《试析美国终身教职制度及其发展与变革》，《国家教育行政学院学报》2023 年第 3 期。

②　American Association of University Professors，"Post-tenure Review：An AAUP Response，" https：//www. aaup. org/report/post-tenure-review-aaup-response.

③　American Association of University Professors，*Policy Documents and Reports*（*Eleventh Edition*），Baltimore，MD：Johns Hopkins University Press，2015，p. 115.

④　American Association of University Professors，"Faculty Communication with Governing Boards，" https：//www. aaup. org/article/faculty-communication-governing-boards#fbcomm.

理层、教师共同治理。该声明对上述各治理主体的权力和责任进行了分配，明确了董事会、管理层、教师的权责范围，引领了美国大学内部治理的改革方向，使美国大学在内部治理结构上形成了类似于"三驾马车"① 的治理模式。

"1966 年声明"发表之后，美国大学教授协会等机构发布了一系列衍生政策，对其进行补充说明和解释。1972 年，该协会与其他机构联合发布了《教师在预算和薪酬事务决策中的角色》，明确教师在财政资源分配决策中的作用；1989 年，颁布了《大学教师在大学体育治理中的角色》，阐述了如何在大学的教师和其他主体之间分配制定体育政策的责任。

美国高校董事会协会也十分关注共同治理问题。作为"1966 年声明"的联合发布机构之一，美国高校董事会协会在 20 世纪末以来陆续发布了一系列的声明，以弥补它认为的"1966 年声明"存在的一些缺陷和不足，并对高校董事会的共同治理责任进行新的界定。例如，1998 年，其发布了《关于高校治理的声明》（以下简称"1998 年声明"），鼓励董事会和行政管理人员审查所属高等院校的治理结构、政策以及实践是否清晰、一致和适当，并根据高等教育 30 年间发生的变化提出了治理原则和良好的实践标准②，申明了大学内部利益相关者参与大学治理决策的指导方针、原则和良好实践做法，指出董事会对高校负最终责任，在处理事务时，董事会应体现出对其他参与主体的期望，如处理事务时征求校长的意见并给予各方表达意见的机会③。2017 年，其发布了《关于共同治理的声明》，以帮助指导董事会及与董事会共同参与大学治理的其他治理主体实现健康和高效的共同治理④。

---

① 别敦荣：《现代大学制度的典型模式与国家特色》，《中国高教研究》2017 年第 5 期。
② "AGB Statement on Institutional Governance," Washington：Association of Governing Boards of Universities and Colleges, 1998, p. 1.
③ "AGB Statement on Institutional Governance," Washington：Association of Governing Boards of Universities and Colleges, 1998, p. 4.
④ "Statement on Shared Governance," Washington：Association of Governing Boards of Universities and Colleges, 2017, p. 5.

除了关注共同治理问题，美国高校董事会协会重点关注董事会治理问题，它积极为董事会治理行为建立良好的实践标准。例如，2007 年，该协会批准通过了《关于董事会问责制的声明》（Statement on Board Accountability），鼓励所有董事会和校长审查所在高校的治理、结构、政策和实践的清晰度、一致性和适当性①；2009 年，该协会发表了《关于利益冲突的声明》（Statement on Conflict of Interest），为董事会的利益冲突管理制定了相关准则和实践指南；2010 年，该协会批准通过了《关于董事会治理责任的声明》（Statement on Board Responsibility for Institutional Governance），用以指导学院、大学和基金会董事会的治理行为，告知其应扮演的角色和承担的责任，并澄清董事会与校长、行政部门、教师群体以及其他参与治理过程的人的关系②；2015 年，该协会发表了《董事会成员受托责任的声明》（Statement on the Fiduciary Duties of Governing Board Members），使董事会成员了解其受托责任的内容，以及如何将其转化为有效的董事会行为和监督方法③。可以说，在改进董事会治理方面，美国高校董事会协会制定的治理准则发挥着不容忽视的重要作用。

3. 高等院校认证标准中的治理准则

如前文所述，美国高等院校认证组织对大学治理层面的认证标准要求经历了一个"从无到有"的过程。自 20 世纪 40 年代以来，高等教育认证组织逐渐将大学治理方面的内容融入其发布的认证标准之中。到 20 世纪后半叶，所有高等院校认证组织的认证标准中基本都明确提出了对治理的要求，高等院校认证标准中的治理准则在美国大学治理准则体系中的地位越发重要。例如，1975 年，中北部地区院校协会高等教育机构认证委员会颁布的

---

① "Statement on Board Accountability," Washington：Association of Governing Boards of Universities and Colleges，2007，head page.

② Association of Governing Boards of Universities and Colleges，"Statement on Board Responsibility for Institutional Governance," https：//agb. org/wp－content/uploads/2019/01/statement_2010_institutional_governance. pdf.

③ "Statement on the Fiduciary Duties of Governing Board Members," Washington：Association of Governing Boards of Universities and Colleges，2015，head page.

首部"认证手册",明确提出申请认证的高校应"拥有一个包括公众代表的治理董事会""拥有一位首席执行官"等要求①。

20世纪末21世纪初,高等教育认证协会组织不断更新完善认证标准,在认证组织颁布的各个最新认证要求中,治理问题所占比重不断增大,对治理的要求更加系统、明确。例如,中部各州高等教育委员会2002年的认证标准中的"标准4:领导和治理"规定:"高校治理体系对高校各个组成部分在政策形成和决策方面的角色进行了清晰的界定。治理结构包括一个积极的有充分自治权的董事会来确保高校的完整性(integrity)和履行它在政策制定和资源开发(responsibilities of policy and resource development)方面的职责,与高校的使命协调一致。"② 该标准要求:"一个界定清晰的学院式治理体系,应有关于行政管理人员和教师治理责任方面的书面政策,且能被高校共同体获取;应有书面的治理文件,例如章程……其中对董事会成员的遴选程序有明文规定;应给学生参与与其有关的决策提供机会;应有一个能够反映内部群体和公共利益的董事会,其规模有助于履行自己的职责,其成员有足够的专门知识,以确保其履行信托责任,且校长不能担任董事会主席,董事会应向委员会保证高校遵守认证资格条件、认证标准和委员会的政策……应委员会的要求披露其信息,包括董事会报酬;应有董事会(和信托团体成员,如果有的话)利益冲突政策,注明可能带来利益冲突的事项;应有利于董事会获取维持和促进学校发展所需的资源;应使新董事了解高校使命、组织和学术项目与目标,也使现任董事不断更新对高校使命、组织和学术项目与目标的理解;应有对董事会在实现自身目标方面进行定期客观评估的程序;校长应由董事会任命,并对高校负主要责任。"③

再以高等教育委员会(原中北部地区院校协会,2014年改组为"高等

---

① 林晓:《美国中北部协会院校认证标准与程序研究》,浙江大学出版社,2010,第140页。

② "Characteristics of Excellence in Higher Education: Eligibility Requirements and Standards for Accreditation," Middle States Commission on Higher Education, 2002, pp. 10-14.

③ "Characteristics of Excellence in Higher Education: Eligibility Requirements and Standards for Accreditation," Middle States Commission on Higher Education, 2002, pp. 10-14.

教育委员会"，即 Higher Learning Commission，HLC）2023 年发布的最新认证标准为例。在该标准的认证资格要求部分，高等教育委员会对申请认证的院校提出了 19 条资格要求，其中 3 条涉及治理方面。例如，第三条要求申请认证的院校有一个独立的董事会，拥有并行使必要的法律权力，以制定和审查管理该机构的基本政策①；第九条要求申请认证的院校有一名由董事会任命的校长，拥有使其能够开展业务的治理和行政机构②；第十四条要求申请认证的院校要有针对学生、管理人员、教师和工作人员的适当的政策和程序③。

在认证标准部分，高等教育委员会共提出了 5 条标准，其中两条属于治理方面的标准。（1）标准 2。其提出了院校治理的伦理道德标准，提出院校要诚信（Integrity）运营，其行为应是有道德的、负责任的，该标准下设 5 个核心组成部分，论述了具体的道德和责任标准④。（2）标准 5。其提出对院校效益、资源和规划的要求，要求院校的资源、结构、流程和规划能够有助于完成院校的使命。这部分主要是对院校管理层的要求，要求院校管理层通过其行政结构和协作过程（administrative structures and collaborative processes），表明它是有效的并使该院校能够履行其使命。该标准还对院校的共同治理提出了要求，要求在适当情况下确保教师、行政工作人员和学生通过有效的合作机制参与到学术资格、政策的制定过程中等⑤。在规定做法（assumed practices）部分，高等教育委员会要求申请认证的院校制定完备的治理政策和程序，如确保董事会和高级管理人员行为符合院校最佳利益的利益冲突政策，以及针对教职员工的招聘和录用政策、个人隐私政策等⑥。

高等教育认证机构关注大学治理的着力点与美国大学教授协会、美国高校董事会协会等协会组织不同，其最终目的不是明确哪一个群体的治理权威

---

① "HLC Policy," Chicago：Higher Learning Commission，2023，p. 5.

② "HLC Policy," Chicago：Higher Learning Commission，2023，p. 7.

③ "HLC Policy," Chicago：Higher Learning Commission，2023，p. 8.

④ "HLC Policy," Chicago：Higher Learning Commission，2023，pp. 11−12.

⑤ "HLC Policy," Chicago：Higher Learning Commission，2023，pp. 15−16.

⑥ "HLC Policy," Chicago：Higher Learning Commission，2023，p. 19.

或维护哪一个群体的治理权益，而是为了通过确保大学实现良好治理，来提高大学的办学质量，因此其关注的大学治理问题比较全面。这部分认证标准也越来越成为美国大学治理准则的重要组成内容。

4. 维护学生群体参与大学治理权益的治理准则

在美国，学生参与大学治理的权利虽然一直未被忽视，但涉及这方面问题的大学治理准则为数的确不多。"1966 年声明"中只是简单提及了学生在大学共同治理中的地位。例如，该声明提到，学生应被给予这些权利，如在课堂上发表言论而不用担心学校的报复，学生应该拥有讨论学校政策和运作问题的自由，并在被指控严重违反学校规定时享有申诉的权利等[①]。1967年，由美国大学教授协会、美国全国学生协会（United States National Student Association，USNSA 或 NSA）、美国学院协会、全国学生人事管理人员协会（National Association of Student Personnel Administrators，NASPA）和全国女院长和顾问协会（National Association of Women Deans and Counselors，NAWDC）的代表组成的委员会制定了《关于学生权利和自由的联合声明》（Joint Statement on Rights and Freedoms of Students），指出作为学术团体的成员，学生应该可以自由、单独或集体地就高等院校政策问题和全体学生普遍感兴趣的问题发表意见[②]。

（二）美国大学治理准则的体系化

总之，自"1915 年宣言"发表以来，随着美国大学教授协会、美国高校董事会协会等老牌高等教育协会组织根据高等教育发展和大学治理形势的变化，与时俱进地对重要的大学治理准则进行补充、更新和完善，以及随着高等教育志愿系统的发展，新的高等教育协会组织不断涌现并发布新的大学治理准则，美国大学治理准则总体数量不断增加，内容日益丰富。可以说，和早期相比，自 20 世纪 60 年代以来，美国大学治理准则的发展突出体现为

[①] American Association of University Professors, *Policy Documents and Reports* (*Eleventh Edition*), Baltimore, MD: Johns Hopkins University Press, 2015, pp. 121-122.

[②] American Association of University Professors, "Joint Statement on Rights and Freedoms of Students," https://www.aaup.org/report/joint-statement-rights-and-freedoms-students.

其不再是零散的一些政策文件，而是变得越来越体系化。这种体系化一方面体现为一个协会组织对自身发表的治理准则的不断完善和优化，进而使其由零散的治理准则文本发展成为一个治理准则体系；另一方面体现在高等教育协会组织作为美国大学治理准则创制主体的沟通与协调能力上。

首先，以高等教育协会组织为单位的治理准则体系化。

以高等教育协会组织为单位的治理准则体系化是指一个高等教育协会组织将自身发表的治理准则进行优化和完善，以至于形成了一个治理准则体系。这方面的典型例子是美国大学教授协会的治理准则。自 1915 年发表第一个治理准则以来，美国大学教授协会不断完善和优化其治理准则的内容与实施体系，随着其发表的治理准则越来越多，其已形成一个体系。自 1968年开始，该协会将自成立以来发布的政策文件、调查报告等结集出版并多次补充修订，这就是著名的"红皮书"（正式书名为《政策文件和报告》）。"红皮书"的主要作用是让学院和大学了解美国大学教授协会的政策导向及具体要求，以便于它们将这些政策转化为本校的政策并贯彻执行。最新版的"红皮书"是第 11 版，由约翰斯·霍普金斯大学出版社于 2015 年出版，厚达 408 页。

按照这些文件之间的关系及其与大学治理问题的关联性，可以将"红皮书"中收录的治理准则分为核心治理准则文件、核心治理准则的衍生文件及其他相关文件。其中核心治理准则文件主要包括"1915 年宣言"、"1940 年声明"和"1966 年声明"三个文件；核心治理准则的衍生文件主要是为了进一步细化和解释上述这些核心治理准则的内容，或为了更好地实施这些治理准则，围绕这几个核心文件颁布的衍生文件有，1999 年通过的《终身教职后评审：美国大学教授协会的回应》、1972 年发布的《教师在预算和薪酬事务决策中的角色》、1973 年通过的《关于集体谈判的声明》（Statement on Collective Bargaining）、1981 年通过的《教师对行政官员的选举、评估和留任的参与》（Faculty Participation in the Selection, Evaluation and Retention of Administrators）、1994 年通过的《教师参与治理与学术自由的关系》等；与核心治理准则相关的其他政策文件是指在"红皮书"中没有被作为"1915年宣言"、"1940年声明"和"1966年声明"的衍生文件，但其内容也和大学治理不无关系的政策文件，如1966年通过的《职业道德声明》（Statement on Professional Ethics）、1990年通过的《关于剽窃的声明》（Statement on Plagiarism）。这些声明阐述了大学教师群体的学术自律责任，督促其坚持职业操守，另外，对于"1966年声明"中关于教师参与大学治理的权利方面的规定是必要的补充，因而也是美国大学教授协会发布的大学治理准则的重要内容。

其次，高等教育协会组织作为大学治理准则创制主体的沟通与协调能力。

作为大学治理准则的创制主体，美国高等教育协会组织从一开始就不是孤军奋战，而是与其他组织密切联合与协作，共同推动大学治理准则的创制、实施、修订、完善。美国最为重要的两个大学治理准则——"1940年声明"和"1966年声明"都是由多个高等教育协会组织联合发布的。这些协会组织与美国高等院校认证机构之间也有着密切的合作，比如美国大学教授协会就十分重视高等教育认证组织在确保教师参与大学治理中的作用，它多次发表声明，阐述教师在大学认证中的角色，并向高等教育认证组织提出建议，或与其就教师参与治理的认证标准如何表述展开研讨或协商。美国大学教授协会与美国高校董事会协会之间就当前背景下如何实现大学良好治理的看法虽然存在一定的分歧，但它们之间的共识远远大于分歧，因此总是保持密切的沟通与合作。协会组织之间的联合与协作不仅稳固了它们作为大学治理准则创制主体的地位和话语权，更重要的是有助于确保大学治理准则的质量，也使美国大学治理准则作为一种软法和私人制度，对美国大学治理实践始终保持着不可忽视的影响力。

第二节　美国大学治理准则文本案例分析

在这一节，我们将"1966年声明""1998年声明"作为美国大学治理准则的典型案例，通过对它们的文本分析，梳理美国大学治理准则的结构及主要内容。

一　"1966年声明"

（一）出台背景

二战后，美国高等教育发展进入了黄金时期，高等教育规模的扩大表现出典型的突进性特征[①]，外部治理结构和内部治理结构也发生了深刻的变革。在大学外部治理方面，美国大学与纯粹的象牙塔的距离渐行渐远，演变成一种世俗化、大众化的公共服务机构；在大学内部治理方面，董事会、校长、教师之间权力的博弈告别了董事会占绝对强势地位的殖民地时代和校长个人魅力占主导地位的"巨人时代"[②]，逐渐形成了以董事会、校长、教师为主体的多元共治结构。

在这样的背景下，1966年，美国大学教授协会、美国高校董事会协会、美国教育理事会联合发表《学院与大学治理声明》（即"1966年声明"），对大学治理主体包括董事会、校长、教师、学生的权利和责任进行了分配，明确了各自的权责范围，将"共同治理"确立为美国大学治理的基本原则，并阐述了共同治理的基本模式。"1966年声明"是美国大学治理准则中最为核心的文件，它不仅有力地形塑了美国大学的治理结构，也对世界其他国家的大学治理改革产生了深远的影响。

（二）文本结构

"1966年声明"一共包括五个部分的内容：第一部分，导言，介绍发表该声明的目的，呼吁学院和大学（为了表述方便，下文统称"高校"）各治理主体要彼此相互理解，并解释了为什么相互理解如此重要；第二部分，指出董事会、管理层、教师、学生和其他主体之间是相互依存关系，这要求这些主体相互之间进行充分的沟通，并采取适当的联合规划和行动；第三、第四和第五部分分别指出了董事会、校长、教师群体在大学治理中的权力和责任，对三者之间的权力分配提出了建议。该声明最后还针对学生群体的地

[①]　周敏：《美国高等教育现代化进程透析》，《苏州大学学报》1998年第4期。
[②]　张斌贤主编《美国高等教育史》（中），教育科学出版社，2019，第174页。

位（status）提出了简单的建议。

（三）文本内容

该声明的五个部分可以归为两个方面的内容，即高校各个治理主体之间为什么需要相互理解和需要进行什么样的共同努力，以及董事会、校长、教师和学生在高校共同治理中的角色、责任和权利。

首先，"1966 年声明"重点解释了高校各个治理主体之间为什么需要相互理解和需要进行什么样的共同努力。在文本中，主要包括第一部分"导言"和第二部分"学术机构：联合努力"两个方面的内容。

"1966 年声明"开篇即阐明了发表该声明的目的，即"该声明旨在唤起对学院和大学治理的相互理解"（This statement is a call to mutual understanding regarding the government of colleges and universities）。这句话应该包含两层意思：一层意思是呼吁董事会、以校长为核心的管理层、教师和学生等相关主体理解大学应该如何治理，另一层意思是呼吁这些群体之间相互理解。它从三个方面解释了相互理解的重要性：（1）相互理解有助于上述群体形成统一观点，一致对外（如立法机构、行政机关等）；（2）有助于维护大学利益；（3）大学社区的各个群体只有相互理解、联合行动，才能提高解决教育问题的能力。

随后，"1966 年声明"从基本考虑、一般教育决策、内部操作和外部关系等四个方面阐述了高校作为学术机构要进行共同努力（joint effort）。它重点指出，尽管共同努力的形式多种多样，但其中至少有两点是明确的：一是在需要采取行动的重要领域，要调动高校内部所有群体的首倡能力（initiating capacity），并使它们参与决策；二是相关群体话语权的大小取决于其在该决策事项上责任的大小。

该声明指出，在一般教育政策的决策上，董事会、校长、教师各有权责，要针对治理政策作出合理的、明确的说明，各个群体的责任、权力的界限以及持续审查的程序都应以正式规章制度的形式作出明确的规定。

在高校的内部治理方面，该声明指出，高校最重要的责任之一是制定和实施长期规划，这要求各个群体之间畅通沟通渠道，区分沟通的制度体系和决策责任体系；在现有或未来实物资源的分配方面，各群体应就资源使用的决策达成一致；在预算问题上，各个群体都要参与预算事项的决策。校长和院长的遴选都要考虑其他群体的意见，其中校长的选举应考虑董事会、教师以及其他参与者的意见，院长遴选应由校长负责，并征询相关教师的意见。

在高校外部关系方面，该声明指出，只有董事会可以代表整个高校发言，董事会成员、校长、教师或学生就一般教育问题或个人所在机构的管理和运作发表讲话的权利是公民权利的一部分。

其次，"1966年声明"阐明了董事会、校长、教师、学生等群体的治理权利、责任、角色职能和基本的治理原则。

（1）董事会。该声明指出，董事会是高校治理的最高决策机构，应该负责监督和评估高校的运营和管理。董事会将管理行为委托给校长或者院长，将教学和研究行为委托给教师。董事会应该制定和实施大学的总体规划与发展战略，确保大学的长期发展和可持续性。

（2）校长。该声明指出，校长对外代表高校，是高校的领导者，负责高校日常管理和运营。具体而言，校长应该制定（订）和实施学术计划与政策，管理大学的财务和资源，以及代表高校与外界进行沟通和合作。此外，该声明还建议校长应该与高校其他领导者、教师和学生等群体进行广泛的协商和合作，以确保决策的合理性和可行性，校长有责任确定高校在管理中所使用的标准和程序是否符合董事会制定的政策和良好的学术实践的标准，也有责任来确保教师的意见包括有异议的意见被呈交给董事会。

（3）教师。该声明指出，教师应该参与高校的决策和管理。在招生、课程设置、学术评估以及教师承担主要责任的其他事项上，董事会和校长应该听取教师的意见；在少数情况下，董事长和校长可以否定教师的观点，但要有令人信服的理由，并且应作出详细的解释。除此之外，该声明还鼓励建立代表全体教师意见的、推动教师参与高校治理的机构，并对该机构的组成方式提出了建议。

（4）学生。该声明分析了学生在高校治理中的地位，指出应该允许学生适度参与治理。学生应有机会在教室中自由发言，不用害怕因为观点问题而被报复，有权自由讨论高校政策和运营的问题，当被指控严重违反校规时，有权要求高校遵循正当的处理程序，与校内其他群体一样，有权选取自己的发言人。

（四）"1966年声明"作为大学治理准则的价值

"1966年声明"是美国最为重要的大学治理准则。它出台于20世纪60年代，这自有它的时代局限性。例如，它没有区分"治理"和"统治"。该声明标题使用的词语government，现在一般译作"统治"，代表一种自上而下的管理结构和权威式的管理方式，但很显然，"1966年声明"使用的government含义其实等同于现在使用的governance，即"治理"，而不是"统治"。在它的文本中也没有提到"共同治理"（shared governance）这个词，代表这个词含义的主要有shared responsibility（责任分担）、joint action（联合行动）、joint effort（联合努力）等，但当人们提到"1966年声明"时，常常将它视为大学共同治理原则和共同治理模式的奠基性文件。站在当前视角来看，它对一些问题的论述也并不全面和深刻，例如，它对为什么大学内部各群体之间需要相互理解的解释显得有些不够全面，对学生在大学治理中地位的论述也过于简略。但它一直被作为美国倡导大学共同治理的核心和权威准则，直到今天仍保持着广泛的影响力，这表明它的确有独特的价值。

（1）它第一次倡导共同治理的价值理念。虽然"1966年声明"没有明确提出"共同治理"的概念，但它整个文本都在倡导共同治理的价值理念。它明确阐述了董事会、校长、教师和学生相互理解、责任分担、联合行动的重要意义，指出学术治理的真谛是"联合努力"，高校各项事务的决策虽然需要其内部群体分别承担一定的责任，但其在承担责任的同时，都需要加强与其他群体之间的沟通与协商，以在达成相互理解的基础上采取联合行动。这一价值理念是如此深入人心，以至于该声明的影响力经久不衰。

（2）它第一次确立了高校各治理主体权责划分的基本原则。声明中提到的"相关群体话语权的大小取决于其在该决策事项上责任的大小"被概括为"首要责任、首要权力"的原则，为人们广泛接受，成为该声明除了共同治理原则之外的又一个重要标准。

（3）它第一次完整地论述了高校各治理主体尤其是董事会、校长和教师的治理权力、责任、角色和职能。"1966 年声明"指出，美国高等教育机构的董事会是学校的最高权威；校长角色是双重的，既是董事会的首席执行官，又是高校和教师的首席学术官；教师在课程、教材、教学方法、研究和与教育过程有关的学生生活问题等领域承担首要责任，因此，应由教师拥有这些领域的评价权和最终决策权，除非在极个别情况下，且是出于与教师沟通的目的，董事会和校长不得干预①。

（4）它树立了其治理原则的权威性。"1966 年声明"在论述高校各治理主体尤其是董事会、校长和教师的治理权力、责任、角色和职能时，用了大量的 should（应该）、must（必须）等表明准则约束力的规范性词语，只有少数情况下用了 can（可以）这样的建议性词语。这意味着它提到的治理原则是具有约束力的软法，只有遵照执行，才算践行了它提倡的共同治理理念。

二　"1998年声明"

"1998 年声明"是美国高校董事会协会于 1998 年发布的一个重要政策文件，该声明主要提出了董事会有效参与大学治理的原则和标准。该声明没有"1966 年声明"那么为人熟知，但也是在谈及美国大学治理准则时经常被提到的一个代表性文件。

（一）出台背景

"1998 年声明"首先陈述了发表该声明的背景。自"1966 年声明"颁布后，美国高等教育发生了很多变化，包括大学的利益相关者群体不断扩大，兼职教师的比重在迅速增加；社区学院的招生规模扩大，拥有全国近一半的高等教育学生；大部分学生群体就读多校区的公立高校系统；国家对公立高校的资助没有跟上招生或成本增加的步伐；由于各个群体（constituents）之间的要求相互冲突、公立高校董事会（public-sector governing boards）的政治化以及频繁发生预算危机，高校校长的平均服务年限有所下降。经过几十年的

---

① American Association of University Professors，*Policy Documents and Reports*（*Eleventh Edition*），Baltimore，MD：Johns Hopkins University Press，2015，p. 120.

变化，人们对高等教育的认知也在发生改变，如公众对高等教育问责的要求增加，特别是在学生的学习成果方面；民选官员加强了对高等教育的审查；高等教育官员对学生兴趣的变化和就业市场需求的变化越来越敏感。许多董事、校长和教师认为，高校内部治理安排已经变得如此烦琐，以至于难以及时作出决策，而小派系往往能够阻碍决策过程；另外，在寻求共识或效率的过程中，治理过程有时会产生一个"最小公分母"（lowest common denominator）的决定，而这并不能充分解决根本问题。这些变化对大学治理提出了新的挑战①。

基于上述背景，美国高校董事会协会发布了"1998 年声明"。该声明不是一个处方式（prescriptive）文件，而是旨在为董事会提供一个关于良好实践和政策指南的模板（a template of good practices and policy guidelines for boards）②。

与"1966 年声明"着重倡导董事会、管理层、教师实行共同治理不同，美国高校董事会协会发布的"1998 年声明"虽然表示继续支持共同治理原则，尊重教师群体的学术文化和学术权利，但也表示高等学校和企业有共同点，因此其声明的重点在于强调董事会的治理权威③。"1998 年声明"的发布标志着美国大学治理理念从教师参与治理到重新强调董事会法人治理的微妙变化，意味着随着 20 世纪 90 年代以来高等教育财政危机的加剧，教师权力日益式微，共同治理原则正在受到越来越多的挑战。

（二）文本结构

"1998 年声明"共包括六个部分的内容，其中第一部分和第二部分指出了美国高等教育在"1966 年声明"发表后 30 年间的变化，阐述了新的治理准则产生的必要性；第三部分提出了董事会治理的七个原则；第四部分提出了董事会治理的六个良好实践标准；第五部分提出了董事会处理与外部利益

① "AGB Statement on Institutional Governance," Washington：Association of Governing Boards of Universities and Colleges，1998，pp. 2-3.

② "AGB Statement on Institutional Governance," Washington：Association of Governing Boards of Universities and Colleges，1998，p. 1.

③ "AGB Statement on Institutional Governance," Washington：Association of Governing Boards of Universities and Colleges，1998，p. 3.

相关者关系的一些建议；第六部分提出了一些应该考虑的问题，以帮助董事会评估其董事、管理层、教师、行政人员和学生参与治理的政策和实践是否清晰、连贯和一致。其中第三和第四部分，即关于董事会治理的七个原则和六个良好治理实践标准是"1998年声明"的核心内容。

（三）文本内容

1. 董事会治理原则

"1998年声明"提出了董事会有效治理的七条原则。

（1）董事会对高校（the institution）负最终责任。董事会对高校的学术诚信、财务问题负责，它可以将某种权力委托给其他利益相关者，但仍保留询问、质疑和偶尔推翻那些与高校使命、诚信或财务状况不相符的决定或建议的权利（right）。

（2）董事会应保留最终的责任和充分的权力（authority）以确定高校的使命，以及与校长充分协商并听取其意见。董事会还有责任通过全面参与规划来确定高校的战略方向。董事会应就战略方向问题与利益相关者努力达成共识或理解。

（3）高校具备企业的许多特点，董事会应确保高校的财务和管理适当注意到普遍接受的商业标准（business standards）。

（4）董事会处理事务的行为方式应该成为高校治理中其他参与者的榜样。董事会应尊重教师群体的独特文化及其在学术界的地位。董事会应全面了解问题，并在适当情况下征询校长意见，给予争论各方表达意见的机会。董事会应阐明其所作决定的理由。

（5）高等教育治理的内部利益相关者越来越多。这些不同的内部利益相关者的参与将因事项和高校文化而异，但董事会制定规则时应考虑非学术人员、非终身教职教师、兼职教师以及学生群体的意见，确保没有任何一个利益相关群体在任何治理领域获得排他性的特权，且对决策所涉主题将使哪些群体获得主要或次要利益做到心中有数。

（6）董事会成员无论其身份来源，都应树立为"整个高校或系统（system）"服务，而不是为高校的"某个特定选区或部分（particular constituency or segment of the organization）"服务的责任意识。

（7）下设多个校区的公立高校系统董事会应清晰界定系统校长、各校校长以及各校内设机构准则治理委员会或咨询董事会（quasi-governing or advisory boards）的责任，明确这些董事会及其官员的权力、责任和期望，并确保给其最大限度的自主权。

2. 董事会治理的良好实践标准

"1998 年声明"提出了董事会治理的六个良好治理实践标准，其主要内容包括以下几方面。

（1）董事会应明确说明谁有权作出何种决定，即它已授权给哪些人或机构，以及这种授权是否要接受董事会的评估。董事会还应保留评估和批准特定学术项目的权力，以及采纳重大新学术项目或取消其他项目的建议权；在资源分配方面，在某些情况下，如果董事会认为需要重新分配资源，而这会导致减少或取消某些项目，则其应要求管理部门创建一个决策流程，其中包括充分的咨询、清晰明确的标准以及与利益相关者群体的充分沟通。

（2）在各种协商和决策过程中，董事会和校长应确定整个过程的最后期限，以避免影响作出决策。

（3）董事会应该从校长那里获取坦率而充分的信息，反过来，董事会也应该为校长提供支持，同时确保其他利益相关者的声音得到倾听。

（4）董事会全权负责校长的聘任和评估工作。

（5）董事会应有意识地努力减少治理主体权力的模糊或重叠领域。董事会和校长应确保对所有政策进行系统性的审查，董事会和高校政策应对"沟通"、"协商"和"决策"加以界定与区分。

（6）在拥有教师集体谈判合同的高校，内部治理安排应与合同的结构和条款分开。如果集体谈判合同涉及教师任期和工作条件（terms and conditions）以及工作人员的雇佣问题，董事会应考虑正式制定一个涵盖工会官员在高校治理中作用的政策。

（四）"1998年声明"作为大学治理准则的价值

（1）重申了董事会的法人治理权威。虽然"1966年声明"也明确指出董事会对大学治理负最终责任，但其主旨是提倡共同治理，而不是董事会的法人治理。在"1966年声明"的倡导下，共同治理成为美国高校的主流治理模式，在这种治理模式下，董事会被视为"外行"，其权威常常被视为名义上的象征性权威，除了聘任、评估、解聘校长之外，董事会不应过多参与高校日常管理。"1998年声明"和"1966年声明"不同的是，尽管它也认为董事会应该向校长和教师授权，但它着重强调的是高校和企业有类似特征，董事会才是高校的最高治理权威。因此，"1998年声明"的主旨在于重申董事会的法人治理权威，明确法人董事会的治理责任和权力，这在一定程度上打破了美国高校的共同治理传统。也正是由于这一点，"1998年声明"的发表被视为美国高校董事会在试图修正自己在"1966年声明"中的立场，因而引起了广泛的关注。

（2）规定了董事会治理的基本原则和良好实践标准，并特别关注了公立多校区高校系统董事会的特殊治理问题，为其提供了良好治理实践指南。

（3）既有解释性、指导性，也有权威性。"1998年声明"对于董事会治理责任和权力进行了较多解释说明，并在此基础上，使用了较多的"should"（应该），强调董事会治理基本原则和良好实践标准的权威性和约束力。

第三节　美国大学治理准则的特征

和其他国家相比，美国大学治理准则出台早，轻形式，重内涵，严实施，具有较高的权威性和较大的影响力，形成了自己鲜明的特征。

一　轻形式、重内涵

如前文所述，美国是世界上最早出台大学治理准则的国家，比其他国家几乎早了一个世纪。在这百年发展史中，美国大学治理准则逐渐形成一个创制主体众多、内容全面丰富的庞大体系。尽管如此，美国大学治理准则却可以称得上世界上最不正式、形式最为随意的大学治理准则。作为大学治理的软法规范，其名称多用声明（statement）、标准（standards），几乎不用 code 这样凸显其"法典"性质的词语。这些以"声明""标准"等命名的治理准则虽然通过情态动词 should、must 的使用强调了自身的权威性，但其通篇所用语言距离真正法律用语的简洁性、严谨性和规范性仍然很远。它们不像真正的法律文本，很少使用法律概念和法律逻辑，主要着重于用通俗易懂的语言叙述"事理"，而不是用"法言法语"描写"法理"、界定和评估法律主体的行为及后果。大多数情况下，它们都是从正面分析、论述大学治理主体的责任、权力（权利）、职能和行为规范，很少同时在一个文本中提出对其组织和行为不当后果的惩戒方式，更没有法律条文中常见的救济条款。在格式上，其也很少按照条款格式写作，没有"总则"、解释和修订条款等内容，很少对各部分及其段落内容使用法律条款式编码，其形式更像是一个研究报告，而不是一个法律规范文本。

美国大学治理准则给人的感觉是形式自由、灵活，不受拘束，在一个声明文本中，虽然创制主体会尽量将其所有意图表述完整，但即便不完整，它们（高等教育认证机构除外）也较少对原来的文本进行修订，而是通过发表新的补充声明、标准和程序来使其更加完善。这种做法缺少了软法本身的法律严谨性，但也使得一些经典的准则文本（如"1966 年声明"）的生命力经久不衰，很好地保护了治理准则的权威性和延续性。

二　体现创制主体治理价值观念，自由主义风格明显

高等教育协会组织是美国高等教育治理体系的重要组成部分，是美国大学治理准则最为重要的创制主体。与很多国家不同的是，在美国大学治理准则文本中，几乎不会提到制定该准则的法律和政策依据，相反，其常常会强调要抵御公共权力部门干预（如前述的"1966 年声明"）。它们倔强地不使用 code 等词语，在某种程度上就是为了表明自己是不同于公共权力部门出台的法律或政策的自律性准则。

　　美国大学治理准则不是为了解释和细化公共权力机构制定的法律条款，而是为了倡导和落实其创制主体的治理价值理念。美国大学治理准则最重要的几个创制主体都有各自的使命和追求。如成立于 1915 年的美国大学教授协会将自己的使命表述为："促进学术自由和共同治理；界定高等教育的基本职业价值观和标准；促进教师、学术专业人员、研究生、博士后以及高等院校所有教学和研究人员的经济安全；帮助高等教育界组织起来实现我们的目标；确保高等教育服务于公共利益。"① 美国高校董事会协会成立于 1921 年，其成员和服务对象主要是美国大学和学院及其下属基金会的董事会成员。因为美国高校董事会的成员属于"志愿者""外行"，在任职高校董事之前，绝大多数缺乏在高校工作的经历，因此担任高校董事对他们来说是一个很大的挑战，极容易犯下治理不当的错误，也非常需要接受相应的专业指导和培训。美国高校董事会协会的使命是"致力于提高公立和私立高等教育董事会的绩效"，以便其作为高校的法定代表机构和最高治理权威，履行好对高校的受托责任（fiduciary duty）。美国教育理事会尽管名字看起来像是一个政府机构，但它是一个标准的高等教育共同体组织，其会员除了学院和大学外，还包括一些高等教育协会，其主要使命是"将高等教育共同体动员起来，以争取提高教育政策的有效性并谋求具有创新性以及高质量的实践"②。这些高等教育协会组织是共同体组织，在它们的认知中，其直接的使命和任务是服务于向自己缴纳会费的会员，间接的使命和任务是通过服务于美国高等教育这一公益事业的发展而最终服务于美国社会和人民，但不是服务于美国公共权力机构，包括政府部门、立法机构等。因此，美国大学教授协会的治理准则主要倡导教师参与大学治理，美国高校董事会协会的治理准则主要指导董事会如何治理高校，高等教育认证机构的治理准则主要规定良好大学治理的认证标准，也就在情理之中了。

① American Association of University Professors, "Mission," https：//www.aaup.org/about/mission-1.
② American Council of Education, "ACE's Mission," https：//www.acenet.edu/Pages/default.aspx.

美国大学治理准则创制上的自由主义风格并不意味着创制过程的随意性。相反，一般来说，很多影响力重大的治理准则（如"1966年声明"）的出台都会经历一个漫长的酝酿过程，在这一过程中，协会组织之间常常通力合作，与政府部门之间的协商、沟通合作也并不鲜见。除此之外，为了确保治理准则能够更好地反映利益相关者的意图和目的，出台一项准则还需要遵循严格的程序。以美国大学教授协会为例。按照该协会章程的规定，出台一项政策大概需要经历三个阶段。（1）起草阶段。由常设委员会聘请专家组成特别委员会负责起草政策草案。（2）评议—修改阶段。这些专门设置的特别委员会将起草的政策文本提交给其上级委员会，即常设委员会。如获认可，将可能公开发表并接受公众评议，收集修改意见和建议。评议期过后，按照公众意见对政策草案进行修改。（3）批准（approval）、采纳（adoption）和背书（endorsement）阶段。政策草案修改完善后，获常设委员会批准、理事会采纳后，由协会年度会议背书，正式成为美国大学教授协会的政策[1]。

三 强实施、重实效

因为主要由高等教育协会组织负责大学治理准则的制定和实施，所以美国大学治理准则是典型的私人制度。一般来说，私人制度的实施机制主要是自愿服从机制、奖励机制、惩罚机制和仲裁机制[2]。美国的大学治理准则和所有的软法规范、私人制度安排一样，依赖于自愿遵守而不是强制服从。它们常常在准则文本中或者通过专门发文倡导会员遵守其发表或认可的治理准则。例如，美国高校董事会协会在《在公共信任中治理：学院和大学的外部影响》这一声明中就明确表示："在批准这个声明时，协会的本意并非让它成为一种命令，而是为董事会提供一个良好行为的模板和政策指南，董事

---

[1] American Association of University Professors, "Constitution of the American Association of University Professors," https：//www.aaup.org/file/AAUP_ Constitution_ 2020.pdf.

[2] 王绽蕊：《美国高校董事会制度：结构、功能与效率研究》，高等教育出版社，2010，第115页。

会可以根据自己的需要来决定是否采纳它。"①"1966 年声明"也明确表示，该声明并不是企图成为一所大学治理的蓝图，也不是为了规制学术机构内部各要素之间的冲突，尽管它的确希望声明中的这些原则有助于改善现存的薄弱之处，以及良好的治理结构和程序的建立②。相比之下，认证机构的治理准则虽然严格来说也由高校自愿选择是否遵守，但接受认证的高校实际上并没有选择权，因为这些认证机构要求申请和接受认证的高校董事会必须接受自己的资格条件、标准和政策，这使得它们带有一定的强制性，这正是认证标准和一般的大学治理准则相比显得比较特殊的地方。

因为没有强制执行力，作为创制主体的高等教育协会组织创造了多种方法督促大学实施其治理准则。美国社区学院协会（American Association of Community Colleges，AACC）大量运用奖励机制激励董事会实行良好治理。美国大学教授协会设立了两个与董事会有关的奖项：拉尔夫·S. 布朗共同治理奖（Ralph S. Brown Award for Shared Governance）和亚历山大·梅克尔约翰学术自由奖（Alexander Meiklejohn Award for Academic Freedom），前者用于奖励美国高校的管理者、董事或董事会在共同治理方面的杰出贡献，后者授予那些为促进学术自由作出了突出贡献的美国学院和大学的行政管理人员、董事或董事会。美国高校董事会协会也于 1980 年设立了一个"出色服务奖"（The Distinguished Service Awards），每年都有一位公立高校和一位私立高校的董事获此奖项③。

但美国大学治理准则的"强实施"并不是体现在它的自愿遵守和奖励机制等方面，而是体现为它设计了惩罚机制。且不说高等教育认证组织对于不能满足其认证标准的高校都有惩罚措施，就连美国大学教授协会、美国高校

---

① "Statement on Institutional Governance and Governing in the Public Trust: External Influences on Colleges and Universities," Washington: Association of Governing Boards of Universities and Colleges, 2001, p. 15.

② American Association of University Professors, "Statement on Government of Colleges and Universities," http://www.aaup.org/AAUP/pubsres/policydocs/contents/governancestatement.htm.

③ "Annual Report 2001," Washington: Association of Governing Boards of Universities and Colleges, 2001, p. 11.

董事会协会这样的共同体组织，也对不遵守其治理准则的高校设计了多种惩罚和制裁（sanction）方式。例如，美国大学教授协会自 1930 年起，开始对不符合其治理理念的高校董事会作出"谴责"（censure）处罚。1991 年，美国大学教授协会的理事会（Council）采纳了学院和大学治理委员会的建议，决定在协会的年度会议上宣布对"严重违背学术治理标准"的高等院校实施制裁（sanction），该协会下属的学院和大学治理委员会于 1994 年 5 月批准通过了明确对问题高校的调查程序的文件，即《学院和大学治理领域的调查标准》。按照这一调查标准的规定，"1966 年声明"及其衍生文件是受理教师申诉、启动调查和作出是否对一所高校实施制裁的最终决定的基本依据，调查工作必须遵循严格的标准和程序，当发现声明中规定的教师集体或个人参与治理的权利受到了严重威胁或损害，经调解无法达成满意的解决方案，该校采取的补救措施无效或者不足，或者诉诸学校的补救措施会使情况恶化或使教师个人受到伤害时，会正式启动调查，且最终调查报告要在协会网站、《美国大学教授协会公报》、年度会议和协会杂志《学术界》（Academe）等平台上公开发布，以便协会会员、一般专业人士和公众了解该校的学术治理情况。自该标准实施以来，已有多所学院和大学遭受制裁，其受到制裁的理由都是"经协会调查，该校管理层或董事会严重违反了协会《学院与大学治理声明》及其衍生文件倡导且被广泛接受的治理标准"[1]。但制裁本身不是最终目的，在发布制裁决定之后，美国大学教授协会仍会与受制裁院校的管理层和相关教师团体保持定期联系，监测（monitor）并报告该院校的学术治理环境改善情况。一旦有证据表明受制裁院校已基本符合协会支持的治理标准，学院和大学治理委员会将审查相关信息，并决定是否向协会年度会议建议结束制裁。有关结束制裁的建议和行动的通知也将公开发布在《学术界》杂志上[2]。

  除此之外，提供信息、知识、培训、学术交流等专业服务也是创制主体

---

① American Association of University Professors, "Sanctioned Institutions," https://www.aaup.org/our-work/shared-governance/sanctioned-institutions.

② American Association of University Professors, *Policy Documents and Reports* (*Eleventh Edition*), Baltimore, Mary land: Johns Hopkins University Press, 2015, pp. 396-398.

推进美国大学治理的重要方式。例如，美国大学教授协会发行了很多出版物，包括红皮书、《美国大学教授协会公报》、《学术界》，同时在全国各地设置了很多分会，以推广、宣传其治理准则，敦促学院和大学务必遵守协会制定的准则和标准。美国高校董事会协会每年都举办全国董事会议，出版双月刊《董事》和每年三期的《要事》以及大量的董事会基本读物或学术著作，并资助相关课题的研究。

加强高等教育协会组织之间的合作，以及向司法部门出具司法建议（amicus brief）也是创制主体推行其治理准则的重要手段。美国大学教授协会和美国高校董事会协会就常常参与高等教育机构认证标准的讨论。20 世纪 60 年代，美国大学教授协会通过了《教师在学院和大学认证中的作用》这一声明，倡导将美国高校教师参与认证评估作为其参与高校治理的重要组成部分。该声明就院校认证活动中如何体现教师参与治理向高等院校和认证机构分别提出了直截了当和中肯的建议。例如，针对高等院校的自我评估，它提出了五条标准，包括起草学术自我评估报告的任务应由一个主要由教师组成并对全体教师负责的委员会承担，院校自评报告要有对该校学术自由、终身教职制度、教师参与治理状况以及教师职业状态和士气的描述等；针对认证机构的认证评估，它提出认证机构的定期入校走访委员会应包括全职教师或研究人员；将院校正式发布的学术自由和终身教职政策是否符合协会"1940 年声明"的主要规定作为其能否通过认证的一个条件等[1]。可以看出，这些建议非常具体且具有针对性，可操作性很强。

创制主体非常重视对大学治理准则的影响力及实施效果进行随访、监督。美国大学教授协会、美国高校董事会协会都曾发起过相关调查，以了解其治理准则的落实情况。美国大学教授协会还在其"1998 年声明"文本中加入了董事会自我评估方面几个"值得考虑的问题"，以确保其确定的原则和良好治理实践标准能够得到落实。

---

① American Association of University Professors, *Policy Documents and Reports*（*Eleventh Edition*），Baltimore, Mary land：Johns Hopkins University Press, 2015, pp. 132-133.

第四节　美国大学治理准则的治理效能

一　美国大学治理准则治理效能的来源

软法效力是美国大学治理准则治理效能的来源。美国大学治理准则具有软法的拘束力、确定力、实现力和保护力。这些治理准则有的属于倡导性规范，有的属于半强制性规范或强制性规范，其软法效力也存在差异。例如，"1940 年声明"规定教师"从事旨在获得金钱回报的研究应建立在与所在院校达成谅解的基础上"①。这类规定"实际上未进行任何权利、义务和责任的配置，不具有拘束力、确定力、实现力、保护力的内容，或者说这些效力内容在量上为零"②。因而属于倡导性规范。"1966 年声明"指出学生有权参与所在院校的共同治理，但没有规定学生如何参与治理以及参与哪些事项的治理，且主要是从保障学生的言论自由、免受报复、受违反校规类指控时应遵守正当程序以及有权指定代言人等方面论述了学生的权利③，这类规定在很大程度上属于半强制性规范，即"向法律关系中较弱的或更容易受到损害的一方提供最低限度保护的规定是强制性的。这种情形中的强制性质常常是单方面的，也就是说，对于这种法规范，不可以作出有损于但可以作出有利于需要保护一方的变通"④。"1966 年声明"在论述以共同治理方式遴选校长时不仅使用了"必须"（must）一词，而且指明遴选新校长需要严格坚持共同治理原则（Joint effort of a most critical kind must be taken when an institution chooses a new president）⑤，这表明它属

---

① American Association of University Professors, *Policy Documents and Reports* (*Eleventh Edition*), Baltimore, Mary land: Johns Hopkins University Press, 2015, p. 14.

② 江必新：《论软法效力—兼论法律效力之本源》，《中外法学》2011 年第 6 期。

③ American Association of University Professors, *Policy Documents and Reports* (*Eleventh Edition*), Baltimore, Mary Land: Johns Hopkins University Press, 2015, pp. 121–122.

④ 江必新：《论软法效力—兼论法律效力之本源》，《中外法学》2011 年第 6 期。

⑤ American Association of University Professors, *Policy Documents and Reports* (*Eleventh Edition*), *Baltimore*, MD: Johns Hopkins University Press, 2015, p. 119.

于强制性规范，具有最强的软法效力。

美国大学治理准则的治理效能还来自它的私人制度属性。作为私人制度，它一方面在公共制度和大学内部治理安排之间起着中介作用；另一方面自成体系，在美国高等教育治理体系中扮演着独特的、不可替代的角色。

二　美国大学治理准则的功能

美国大学治理准则的效能是通过其发挥治理功能实现的。和一般大学治理准则的治理功能一样，美国大学治理准则也分大学层面的治理功能和高等教育系统层面的治理功能两个方面。

在大学层面，美国大学治理准则发挥着治理价值引导、为大学治理提供原则遵循、帮助大学对标最佳治理实践等功能。相对于底线治理，美国大学治理准则更倾向于为大学治理提供最高的治理准则标准和最佳的治理实践指南，与此同时，也注重为底线治理划定严格的边界。例如，它们强调董事会不能将其法人权力委托给任何一个群体，不能干预校长的日常管理，这些都属于底线治理的范畴。

在高等教育系统层面，美国大学治理准则同样具有完善大学法治体系、促进大学良好治理标准化、促进协同治理、完善高等教育治理"工具包"等功能，但因为美国大学治理理念并不时常发生很大变化，因此美国大学治理准则主要是维护传统的大学法人治理、学术自由、共同治理理念，在治理价值理念和治理标准更新方面的功能比较突出。

（一）大学层面的治理功能

以美国大学教授协会的治理准则为例。美国大学教授协会的治理准则在大学层面的治理功能主要表现在以下几方面。

1. 有力保护了美国高校教师的职业权益

美国大学教授协会成立的本意就是为了实现对高校教师权利的救济。它颁布的"1940年声明"、"1966年声明"及其衍生文件，以及关于教师集体谈判的若干声明有力地捍卫了美国高校教师的学术自由和终身教职制度，工资福利待遇和参与治理权等职业权益也得到了有力的保护。有数据显示，美国 97% 的研究型大学和 99% 的四年制学院都在实行终身教职制度①。在一项有关终身教职的研究中，受访的教师一致认为，终身教职制度保障了高校教师的职业安全，保护了教师的学术自由，尤其保护了学术观点与主流意识形态不一致和研究的内容较敏感的教师的学术自由②。它每年都会受理数千个来自会员的求助或咨询③，并及时对会员诉求进行核实，对排斥教师参与治理的院校进行调查。

2. 在督促美国高校实施善治方面卓有成效

美国大学教授协会的治理准则为美国高校实现善治提供了原则指导、标准和规范，很多高校认同其共同治理政策，自发地将其收录在本校的教师手册之中④。尽管一些大学对其制裁置之不理，但还是有很多大学的董事会乐于接受它的奖励，或按照其解除制裁的要求改善自身治理。它对高校政策是否违反其治理准则的精神经常发表专业的意见。例如，佐治亚大学最新修订的教师评估政策规定可以解雇在终身任职后评估中出现问题的终身教授。美国大学教授协会于 2021 年发布调查报告，指出佐治亚大学的这一政策违反了其制定的治理准则，侵犯了教师的职业安全和参与院校共同治理的权利⑤。该协会 2021 年的共同治理调查报告显示，尽管教师参与院校治理的情况仍不乐观，但在统计的大多数高校中，教师在院校规划、课程决策和教师评估、任期等方面的权利与其所发布的治理准则保持了一致⑥，证实了美国大学教授协会的治理准则的确有力促进了高校善治。

---

① 金敏：《美国大学终身教授制度沿革及思考》，《高教学刊》2015 年第 24 期。
② 蒋凯：《终身教职的价值与影响因素——基于美国八所高校的经验研究》，《教育研究》2016 年第 3 期。
③ 陈悦：《美国大学教授协会研究》，硕士学位论文，华中师范大学，2007。
④ American Association of University Professors, *Policy Documents and Reports* (*Eleventh Edition*), Baltimore, MD: Johns Hopkins University Press, 2015.
⑤ American Association of University Professors, "Academic Freedom and Tenure: University System of Georgia," https://www.aaup.org/report/academic-freedom-and-tenure-university-system-georgia.
⑥ American Association of University Professors, "The 2021 AAUP Shared Governance Survey: Findings on Faculty Roles by Decision-Making Areas," https://www.aaup.org/sites/default/files/2021-AAUP-Shared-Governance-Survey-Findings-on-Faculty-Roles.pdf.

（二）高等教育系统层面的治理功能

1. 促进了软法治理体系的建立

正是由于大学治理准则的存在，美国才形成了强大的软法治理体系，这也是美国现代高等教育治理的一个重要特征。美国总统高等教育委员会曾经对高等教育认证组织作出过这样的评价："全国和地区认证协会所做的在很多国家实际上是教育部的工作。它们的工作在法律框架之外，但是几乎和法律一样具有强制性。"① 这实际上是在说认证标准作为软法具有强大的约束力。其他非认证标准类的大学治理准则的约束力虽然不能与认证标准相提并论，但在得到利益相关者认同的情况下，同样发挥着重要的约束和引导作用。

2. 促进了对大学的协同治理

在系统层面，高等教育协会组织、高等教育认证机构之间，以及它们与公共权力部门之间围绕大学治理准则的制定和实施开展了很多合作，这些合作有力地促进了对大学的协同治理。"1940 年声明""1966 年声明"都是几个高等教育协会组织合作创制的。协会组织之间常常互相推荐对方发布的治理准则。2017 年，美国高校董事会协会发布了一份关于共同治理的声明，该声明界定了四个原则，"旨在帮助董事会以及与其合作的人员实现健康且高效的共同治理"②。美国大学教授协会的学院和大学治理委员会对其表示赞赏，认为只有当共同治理得到广泛理解、认可和培育时才能实现其更多的价值③，因此，该委员会积极向美国大学教授协会的会员推荐这份声明，并建议会员提请其所在高校治理董事会和管理层关注这一声明④。

---

① C. W. Cowley, *Presidents*, *Professors and Trustees*: *The Evolution of American Academic Government*, New York: Jossey-Bass Publishers, 1980, p. 145.

② American Association of University Professors, "AAUP Committee Commends AGB Statement on Governance," https://www.aaup.org/file/2017-AGB_ governance.pdf.

③ American Association of University Professors, "AAUP Committee Commends AGB Statement on Governance," https://www.aaup.org/file/2017-AGB_ governance.pdf.

④ American Association of University Professors, "AAUP Committee Commends AGB Statement on Governance," https://www.aaup.org/file/2017-AGB_ governance.pdf.

为促进治理准则的实施和推广，协会间常合作举办研讨会。例如，美国高校董事会协会与中部各州高等教育委员会建立了合作伙伴关系，经常就共同关注的问题举办研讨会。2020 年 2 月，双方举办了"寻找繁荣之道：长期战略伙伴关系以及与私立系统的附属关系"研讨会，会议包括"塑造高等教育的宏观趋势以及与私立系统建立附属关系的趋势""通过认证：标准、要求、政策和程序""如何建立附属关系——找到合作伙伴并制定战略"等七个议题①。同年 11 月，双方再次面向董事会成员、校长、高级管理人员和其他机构领导者联合举办免费在线研讨会，讨论高等教育发展趋势，以及不断变化的联邦法规给认证机构和高校带来的挑战和机遇②。12 月，双方又合作举办了"应用、评估和记录有效的董事会治理"研讨会③。美国大学教授协会和美国高校董事会协会之间一直密切合作，双方共同关注和推动共同治理在高等教育中的发展与实践。如 2016 年，美国高校董事会协会通过询问大学校长、董事会成员和教职员工的意见，了解了共同治理在校园中的运作情况，美国大学教授协会专门举行了一次特别会议来讨论这一调查报告④。另外，高等教育协会组织与公共权力机构方面的协调与互动常常以游说、人员聘任、会议研讨、向法院出具司法建议等方式进行，其中高等教育协会组织出具的司法建议往往以其治理准则为基础，可以说是双方围绕大学治理准则进行合作的一个比较直接的例子。

---

① American Association of University Professors，"AAUP Committee Commends AGB Statement on Governance," https：//www.aaup.org/file/2017-AGB_ governance.pdf.

② Middle States Commission on Higher Education，"Strategies for Student Success and Institutional Stability：A Strategic Webinar for Board Members, Presidents, and Senior Executives," https：//www.msche.org/event/strategies-for-student-success-and-institutional-stability-a-strategic-webinar-for-board-members-presidents-and-senior-executives-no-fee/.

③ Middle States Commission on Higher Education，"Applying, Assessing, and Documenting Effective Board Governance," https：//www.msche.org/event/applying-assessing-and-documenting-effective-board-governance/.

④ Colleen Flaherty，"Shared Governance, Not Shared Power," https：//www.insidehighered.com/news/2016/09/29/survey-presidents-and-board-members-suggests-shared-governance-matters-them-could-be.

第五节　美国大学治理准则建设经验与启示

美国大学治理准则是一个多世纪以来，美国各类高等教育协会等共同体组织协同努力的成果。这些共同体组织创制了大学治理准则，反过来，这些大学治理准则也是这些组织生存和发展的重要资源基础。正是围绕着这些治理准则，这些组织才在美国高等教育体系中建立起强大的影响力。因此，美国大学治理准则建设经验与美国高等教育协会组织建设经验互相交叉，相辅相成。

1. 发达的高等教育协会组织体系是美国形成庞大治理准则体系的组织基础

著名高等教育历史学者修·霍金斯（Hugh Hawkins）曾经指出："人们很少意识到，在这个世纪之交（19 世纪和 20 世纪之交），美国的学院和大学自己发起了一种通过各种各样的院校协会来进行协调的活动，其结果就是——按照美国人的习惯称呼——诞生了一个志愿系统（voluntary system）。"① 美国所有高等教育协会组织都是这一"志愿系统"的组成部分。

美国的高等教育协会组织体系规模庞大。仅在高等教育领域，各种类型的高等教育协会组织都令人应接不暇。事实上，参与创制大学治理准则的高等教育协会组织也不只有本书提到的这几个高等教育协会组织，还有很多其他高等教育协会组织都或多或少介入其中。

美国的高等教育协会组织是依法成立的志愿组织，具有很强的独立性。这种独立性首先表现在隶属关系上——不管在法律上还是在实际管理和运行中，它们都与联邦和州的任何一个政府部门或其他公共权力机构没有隶属关系；其次，财政独立，主要依靠会费和专业活动收入维持生存，不具备参与联邦和州公共财政资金和高校教学科研经费分配的任何直接权力，在美国高

---

① H. Hawkins, *Banding Together*：*The Rise of National Associations in American Higher Education 1887-1950*, Baltimore, MD：Johns Hopkins University Press, 1992.

等教育的利益格局中与公共权力机构、高等院校及其成员以及其他协会组织之间没有专业服务以外的任何经济利益联系；再次，决策和业务独立，可以根据自己的章程自主设置组织目标和宗旨、自主决定自己的治理结构和运行方式，自主聘用协会管理者和工作人员，独立就其专业服务活动进行决策，自主开展调查、研究等。美国高等教育协会组织的独立性使其在制定准则、标准和开展活动时免受外部控制，有助于其在是非判断上坚守理性、客观和中立的立场，并根据高等教育发展进程和教师的需求主动、灵活、自主地开展业务活动。

美国高等教育协会组织属于非营利组织，它们必须严格按照美国联邦税法的规定处置自己的财产，否则就有可能被取消其非营利组织的地位，那样的话，协会也就不复存在了。例如，美国大学教授协会在其 2007 年章程中这样概括自己的组织性质："美国大学教授协会完全是一个非营利的、慈善性质的教育组织。它的任何资产、收入或者利润都不能成为个人利益。假如有一天它不幸解散的话，其资产应转让给在国内收入准则（Internal Revenue Code）规定下被豁免了联邦所得税的、一个或者多个具有同样性质的教育组织。"[1] 正如著名管理学大师彼得·F. 德鲁克（Peter F. Drucker）所言，非营利组织因为不靠"利润动机"驱动，而凭借"宗旨"凝聚和引导，因此其运作管理具有更加实质的内容，"同时也向管理者提出了更高的要求，将其置于不仅要依靠领导魅力，更要依靠组织的凝聚力和宗旨为先的境界"[2]。

此外，参与大学治理准则创制的美国重要的高等教育协会组织十分注重内部治理，有明确的组织章程、完善的内部治理结构、清晰的决策程序、全面的信息公开机制，这也为它们树立了较高的公信力。

在实行高等教育地方自治、崇尚自由、爱好结社的美国，高等教育协会组织的上述特点有助于它们获得来自会员和其他组织、群体及一般公众的信

---

[1] E. Benjamin，"How Did We Get Here? The AAUP's Evolving Emphasis on Collective Bargaining，" https://www.aaup.org/article/how-did-we-get-here#.Y1-BHv1Bz3g.

[2] 王名编著《非营利组织管理概论》，中国人民大学出版社，2002，第 73 页。

任，使其发布的大学治理准则能够为这些群体所接受。因此，发达的高等教育协会组织体系是美国形成庞大治理准则体系的组织基础。如果没有这一发达的、具有较高公信力的高等教育协会组织体系，就没有今天的美国大学治理准则体系。

2. 要确保治理准则的质量和开放性、发展性

大学治理准则之所以得到认可和遵守，首先是因为它是一个高质量的治理工具，能够使大学通过遵守该准则增进治理主体之间的相互理解，提高治理绩效。如果大学治理准则质量不高，无论创制它的主体多么富有权威，都无法使它成为一个真正有效的治理规则。美国大学教授协会等高等教育协会组织发布的"1940 年声明""1966 年声明"，理念清晰、站位高远，内容质量很高。"1940 年声明"与"1915 年宣言"相比，之所以得到了广泛认可，是因为它改进了相关表述，更加全面、公正地论述了各方主体之间的关系。"1966 年声明"虽然文字表述现在看来并不完美，但因为它首倡了共同治理的价值理念，阐述了实行共同治理的基本原则，其重要性没有任何其他治理准则可以取代，因此一直保持着旺盛的生命力和强大的影响力。

随着时代的发展，大学治理问题总是发展变化的，大学治理准则的开放性和发展性是其保持生命力与影响力的关键。美国大学治理准则虽然没有规定定期修订的条款，但这不仅没有阻碍它与时俱进，反而更有利于它不受约束地根据需要进行修订、补充和完善。可以说，不管是否在准则文本中设计定期修订条款，都应该注意保持其开放性、发展性，根据需要及时对其进行修订、补充或完善。

3. 要重视大学治理准则的创制，更要重视大学治理准则的宣传和实施

大学治理准则创制出来之后，只有加强宣传，注重实施，才能发挥它的治理效能。在这方面，美国大学教授协会、美国高校董事会协会树立了一个很好的榜样。尤其是美国大学教授协会，它采取了很多手段和方法来促进会员、专业人士和一般社会公众对其政策和决策的理解，如将政策文件、研究报告结集出版成"红皮书"，定期发布协会公告、定期出版刊物、召开会议等，宣传其治理准则，确保沟通上的高效。

美国大学教授协会并没有满足和止步于发布政策声明，而是致力于将政策理念与大学治理与制度实践相结合，一方面致力于推动大学将其制定的政策与标准有机融入学校的政策和规章制度；另一方面接受教师投诉，对违反其政策理念和治理标准的大学进行谴责或制裁。此外，它还密切关注美国高等教育政策、立法和法院判决等对大学的影响，一旦发现这些政策、立法和判决将会对大学教师的学术自由、职业地位等产生影响，就会尽快采取行动，包括对公共权力部门进行游说，或者提醒其分会、大学对其进行关注和作出反应。这些务实的做法使它能够将理念、政策转化为行动，实现在具体问题层面上与大学和教师的直接对接、联合行动，也使大学感觉它不是高高在上、只会唱高调的上级机构，而是切实与之并肩作战的值得信赖的伙伴。

2023 年，美国大学教授协会推动落实其治理准则的一个最新案例是它对佛罗里达州公立高等教育机构立法和政治活动的抵制行动。2023 年 1 月它组建了一个特别委员会，审查佛罗里达州公立高等教育受到明显的政治、种族和意识形态攻击的问题。通过调查，其得出结论：佛罗里达州公立学院和大学的学术自由、终身教职制度和共同治理理念正面临前所未有的政治和意识形态攻击。这场攻击由佛罗里达州州长罗恩·德桑蒂斯（Ron DeSantis）和共和党在州议会的多数派发起和领导（他们称此行为为一场"改革"），如果持续下去，将威胁到对该州意义重大的高等教育的生存，并对整个国家产生负面的影响。该特别委员会认为佛罗里达州违反了美国大学教授协会的一些原则和标准，包括"1940 年声明"、"1966 年声明"、《关于集体谈判的声明》以及《教师对行政官员的选举、评估和留任的参与》等。它表示将继续对佛罗里达州事件展开调查，并呼吁全国所有专业组织、工会、教职员工和管理人员全力以赴地反对这种"改革"①。

① American Association of University Professors, "Preliminary Report of the Special Committee on Academic Freedom and Florida," https://www.aaup.org/file/Preliminary _ Report _ Florida. pdf.

第五章　欧洲国家大学治理准则研究

如果说美国最早将大学治理准则作为促进大学改善治理的工具是一种历史事实，那么就可以说欧洲最早在理念层面有意识地将大学治理准则作为一种重要的善治工具。这种理念的传播加速了大学治理准则在欧洲乃至全球的普及和流行，使"准则治理"成为近几十年来世界大学治理的一个值得关注的现象。

第一节　欧洲国家大学治理准则的发展

与美国大学治理准则的漫长发展历史不同，欧洲国家大学治理准则的出现只是近 30 年的事情。在 20 世纪 90 年代中期，特别是 21 世纪以来，很多欧洲国家在各种因素的驱动下开始陆续引入大学治理准则，使其成为改善大学治理的一个重要治理工具。

一　大学治理准则的出现与流行

（一）欧洲第一个大学治理准则

欧洲第一个大学治理准则性质的治理文件应该是欧洲一些知名大学校长于 1988 年共同签署的《大学大宪章》。这是为了庆祝博洛尼亚大学建校 900 年以及传承欧洲大学治理文化遗产而发布的一个治理文件，其目的是倡导欧洲国家大学继承并发扬作为欧洲共同遗产的大学自治、学术自由、教学与科研相统一等有关大学治理的主要原则和价值观。这是一个国际层面的大学治理准则，也是国际层面的一个倡导性软法规范。

1995 年，英国大学理事会主席委员会发布了《英格兰和威尔士大学和学院治理机构成员指南》（Guide for Members of Governing Bodies of Universities and Colleges in England and Wales，以下简称"1995 年指南"）。这是欧洲第

一个国家或高等教育系统层面的大学治理准则。该指南虽然只针对英格兰和威尔士的大学和学院，但实际上，苏格兰和北爱尔兰的大学治理机构也参照其内容实施①。

（二）大学治理准则成为流行的善治工具

英国"1995 年指南"发布后，很快掀起了一种准则治理的潮流，很多欧洲国家和欧洲以外的经合组织国家如澳大利亚、南非等都相继发布了自己的大学治理准则，大学治理准则成为流行的善治工具。

1. 英国的大学治理准则

英国大学理事会主席委员会在发布"1995 年指南"之后，又于 1998年、2000 年、2004 年和 2009 年对其进行了修订②。

1999 年，苏格兰高等教育基金会（Scottish Higher Education Funding Council）单独发布了苏格兰的大学治理准则。2000 年，英国大学理事会主席委员会发布的《英格兰、威尔士和北爱尔兰大学和学院治理机构成员指南》（Guide for Members of Governing Bodies of Universities and Colleges in England，Wales and Northern Ireland）所指导的对象不仅包括英格兰、威尔士的高校，而且包括北爱尔兰的高校，但仍然没有包括苏格兰的高校。

2004 年，英国大学理事会主席委员会发布了《英国高等教育治理机构行为指南：治理准则和一般原则》（Guide for Members for Higher Education Governing Bodies in the UK：Governance Code of Practice and General Principles，以下简称"2004 年指南"）。这是该委员会第一次面向全英国的高等教育治理机构成员发布指南。英国大学理事会主席委员会认为，"2004年指南"的发布是一个标志性的事件。该指南发布之后迅速被各高校采纳，成为英国高等教育治理的"金标准"③。虽然"2004 年指南"在发布后又进

①　曾鸣：《英国大学治理机构发展研究》，博士学位论文，福建师范大学，2015。

②　M. Shattock，" University Governance，Leadership and Management in a Decade of Diversificationand Uncertainty，" *Higher Education Quarterly*，2013，67（3）：217–233.

③　"Guide for Members of Higher Education Governing Bodies in the UK：Incorporates the Governance Code of Practice and General Principles，" London：Committee of University Chairs，2009，p. 1.

行了多次修订，但实际上它的主要内容，即"治理实践准则"和"治理基本原则"两个部分的内容变化不大。例如，2009 年，修订后的《英国高等教育治理机构成员指南：结合实践和一般原则的治理准则》（Guide for Members of Higher Education Governing Bodies in the UK：Incorporates the Governance Code of Practice and General Principles，以下简称"2009 年指南"）所增加的内容主要涉及苏格兰和威尔士高等教育系统的变化情况，除此之外，还加入了新的慈善立法方面的内容，但整体来说这些改动的内容属于"治理机构成员需了解的信息"部分，其核心内容还是"2004 年指南"中阐述的治理实践准则和治理基本原则，且基本没有变化。

除了发布与治理机构相关的指南，2014 年，英国大学理事会主席委员会还发布了《高等教育治理准则》，提出了高等教育治理的七大主要原则。

2. 欧洲其他国家的大学治理准则

欧洲其他国家效仿英国，也相继发布了自己的治理准则。其中，丹麦大学董事会委员会（University Boards in Denmark Committee，也称 Nørby Committee）于 2003 年发布了由专家制定的《丹麦良好大学治理建议》（Recommendations for Good University Governance in Denmark），以回应新出台的《新大学法》。该建议强调传统、精神气质和大学作为知识生产组织的重要性，这一点和其他国家的大学治理准则有些不同，但和其他国家大学治理准则相似的是，它也对大学理事会的规模和人员组成、监督校长和战略规划责任，以及理事会工作与校长的日常管理职责有何不同作出了规定。2006 年，荷兰的利益相关者组织荷兰应用科技大学协会（HBO-raad）发布了《应用科技大学治理准则》（Branche Code Governance，Hoger Beroeps Onderwijs）。2007 年，爱尔兰高等教育局（Higher Education Authority，HEA）和爱尔兰大学协会（Irish Universities Association，IUA）联合发布了《爱尔兰大学治理：一个关于立法、原则、最佳实践和指南的准则》（Governance of Irish Universities：A Governance Code of Legislation，Principles，Best Practice and Guidelines）。这些大学治理准则有的创制机构是利益相关者组织，有的是有政府背景的专家委员会。它们的实施要求也不完全一样，有的提出了"遵守或解释"（comply or explain）的实施原则，有的没有提出带有强制性的实施要求（见表6-1），这种不同反映出这些国家虽然同为欧洲国家，但还是存在一定程度的大学治理制度和治理文化差异。

表6-1　欧洲国家的大学治理准则

治理准则名称	制定机构	制定主体性质	出台年份	实施的强制性
《爱尔兰大学治理：一个关于立法、原则、最佳实践和指南的准则》	爱尔兰高等教育局、爱尔兰大学协会	半官方、利益相关者（大学）	2007	低（不遵守时需解释）
《丹麦良好大学治理建议》	丹麦大学董事会委员会	半官方（隶属丹麦教育、技术和创新部的委员会）	2003	无
《应用科技大学治理准则》	荷兰应用科技大学协会	利益相关者（应用科技大学）	2006	低
《英国高等教育治理机构行为指南：治理准则和一般原则》	英国大学理事会主席委员会	利益相关者（大学治理机构）	2004（1995年第一版）	低（不遵守时需解释）

资料来源：F. Henard，A. Mitterle，"Governance and Quality Guidelines in Higher Education：A Review of Governance Arrangements and Quality Assurance Guidelines," Paris：OECD/Directorate for Education Programme on Institutional Management in Higher Education，2010，p4.本表系作者根据该资料信息加工整理而成。

二　欧洲国家大学治理准则发展的影响因素

（一）质量需求的牵引

20世纪80年代以来，欧洲高等教育发生了很多变化，这些变化大都与对确保和提高办学质量的需求有关。

首先，随着各国高等教育由精英化向大众化阶段的转型，欧洲高等教育入学人数大大增加，对公共资金的需求也大大增加。无论是政府还是社会，都需要大学更好地表明它能有效地使用这些公共资金，使学生能够通过大学教育，真正学到服务社会和促进自身成长所需的技能。

其次，高等教育国际化发展使高等教育质量问题更加凸显。一方面，随着欧洲一体化进程的推进，欧洲国家之间的学生流动更加频繁，各国之间除了学制不统一，高等教育质量差距也是不得不正视的问题；另一方面，随着全球化的发展，各国之间的高等教育竞争更加激烈，大学排行榜的流行加剧了各国大学之间的排名竞争，但不幸的是，在作为现代大学源头的欧洲，除了英国，很多国家的大学包括法国、德国等国家的大学，在世界大学排行榜中的排名都远远落后于美国。这种状况也促使欧洲国家不得不反思自己的高等教育体系和教育、科研质量问题。

最后，知识经济的发展使经济发展越来越依赖于知识创造和创新。大学是从事知识生产和创新的重要机构，也是从事科技创新人才培养的重要基地。大学的科研水平和教育质量决定着一个国家的科技创新能力，进而决定着一个国家的核心竞争力。

质量需求的牵引是欧洲国家出台大学治理准则的主要原因。大学办学质量的提升与治理水平和能力的提升密切相关。为了提升大学办学质量，欧洲国家一方面纷纷成立质量保障机构，并加强对大学的问责，但很显然，现代大学发展规律表明，过多的外部监管与大学办学质量的提升之间存在不可调和的矛盾。因此，各国陆续通过立法和实行新公共管理模式给予大学更多自主权，将提高大学治理机构有效性和强化以校长为首的行政管理团队权力作为重要的改革方向，但大学自治与更少的监管不利于对大学的问责，也不利于增强公众对大学治理能力和水平的信任。大学治理准则的出现使欧洲国家找到了填补因监管减少而出现的治理空间的最好工具，也找到了大学由内行（教授组成的学术评议会）治理向外行（更多外行成员组成的理事会）治理转型过程中，平衡外行理事治理权威巨大与治理知识技能欠缺之间矛盾的最好工具。

（二）大学治理问题进一步引发了信任危机

大学是一种按照惯性缓慢发展的学术机构，尤其是在欧洲，传统上教授才是主导大学治理的核心群体，而不是理事会或校长。这种治理结构模式影响了大学对外界需求作出及时有效的反应，越来越显得不合时宜。为了提高大学办学质量，欧洲各国相继出台新的法律和政策，在赋予大学更大办学自主权的同时，增加了校外人士在大学治理机构中的比重，强化了大学治理机构和校长的决策权威。这些改革改变了欧洲大学的治理结构，加强了大学与社会的联系，在一定程度上提高了治理效率，但在实践中也不乏冲突和矛盾。在英国，一些1992年之后成立的大学出现了一系列治理不善的案例，许多大学理事缺乏必要的知识和协商、解决冲突并应对挑战的技能。一项针对1992年后成立的大学的案例研究发现，理事会似乎是"相当无效的机构，似乎对其机构的战略计划和主要治理事项没有任何重大影响，也没有过多参与对高管绩效的监督"。[①] 在荷兰，对高等教育部门学生双重入学问题的调查使该系统名誉扫地[②]。爱尔兰的一些大学也被曝出缺乏透明度、财务管理不善、治理结构复杂、决策过程不一致等治理问题。

大学治理问题引发了政府、大学内部社区和社会公众对欧洲大学治理能力的不信任，而以提升大学治理有效性、督促大学实现善治为目的的大学治理准则是恢复和增强公众对大学治理能力信任的一种很好的机制。通过遵守治理准则，欧洲很多大学治理机构组织运行实现了标准化、规范化，明确了外行理事自身的治理责任，以及何谓最佳的决策方式。因为治理行为有规可依，这大大降低了发生不当治理行为的可能性，大学治理效能得以改善。

（三）全球治理运动与公司治理准则的勃兴

1989年，世界银行用"治理危机"（crisis in governance）一词描述非洲的治理状况，自此引发了全球对于治理问题的普遍关注，在政治、经济、教育等领域，治理研究迅速发展。在欧洲国家，治理理论和新公共管理理论合流，对于大学治理产生了深远的影响，善治（good governance）成为欧洲国家大学治理改革的共同目标。

对大学治理准则产生直接影响的是公司治理准则的发展。20世纪90年

---

① B. Bennett, "The New Style Boards of Governors-Are They Working? " *Higher Education Quarterly* 2002, 56 (3): 289.

② F. Henard, A. Mitterle, "Governance and Quality Guidelines in Higher Education: A Review of Governance Arrangements and Quality Assurance Guidelines," Paris: OECD/Directorate for Education Programme on Institutional Management in Higher Education, 2010, p. 43.

代，欧洲国家的公司同样面临治理危机。在英国，发生了一系列公司倒闭事件。1991 年，英国的财政报告委员会、伦敦证券交易所等机构合作成立了由凯德伯瑞（Adrian Cadbury）爵士担任主席的委员会（即"凯德伯瑞委员会"）。1992 年，该委员会发布了题为《公司治理的财务方面》的报告，以及《公司董事会最佳做法准则》。这是世界上第一个公司治理准则。

英国发布的公司治理准则不仅在英国，也在世界其他国家引起了强烈反响。自凯德伯瑞委员会发布第一个公司治理准则以来，很多国际组织及各国的证券交易所、协会组织、咨询公司等纷纷发表自己的公司治理准则。到 20 世纪初，全球已有多个国家和国际组织颁行多达 183 个公司治理准则[①]。公司治理准则对于提高这些国家的公司治理能力和水平起到了公认的积极作用，成为保护股东和投资者利益的有用的治理工具。这些公司治理准则规定了公司治理机构——董事会治理的原则和规则，强化了公司财务风险控制体系和信息披露要求，创造了自愿遵守、"遵守或解释"等实施机制，为大学提供了很好的软法治理典范。公司治理准则的率先发展使人们认识到治理准则是一种很好的治理工具，有助于提高组织治理质量和绩效，从而直接提高了欧洲国家引入大学治理准则的积极性，它们在制定大学治理准则的过程中，普遍将公司治理准则作为重要的参考。丹麦、英国等国家和地区的大学治理准则都明确承认其借鉴了公司治理准则，其中丹麦更是直接邀请先前起草公司治理准则的拉斯·约翰森（Lars Johansen）担任其高等教育治理准则起草委员会的主席[②]。

（四）关键治理事件

除了上述原因，治理准则在英国的兴起还与一个关键治理事件有关，这就是哈德斯菲尔德大学（Huddersfield University）治理事件。哈德斯菲尔德大学建于 1992 年，因此属于 1992 年后成立的新大学。该大学的治理机构的

---

① 马惠凌：《公司治理准则研究》，硕士学位论文，暨南大学，2006。

② F. Henard, A. Mitterle, "Governance and Quality Guidelines in Higher Education: A Review of Governance Arrangements and Quality Assurance Guidelines," Paris: OECD/Directorate for Education Programme on Institutional Management in Higher Education, 2010, p. 45.

主要决策机构是大学理事会（University Council）和学术评议会，理事会成员兼副校长（vice-chancellor）由理事会任命，对理事会负责。

英国国家审计办公室（National Audit Office）对哈德斯菲尔德大学进行了审计，发现这所新成立大学的理事会向其副校长提供的薪酬组合存在严重问题。除此之外，哈德斯菲尔德大学理事会还利用1992年《继续和高等教育法》赋予它的权力，取消了该理事会的教师和学生代表席位。这在哈德斯菲尔德大学引起了轩然大波。人们认为，理事会中的教师和学生代表席位对其他理事可以起到监督作用，是理事会不可或缺的成员。该大学理事巴尼·希尔曼（Bany Sheerman）先生辩称，按照这一法案，"新大学"无须接受其内部社区问责，因为理事会的外部独立（或外行）成员有权决定谁来做他们的继任者。

哈德斯菲尔德大学的问题与争议是引发英国大学理事会主席委员会发布"1995年指南"的重要治理事件。它使该委员会认识到，英国大学治理机构需要一个治理指南，以免其出现治理不合规问题，同时指导它们更好地治理大学。1994年，人们呼吁该委员会对发生在哈德斯菲尔德大学的治理事件作出回应，并发布一个面向英国所有大学的治理建议[1]。基于此，英国大学理事会主席委员会发布了英国第一个大学治理准则——"1995年指南"。

第二节　英国大学治理准则案例研究

英国是欧洲国家中第一个出台公司治理准则的国家，也是第一个出台大学治理准则的国家。本节以英国大学理事会主席委员会发布的两个治理准则——"2004年指南"和2018年发布的《高等教育治理准则》（2014年）修订版（以下简称"2018年版准则"），分析英国大学治理准则的文本结构和内容。

---

① M. L. S. and Lord Limerick, "Guide for Members of Governing Bodies of Universities and Colleges in England and Wales," *Minerva: A Review of Science, Learning and Policy*, 1995, 33（4）: 373–394.

一　"2004年指南"

如前文所述，"2004 年指南"是英国大学理事会主席委员会以"1995 年指南"为基础制定的一个重要的大学治理准则。虽然在制定之后经历过多次修订，但"2004 年指南"的核心内容一直保持相对稳定，变化较小。因此，"2004 年指南"是英国大学治理准则的核心文件。

（一）制定和发布机构

"2004 年指南"主要由英国大学理事会主席委员会起草，英格兰高等教育拨款委员会参与了编辑和出版工作。威尔士高等教育拨款委员会（Higher Education Funding Council for Wales，HEFCW）、苏格兰高等教育拨款委员会（Scottish Higher Education Funding Council，SHEFC）、北爱尔兰就业和学习部（Department for Employment and Learning in Northern Ireland，DEL）、大学校长协会（Association of Heads of University Administration，AHUA）、校长常设会议（Standing Conference of Principals，SCOP）和 CHEMS 咨询公司（CHEMS Consulting）也对指南的起草和发布作出了很大贡献。

英国大学理事会主席委员会最初是由诺丁汉大学理事会主席于 1986 年召集的一次小型大学主席会议发展而来，成立之初的英文名为 The Committee of Chairmen of University Councils（CCUC）。到 1988 年，该委员会成员中不再只有大学理事会主席，这些大学的副校长也全部成为委员会会员。1993 年，CCUC 与新大学主席常务委员会（Standing Committee of New University Chairmen）合并，英文名称修改为 Committee of Chairmen of University Councils and Boards（CCUCaB）。1996 年，修改为 Committee of University Chairmen 这个名称，2008 年改为 Committee of University Chairs[①]，一直沿用至今。

---

① "Committee of University Chairs（CUC），Earlier the Committee of Chairmen of University Councils and Boards and the Committee of University Chairmen，and Its Predecessor the Committee of Chairmen of University Councils，" https：//archiveshub. jisc. ac. uk/search/archives/aa8a966d - 75ba-3a7e-9629-00ca0e890fe5.

英国大学理事会主席委员会是英国大学治理机构的代表性机构，它虽然注重与政府保持良好的关系，但并非政府机构，而是独立的高等教育协会组织。英国大学理事会主席委员会负责制定和推行英国高等教育治理标准，为大学治理机构就大学治理的所有问题分享建议、经验和专业知识提供平台和机会①，具体来说，其职能主要包括：（1）支持大学自治和独立发展；（2）协助大学治理机构履行其职责，特别是在战略方面；（3）根据治理机构的具体战略责任，发展和加强大学与外部机构之间的良好关系；（4）研究高校如何得到最好的治理，并通过研讨会、出版物、会议和咨询，就大学治理的最佳实践和相关主题进行沟通与交流；（5）就战略问题发展与政府部长的关系并保持联系。

（二）文本结构

"2004年指南"共分为四个部分的内容。第一部分是大学治理的实践准则。这部分内容主要依据《兰伯特评估报告》（Lambert Review）提出的英国高校治理《准则草案》（Draft Code of Practice）而制定。第二部分是关于治理的一般原则。这部分内容所占篇幅较大，主要包括治理机构成员职责、治理的实施与治理机构资源管理规范等三个方面的治理原则。第三部分包括与高等教育系统相关的一些详细的信息，重点是英格兰、北爱尔兰、苏格兰、威尔士高等教育系统的区别；第四部分是附件和一些相关的背景资料。因此，作为大学治理准则，"2004年指南"的核心内容是第一部分和第二部分，其他部分属于支持性和背景性资料。这也是历次修订版本都把指南的前两个部分单独整理成册的原因。

（三）文本内容

1. 关于大学治理的实践准则

在"2004年指南"中，"大学治理的实践准则"的英文是 Governance

---

① "Committee of University Chairs（CUC）, Earlier the Committee of Chairmen of University Councils and Boards and the Committee of University Chairmen, and Its Predecessor the Committee of Chairmen of University Councils," https：//archiveshub. jisc. ac. uk/search/archives/aa8a966d－75ba－3a7e－9629－00ca0e890fe5.

Code of Practice，共包括三部分 17 条准则，其中第一部分"治理机构的角色"包括 8 条准则，第二部分"结构和过程"包括 6 条准则，第三部分"有效性和绩效评估"包括 3 条准则。

首先，关于英国大学治理机构的角色，该准则着重强调任何一所大学的治理机构都必须对大学进行有效治理，它应该确定无疑地作为一个集体负责监督所在高校的活动，决定它的未来发展方向，为高校实现使命营造环境，并最大限度激发所有学生的潜能。每位理事和治理机构自身在任何时候都应该遵照广为接受的公共生活行为标准七原则，即无私、正直、客观、负责、开放、诚实和领导力。治理机构所有成员都必须对整所高校的利益负责，而不能甘为任何一个群体的代言人。

关于治理机构主席和校长。该准则规定，理事会主席负责领导大学治理机构，并对其有效性负责。校长负责高校的管理，以及就高校战略发展方向向理事会提出建议。校长对理事会负责，理事会负责对校长进行评估。

该准则提出治理机构一年开会次数不应少于 4 次，以确保其能够有效履行其职责。它应该制定一个主要责任声明（Statement of Primary Responsibilities），该声明应载明高校的使命、战略愿景、长期规划、绩效指标、校长任命和监督方法、风险管理等具体内容，征得关键个人（理事会主席、校长、各委员会主席等）同意后，在国际互联网和年度报告中公开发布。

其次，关于治理结构和过程，该准则提出，治理机构成员应有相应的知识和经验，以便获得利益相关者信任。治理机构规模应不超过 25 人，其中绝大部分应是来自高校外部的独立理事。理事由提名委员会任命，理事会主席应任提名委员会主席。任命过程应该公开透明。该准则还对理事会主席任命、理事就职和培训、理事会秘书责任和解聘程序作出了具体规定。该准则特别强调，除非是出于保护整所高校或者公共利益的需要，理事会会议记录、所有信息和文件都应该尽可能公开。

最后，关于治理机构有效性和绩效评估，该准则要求，治理机构应依据其发布的主要责任声明以及该准则对其有效性进行定期评估，且评估间隔时间不能超过 5 年。该评估应与学术评议会及其下属委员会评估同时进行。治理机构有效性评估报告和高校年度 KPI 表现报告应在国际互联网及其年度报告中公开。

2. 关于治理的基本原则

在"2004 年指南"中，"治理的基本原则"的英文是 General Principles of Governance。这部分内容是对治理实践准则部分的进一步细化，因而内容更加具体。例如，它规定，治理机构必须设置审计委员会、提名委员会以及薪酬委员会，其中审计委员会负责监督董事会的工作，主要由外部成员组成，其内部成员也应该是没有行政职责的独立人士；薪酬委员会负责对董事会成员特别是资深成员的薪酬进行评估，这个委员会的成员以外部人员为主；董事会外部成员的提名工作应该由专门的提名委员会来完成。该委员会应以外部成员为主，其内部成员中至少应该包括一名大学学术人员。

"治理的基本原则"也包括三部分内容，即治理机构成员的职责、治理的实施以及治理机构资源管理规范。但和治理准则三个部分内容从第 1 条到第 17 条准则连续编号不同的是，基本原则各部分分别编号，其中治理机构成员的职责部分为 1.1~1.12，共 12 个条款，涉及妥善处理公共事务、制定战略规划、有效性及绩效监督、财政、审计、资产管理、人力资源管理、平等与多样性、学生会、健康与安全等方面的原则性要求；治理的实施部分为 2.1~2.64，共 64 个条款，涉及处理公共事务、程序事项、法人决策、理事会主席承担的责任、校长相对于治理机构的角色、治理机构秘书或职员的角色、治理机构成员管理事宜、战略规划、风险管理、授权事项、委员会的设置与处理公共事务的正当性行为、委员的轮调与再委任程序、教职员工与学生在治理机构中的代表性、治理机构运作的公开及透明原则、治理机构有效性及高校绩效评估等，共 15 个方面的基本原则；治理机构资源管理规范部分为 3.1~3.20，共 20 个条款，涉及风险管理与控制、审计以及审计委员会对拨款委员会的要求等方面的基本原则。

因为基本原则部分内容较多，限于本书篇幅，笔者难以尽述，这里仅择其要者，概述其规范性要求。

（1）关于治理机构中的教职员工和学生代表。

"2004 年指南"指出，大学治理机构中应包括教职员工和学生代表，只有在特殊情况下才可以将其排除在外。"教职员工和学生在治理机构中的代表性都很重要，强烈建议治理机构不要行使权力将这些成员排除在外。如果治理机构确实决定将其排除在外，则应在会议记录中正式记录其理由，并应在机构内公布这些理由，同时通知资助理事会。"①

（2）关于治理主体的行为伦理规范。

"2004 年指南"在很多地方强调了大学治理主体的行为伦理规范。例如，它要求治理机构坚持平等性与多样性原则，应"建立非歧视性制度，为员工和学生提供平等和多样化的机会"②。强调治理机构的主席和成员必须公正行事，"正确开展公共事务的核心是，治理机构的主席和成员应公正行事，不受社会或商业关系的影响"③。强调理事会主席应遵守谨慎行事的原则，"主席应当谨慎行事，在不适当的情况下不要以主席名义作出决定，也不要超出治理机构授予的权力范围行事"④。

（3）关于信息公开。

"2004 年指南"特别强调信息公开的重要性。它规定，"治理机构的会议日程、内容应该尽量公开，以确保大学师生的知情权"。"学生和教职员工应能适当获得有关理事机构程序的资料。议程、主席批准的会议记录草稿、理事机构的会议记录以及会议上审议的文件，一般应提供给工作人员和学生查阅。""各高校应保存治理机构所有成员的利益登记册（register of

---

① "Guide for Members of Higher Education Governing Bodies in the UK: Incorporates the Governance Code of Practice and General Principles," London: Committee of University Chairs, 2009, p. 20.

② "Guide for Members of Higher Education Governing Bodies in the UK: Incorporates the Governance Code of Practice and General Principles," London: Committee of University Chairs, 2009, p. 10.

③ "Guide for Members of Higher Education Governing Bodies in the UK: Incorporates the Governance Code of Practice and General Principles," London: Committee of University Chairs, 2009, p. 14.

④ "Guide for Members of Higher Education Governing Bodies in the UK: Incorporates the Governance Code of Practice and General Principles," London: Committee of University Chairs, 2009, p. 17.

interests）。秘书和与治理机构工作密切相关的任何其他高级官员，例如财务总监，也应提交所有的利益详细信息。登记册应公开提供，并应随时更新。"①

（4）关于指南的实施。

"2004年指南"在"治理实践准则"部分，开篇就强调了实施问题。它一方面表示，该准则由大学自愿遵守，但同时又提出，高校应该作出声明：它们已经关注了本准则，并且当高校的治理实践与本准则的特定条款不一致时，应在其有关年度财政审计报告的法人治理声明部分作出解释②。

二 "2018年版准则"

"2018年版准则"是英国大学理事会主席委员会发布的一个重要的大学治理准则。该准则首次发布是在2014年，2018年版是2014年版准则的修订版。

（一）准则出台背景和目的

如果说："2004年指南"等是为了改进英国高等教育机构的治理实践，提高其透明度和治理绩效建立起的一系列规范和指导原则，那么2014年发布的《高等教育治理准则》就是为了适应变化的治理环境和需求而生的。英国大学理事会主席委员会认为，出台这一准则，是因为高等教育机构的良好治理不仅依赖于治理机构本身的治理，还依赖于机构成员之间建立一套以相互尊重、信任和诚实为基础的牢固关系。这是它出台"2014年准则"的初衷。因此，"2014年准则"重申了"2004年指南"中提到的重要治理准则和治理原则，并重点强调了在大学治理中维护高等教育治理价值观的重要意义。从这个角度来说，它相对"2004年指南"的内容有所扩展和完善。"2018年版准则"相对于"2014年准则"稍有创新，但其主体部分仍是"2014年准则"的内容。

---

① "Guide for Members of Higher Education Governing Bodies in the UK： Incorporates the Governance Code of Practice and General Principles," London： Committee of University Chairs, 2009, p. 14.

② "Guide for Members of Higher Education Governing Bodies in the UK： Incorporates the Governance Code of Practice and General Principles," London： Committee of University Chairs, 2009, p. 8.

（二）文本结构

该准则共三个章节，其中第一个章节是引言部分；第二个章节是准则主体部分；第三个章节是附录部分。

引言部分首先详细介绍了该准则制定的目的、性质、意义以及作用对象和范围等；其次，该准则分别从言语表达、实施强度等几个角度，详细介绍了准则的使用规则。

第二个章节，即准则主体部分，主要由三个方面的内容组成，即核心价值观、支持这些价值观的七个主要治理要素以及对大学治理机构如何执行这些要素的说明性指导。

最后一个章节，解释了治理机构的主要职责，以及"必须"（must）、"应该"（should）及"可以"（could）等准则标准用语的含义。

（三）文本内容

1. 高等教育治理核心价值观的重要性

该准则指出，赢得公众信任和维护英国体制声誉的高质量的高等教育依赖于共同的价值观。在治理实践中若不能采纳和践行公认的价值观，其负面影响不会只局限在相关高校的范围之内，而是会潜在地破坏英国高等教育的整体声誉。

2. 高等教育治理的七个基本要素

该准则重点强调了高等教育治理的七个基本要素。

（1）治理机构的角色和职责。该准则规定，"理事机构应明确对机构活动负责，就其职权范围内的根本关切事项作出所有最后决定"[①]。这一规定与"2004年指南"提出的治理准则表述基本一致。

（2）治理机构成员的道德标准。该准则规定，"治理机构希望确保其成员的行为符合最高的道德标准，这些成员在任何时候都必须按照公众生活中公认的行为标准行事，并符合院校的利益。管理机构成员应确保不偏不倚地行事，并遵守集体决策的原则。应通过立法要求管理机构必须采取实际措

---

① "The Higher Education Code of Governance," London：Committee of University Chairs，2018, p. 9.

施，确保学生会或协会以公平、民主、负责任和财政可持续的方式运作"①。

（3）持续性——治理机构与行政部门的合作。它要求治理机构与管理层合作制定学校理事会的使命和策略，以确保学校理事会的可持续发展。此外，需要确保采取适当步骤来实现这些目标，并确保建立有效的控制和风险管理系统。

（4）学术合作与学术自由。该准则规定治理机构应与评议会/学术委员会或其他职能类似机构合作，后者应确保学术治理的有效性，且对学术风险实施有效管理。治理机构必须理解和尊重学术自由原则。

（5）治理机构与校长的合作。该准则要求治理机构和校长共同努力，有效控制和尽职处理高校的重要外部活动。这里所说的外部活动是指高等教育机构与外部实体（例如政府、企业、社区组织等）之间的合作和交往，如项目合作、商业合作、捐赠、合作研究等可能对高等教育机构的声誉、财务状况和整体运作产生重要影响的活动。

（6）多样性和包容性。该准则指出，治理机构必须促进整个高校的平等和多样性。例如，该准则提到"治理机构必须确保有适当的安排，以消除歧视、骚扰行为；促进所有人之间的机会平等和良好关系"②。

（7）有效的治理结构和治理过程。该准则规定，治理机构必须确保治理结构和过程符合公认的良好实践标准，如治理机构中独立的外部成员必须占据大多数，所有成员都应明智地提出问题、建设性地辩论、严肃地应对挑战、冷静地作出决定，并对理事机构会议内外其他人的观点保持敏感等。

3. 关于准则的实施

虽然该准则使用了大量的 should、must 等词语来表述其规范要求，但它没有"遵守或解释"方面的规定。准则中明确指出："由于认识到行业的多样性和自主性所带来的力量，治理机构可以自由地通过适合自身情况的手段

---

① "The Higher Education Code of Governance," London：Committee of University Chairs, 2018, p. 13.

② "The Higher Education Code of Governance," London：Committee of University Chairs, 2018, p. 23.

和机制来实现'必须'声明的期望，并且不需要报告与准则所说明的安排不同的情况；然而，治理机构成员希望了解这些替代机制是什么，以及为什么它们比准则内确定的例子更合适。采用本准则的高校没有义务报告是否或如何使用本准则。"①

第三节　爱尔兰大学治理准则案例研究

爱尔兰大学治理准则和英国大学治理准则既有相同之处，也有一些值得关注的差异。这里以爱尔兰高等教育局与爱尔兰大学协会 2019 年联合发布的《爱尔兰大学治理准则（2019）》（Code of Governance for Irish Universities 2019，以下简称"2019 年准则"）为例，对爱尔兰大学治理准则的文本结构和内容进行分析。

1. 发展演变过程

1997 年，爱尔兰颁布了《大学法》，确立了大学善治的基本原则。2001 年，高等教育局和爱尔兰大学校长会议（the Conference of Heads of Irish Universities，即现在的爱尔兰大学协会，Irish Universities Association，IUA）依据该法案，共同发布了《爱尔兰大学的财务治理：平衡自主权和问责制》框架，这是双方合作出台的第一个对大学治理有约束力的政策文件。在此基础上，2007 年，高等教育局和爱尔兰大学协会又发布了《爱尔兰大学治理：一个关于立法、原则、最佳实践和指南的准则》②，将大学的规范化治理要求扩展到大学活动的各个方面③。这是爱尔兰第一个以"大学治理准则"命名的文件，因此可将其视为爱尔兰第一个大学治理准则。

---

① "The Higher Education Code of Governance," London：Committee of University Chairs, 2018, p. 7.

② M. F. O'Malley, "University and the State in Ireland：From a Negotiated Exchange Relationship Based on Trust to Prescriptive Requirements in University Governance," Ph. D. diss. , National University of Ireland Maynooth, 2012, p. 517.

③ M. F. O'Malley, "University and the State in Ireland：From a Negotiated Exchange Relationship Based on Trust to Prescriptive Requirements in University Governance," Ph. D. diss. , National University of Ireland Maynooth, 2012.

2009 年 5 月，爱尔兰财政部以前述 2001 年框架为基础，发布了《国家机构治理实务守则》，以反映当前治理方面的最佳做法。2016 年 8 月，为了确立法人治理的最高标准，为最佳实践的应用提供一个框架，以及在准则中纳入新的监督、报告要求和董事会成员任命要求，爱尔兰公共支出和改革部发布了修订后的《国家机构治理行为准则》。2017 年，爱尔兰大学协会开始修订《大学治理准则》，以使其与修订后的 2016 年《国家机构治理行为准则》保持一致。

2. 准则发布机构

"2019 年准则"是由爱尔兰高等教育局协助爱尔兰大学协会制定的。爱尔兰大学协会是爱尔兰的高等教育协会组织，其成员是爱尔兰的 8 所大学，它们分别是都柏林城市大学（Dublin City University）、梅努斯大学（Maynooth University）、都柏林圣三一学院（Trinity College Dublin）、都柏林工业大学（Technological University Dublin）、科克大学（University College Cork）、戈尔韦大学（University of Galway）、都柏林大学（University College Dublin）、利默里克大学（University of Limerick）。

在爱尔兰大学协会官网上，提到其办会目标是"协调爱尔兰大学的共同利益和政策，促进高等教育的发展"，以及"在政策制定、资源分配、大学合作、国内外关系等方面为爱尔兰大学提供指导和支持，代表爱尔兰大学与政府、相关机构以及国际组织展开对话与合作，推动高等教育的发展和提升爱尔兰大学的声誉与国际地位。它还在教育研究、学生支持和质量保障等方面提供服务和资源"①。

爱尔兰高等教育局隶属于爱尔兰政府教育与技能部（Department of Education and Skills），负责监督和管理爱尔兰的高等教育体系，在高等教育和研究方面负有法定的规划和发展责任②。它成立于 1971 年。依据 1971 年

---

① Irish Universities Association, "The Voice of Irish Universities," https：//www. iua. ie/.
② E. Hazelkorn and V. Massaro, "A Tale of Two Strategies：Higher Education and Economic Recovery in Ireland and Australia," *Higher Education Management and Policy*, 2011, 23（2）：1-24.

《高等教育局法》（Higher Education Authority Act）、1997 年《爱尔兰大学法》（Irish Universities Act）和 2006 年《技术学院法》（Institutes of Technology Act），"高等教育局的主要职能是将议会提供的资金分配给公立高校；协助、协调国家对高等教育的投资，并编制此类投资的建议；进一步发展高等教育；促进高等教育机会平等；促进高等教育结构的民主化；对大学的战略规划、平等政策和质量保证程序进行审查，并公布审查报告；促进相关主体在高等教育中实现和保持卓越的学习、教学和研究"①。高等教育局对高等教育系统的有效治理和监管负有法定责任，负责领导爱尔兰高等教育和研究系统的战略发展方向，以"创建一个涵盖使命不同高校的连贯系统，满足爱尔兰及其人民的社会、文化和经济发展需求，并支持实现国家目标"②。爱尔兰高等教育局与爱尔兰大学协会就政策制定、资源分配、大学治理等方面进行密切合作，共同制定（订）相关政策和计划。

3. 文本结构

"2019 年准则"体系庞大，全文共 165 页，包括 11 个方面的内容，分别是前言、引言、关于准则、监督协议、遵从性要求、遵从或解释、大学立法及相关立法框架、1997 年法案、治理框架、术语表及附录，其中治理框架（governance framework）是该准则的主体内容，由治理机构（Governing Authority）的角色，理事会主席的角色，理事会成员的角色，治理机构有效性，行为准则、公共办公室伦理以及治理机构成员附加性利益披露和保护性披露要求，事务和财务报告，风险管理与内部控制及内部审计和/或风险管理委员会，与国家议会、各部部长、教育与技能部以及高等教育局的关系，薪酬和养老金，高质量服务宪章（Quality Service Charter）等 10 项内容，其中每一项内容都由指导原则（guiding principle）、准则条款（code provisions）

---

① Higher Education Authority，"A High Performing Higher Education System Is an Essential Requirement in the Development of Creative，Entrepreneurial People and the Creation of New Knowledge to Support Social，Cultural and Economic Development，"/https：//hea. ie.

② Higher Education Authority，"A High Performing Higher Education System Is an Essential Requirement in the Development of Creative，Entrepreneurial People and the Creation of New Knowledge to Support Social，Cultural and Economic Development，"/https：//hea. ie.

组成。每一部分的准则条款单独编号。以"高质量服务宪章"部分为例。该部分是本准则"治理框架"的第 10 项内容，其准则条款包括 6 个方面的内容，编号格式为 10.1～10.6。

4. 文本内容

"2019 年准则"文本的 11 个部分可以归为 3 个方面的内容，即准则性质、法律依据和实施办法说明部分，准则主体部分，准则附录部分。下面将重点针对前两部分进行说明。

（1）准则性质、法律依据和实施办法说明部分。

"2019 年准则"文本明确指出，该准则是爱尔兰大学法人治理准则，而不是学术治理准则。制定该准则的基本法律依据是 1997 年颁布的《爱尔兰大学法》，因此，该法案有关大学治理的内容直接构成了"2019 年准则"文件的重要组成部分。它表明，"这是一份自愿性守则"①，但另外，又要求大学"遵守或解释"②，而在某些情况下，如果准则规定的这些条款的目标可以通过其他治理措施实现，大学就可以获得针对本准则特定条款的豁免权。任何违反该准则规定的大学都应在其与高等教育局的监督协议中作出解释性说明，并明确解释豁免的原因。

（2）准则主体部分。

"2019 年准则"主体部分是治理框架部分。这部分的内容和英国大学治理准则有很大的相似之处。例如，关于大学治理机构的角色，该准则依据 1997 年《爱尔兰大学法》的相关条款，详细规定了爱尔兰大学治理机构的组织方式、职能和责任，指出大学应由一个有效的治理机构领导，该机构对大学的长期可持续发展负有集体责任。"应维护治理机构的集体责任和权威。应避免个别成员对管理当局决策产生过大影响，同时让管理当局成员有

---

① Irish University Association and Higher Education Authority, "Code of Governance for Irish Universities 2019," HEA/IUA, Ireland, 2019, p.5.

② Irish University Association and Higher Education Authority, "Code of Governance for Irish Universities 2019," HEA/IUA, Ireland, 2019, p.63.

机会充分参与相关审议工作。"① 该准则明确了大学治理机构的职能和责任，包括制定和监督大学的整体战略、目标和政策，审查和指导战略方向和主要行动计划、风险管理政策和程序、年度预算和业务计划，设定绩效目标并监督其落实，监督主要资本支出和投资决策以确保大学的长期可持续发展，促进学术自由和学术道德，等等。例如，该准则规定，"在治理机构和管理大学的行政机构之间应该有一个明确的责任分工。任何个人都不应该拥有不受约束的决策权"②，"大学生作为治理机构的成员的任期不应超过一年，但经治理机构决定，其任期可以延长一次或多次，每次不超过一周"③。

该准则要求治理机构设置审计和/或风险管理委员会以及其他委员会。"委员会的成员应由高等教育局任命，委员会应至少由三名成员组成。在任命成员时有以下规定：应考虑成员的技能和独立性，其中至少有两名成员是教育局的外部成员，至少一名成员不必是教育局成员，但可以是大学外部成员。至少有一名成员应具有相关财务经验。教育局的首席干事和主席不应是委员会的成员。在大学内部负有责任的管理机构成员不应成为委员会成员；理事机构成员的任期届满后，有资格连任。"④

该准则要求治理机构应定期举行会议，以有效行使其战略治理职能；理事机构会议的法定人数应为成员总数的 1/3，四舍五入至最接近的整数加一；各管理机构应根据情况不时从其成员中任命一名成员（首席官员除外）为其副主席；理事机构应在主席决定的时间举行会议；主席应在不少于法定人数的成员提出要求时召开管理机构会议。"主席和秘书

① Irish University Association and Higher Education Authority, "Code of Governance for Irish Universities 2019," HEA/IUA, Ireland, 2019, p. 25.

② Irish University Association and Higher Education Authority, "Code of Governance for Irish Universities 2019," HEA/IUA, Ireland, 2019, p. 8.

③ Irish University Association and Higher Education Authority, "Code of Governance for Irish Universities 2019," HEA/IUA, Ireland, 2019, p. 12.

④ Irish University Association and Higher Education Authority, "Code of Governance for Irish Universities 2019," HEA/IUA, Ireland, 2019, p. 151.

负责有效管理本机构的议程，并确保有足够的时间讨论所有议程项目，特别是战略问题。主席和秘书应在管理当局会议召开之前会面，就议程达成一致。"①

该准则要求爱尔兰大学治理机构"每年向高等教育局确认该大学有适当的内部和财务控制系统"②。"治理机构应审查大学采取的控制措施和程序，为自己提供合理的保证，确保这些控制措施和流程足以让大学遵守其法定和治理义务。"③ 它要求大学治理机构成员披露所有构成真实或潜在利益冲突的风险，以及披露可能严重影响其成员履行职责，或损害公众对大学信心的所有相关利益（家庭、财务或其他）冲突风险。

该准则指出，所有治理机构成员对大学负有信托义务（即本着诚信和为大学最大利益行事的义务），因此，应"本着治理机构成员认为符合大学利益的善意行事；对大学事务的处理诚实负责；考虑到大学成员的利益；除非大学章程允许，或股东大会通过决议，否则不得从大学财产、信息或机会中获益，或将其用于自己或他人的利益等"④。该准则提出了针对治理机构成员的道德标准："治理机构应在充分了解情况和合乎道德的基础上，本着诚意，以应有的努力和谨慎行事，并以大学的最大利益为出发点，适当考虑到其法律责任和政府制定的目标。"⑤ "治理机构在确立大学的道德基调方面发挥着关键作用，不仅通过其自身的行动，还通过为高级管理人员和员工树立榜样来发挥作用。高道德标准符合大学的长远利益，也是帮助大学维持高水平信誉和可信赖性的关键手段。管理当局应以身作则，确保良好的管治标

---

① Irish University Association and Higher Education Authority, "Code of Governance for Irish Universities 2019," HEA/IUA, Ireland, 2019, p. 31.

② Irish University Association and Higher Education Authority, "Code of Governance for Irish Universities 2019," HEA/IUA, Ireland, 2019, p. 26.

③ Irish University Association and Higher Education Authority, "Code of Governance for Irish Universities 2019," HEA/IUA, Ireland, 2019, p. 40.

④ Irish University Association and Higher Education Authority, "Code of Governance for Irish Universities 2019," HEA/IUA, Ireland, 2019, p. 33.

⑤ Irish University Association and Higher Education Authority, "Code of Governance for Irish Universities 2019," HEA/IUA, Ireland, 2019, p. 33.

准和道德行为渗透到组织的各个层面。"① 该准则指出，所有治理机构成员都应就大学的战略、业绩、资源、关键任命和行为标准等问题作出独立判断。这需要以充分的信息为基础，因此，"大学治理机构应采取一切必要措施，使自己了解任何相关信息，并在必要时访问所有信息"②。反过来，"高校应及时向治理机构提供适当质量的信息，使治理机构成员能够充分地履行职责"③。

该准则强调了对话、开放和辩论等协商文化的重要性。"对话对管理当局的有效运作至关重要，这既是建设性的，也是具有挑战性的。主席应通过鼓励主要管理层和所有理事机构成员做出有效贡献，建构开放和竞争的文化环境。"④

此外，该准则强烈建议"所有大学为治理机构成员和员工发布书面行为准则。这些准则应通过参与的方式制定，并应得到主管当局的批准，同时应全面考虑 1997 年《公职道德法》、1995 年《公职伦理法》和 2001 年《公职标准法》的所有相关规定的影响"⑤。"行为准则应包含对准则的性质、意图和适用范围的描述，以及对指导原则和义务的声明。"⑥ 这和英国"2018 年版准则"中要求大学治理机构发布"主要责任声明"异曲同工。

① Irish University Association and Higher Education Authority, "Code of Governance for Irish Universities 2019," HEA/IUA, Ireland, 2019, p. 33.

② Irish University Association and Higher Education Authority, "Code of Governance for Irish Universities 2019," HEA/IUA, Ireland, 2019, p. 29.

③ Irish University Association and Higher Education Authority, "Code of Governance for Irish Universities 2019," HEA/IUA, Ireland, 2019, p. 39.

④ Irish University Association and Higher Education Authority, "Code of Governance for Irish Universities 2019," HEA/IUA, Ireland, 2019, p. 39.

⑤ Irish University Association and Higher Education Authority, "Code of Governance for Irish Universities 2019," HEA/IUA, Ireland, 2019, p. 47.

⑥ Irish University Association and Higher Education Authority, "Code of Governance for Irish Universities 2019," HEA/IUA, Ireland, 2019, p. 46.

第四节　欧洲国家大学治理准则的特征与治理效能

一　欧洲国家大学治理准则的特征

欧洲国家的大学治理准则都是 20 世纪 90 年代以后出台的大学治理工具，有着类似的出台背景、影响因素，总体来说存在很多共性特征。

（一）共性特征

1. 语言和格式规范相似

与美国相比，欧洲国家大学治理准则名称更喜欢直接用"指南"（guide）、"准则"（guidelines、code）这样的词语，而不是像美国那样喜欢用"声明"（statement）来命名大学治理准则。这些国家大学治理准则的形式要件看起来比美国大学治理准则更完备，也更为"标准化"，文本结构、语言表述方式、准则编码方式也都比较相似。它们用 should、must、can 等不同的词语表明条款的约束力，对治理准则不同的条款进行简单编码，使其看起来清晰明了，但这种编码与真正的法律条款编码方式相比，又显得比较简单。它们通常在准则文本后面附上术语表，对准则文本中用到的关键词语和术语进行专门的解释，从而突出了准则作为软法规范的严谨性。

2. 重点规范对象相似

因为传统上欧洲大学主要由学术权力主导大学治理，由治理机构作为一个集体权威负责大学治理对于欧洲大学来说还是比较新的做法，这些由独立外行理事主导的治理机构对于如何实施有效治理还缺乏相应的知识、经验和技能。这些国家之所以出台大学治理准则，在很大程度上是因为这些外行理事不了解大学学术文化和大学治理的特殊性导致的大学治理问题，亟须创制一个良好治理标准和准则对他们加以指导。这也是这些国家更喜欢使用 guidelines、code，而不是像美国那样使用 statement 来命名其治理准则文件的原因。因此，欧洲大学治理准则普遍重在规范大学的法人治理，而不是学术治理。它们把提升大学治理机构治理的有效性作为创制治理准则的主要目标，因此即便英国"2018 年版准则"和爱尔兰大学治理准则都以"高等教育治理准则"或"大学治理准则"命名，但其重点仍在于规范大学法人的最高治理机构——英国统称为"governing body"，爱尔兰统称为"governing authority"，而不是大学的学术治理机构 senate。

3. 核心内容相似

欧洲各国的大学治理准则文本结构虽然不尽相同，但其核心内容都是大学治理准则和治理原则，且具体条款内容和表述方式都基本相似。例如，都首先规定大学治理机构的角色，要求治理机构作为一个集体对大学治理和发展负领导责任，同时要求严守与校长之间的权力边界。它们都明确治理机构成员应诚实、勤勉地履职，严格披露个人利益情况，在决策过程中作出独立和负责任的个人判断；都重视控制治理机构规模的重要性，重视治理机构次级委员会建设，尤其是对审计委员会、提名委员会等重要的次级委员会的组织运作方式作出了具体规定；都重视权力问责、治理有效性评估和透明度问题，并在准则中作出了专门的规定。

但对于治理准则和治理基本原则有何不同，英国和爱尔兰似乎给出了不同的答案。在英国"2004 年指南"中，17 条治理准则代表着一种最佳治理实践做法，要求所有大学都应遵守，治理的基本原则更为具体，可以在遵守或者解释之间作出选择。在爱尔兰"2019 年准则"中，指导原则处于必须遵守的地位，准则条款则十分具体，大学在遵守或解释之间可以有所选择。

4. 大都采取"遵守或解释"的实施原则

"遵守或解释"是英国 1992 年在凯德伯瑞报告中提出的实施公司治理准则的原则。这一原则提出后被很多国家采纳。欧洲国家在大学治理准则的实施方式上也普遍采用了这一原则，即"要么遵守，要么解释"。

"遵守或解释"虽然带有一定的强制色彩，但其前提仍是"自愿"。英国和爱尔兰的大学治理准则在提出"遵守或解释"原则的同时，都强调了遵守的自愿性。因此，从本质上来说，大学是否遵守这些治理准则，并不是强制性的，它们主要是提供一种指南和最佳实践标准，供大学对标和参考。英国"2004 年指南"和爱尔兰"2019 年准则"都给出了大学对标的方法，即基于本校的实际情况制定大学层面的准则性声明，作为对标国家大学治理准则的治理工具。可以说，这是一种旨在良好治理标准的统一性和大学自身情况特殊性之间保持平衡和灵活性的实施方法，充分体现了大学治理准则的"软法"的性质。

（二）欧洲国家大学治理准则的差异

除了上述共性特征，欧洲国家的大学治理准则也存在一些值得关注的差异。例如，从上文的案例分析中可以看出，英国和爱尔兰的大学治理准则在以下几个方面有所不同。首先，创制主体不同，英国大学治理准则由独立于政府部门的高等教育共同体组织创制，爱尔兰大学治理准则由政府部门和高等教育共同体组织联合创制；其次，对大学治理准则与法律之间边界的态度不同，英国大学治理准则和美国大学治理准则一样，主要从大学实现良好治理本身的目标出发，不强调创制准则的法律依据，爱尔兰大学治理准则不仅十分强调其与大学法案之间的关系，而且直接将 1997 年《爱尔兰大学法》的相关条款作为准则文本的重要组成部分；最后，在准则的实施上，英国和爱尔兰的大学治理准则虽然都强调"遵守或解释"的原则，但英国只要求大学向大学治理准则发布机构——英国大学理事会主席委员会作出解释，而爱尔兰还要求大学向高等教育局作出解释。可以说，同为大学治理的软法规范，爱尔兰大学治理准则带有更多的国家部门法色彩，有一定的强制性，是私人制度和公共制度的混合物；英国大学治理准则主要是一种行业自律规则，和美国大学治理准则一样，主要是一种私人制度安排。

二 欧洲国家大学治理准则的效能

鉴于欧洲国家大学历史的复杂性、高等教育治理体系的多样性，很难对其大学治理准则的效能作出统一的评价。因此，这里仍以英国和爱尔兰为例，对欧洲国家大学治理准则的效能进行简要分析。

（一）英国大学治理准则的效能

如前所述，英国大学理事会主席委员会发布的大学治理准则虽然坚持"遵守或解释"的原则，但它们并不是强制性的治理准则，大学是否遵守仍然靠自愿。也正是因为这个原因，并不是所有的英国大学都必须依照这些治理准则来制定本校的"主要责任声明"，也不是所有的大学都必须遵守这些准则。除了英国大学理事会主席委员会发布的这些大学治理准则，英国大学还可以借助别的手段改善大学治理，如借助善治研究院（Good Governance Institute）的《慈善组织治理准则》或者大学内部的某些治理改革文件来规范和改善自身治理。因此，不能过分夸大英国大学理事会主席委员会发布的这些治理准则的效能。尽管如此，它们对于英国大学治理产生的影响仍然是巨大的。

首先，它们对于1992年后成立的新大学来说，是及时有效的治理工具。1992年出台的《继续和高等教育法》赋予这些新大学的治理机构而不是学术评议会最高治理权威，且来自商业公司的外行独立理事占据了大学理事会的绝大部分席位。这是英国1985年《加勒特报告》、1998年《迪尔英报告》和2003年《兰伯特回顾》等一系列重要的高等教育政策报告所倡导的趋势，英国大学理事会主席委员会"2004年指南"将上述报告尤其是《兰伯特回顾》中提出的重要治理改革建议转化为治理实践准则和基本治理原则的形式，针对大学治理机构的角色、责任、权限、组织运行模式等提出了具体的规范要求，这对于1992年后大学的治理机构来说意义重大。例如，直接导致"2004年指南"出台的哈德斯菲尔德大学改进了其大学治理方式。当前，该大学每年都按照英国大学理事会主席委员会发布的《高等教育治理准则》对理事会治理有效性进行评价，确保其治理符合该准则"必须"条款的规定，并针对"应该"和"能够"条款的落实情况制定相应改进措施①。

其次，很多1992年前成立的大学如帝国理工大学、卡迪夫大学、巴斯大学等也将英国大学理事会主席委员会的《高等教育治理准则》作为提升自身治理有效性的工具。在英国，有个别调查问卷涉及大学治理准则有效性评价问题，大多数接受调查的大学认为治理问题"重要或非常重要"，而治理准则是"良好做法的典范"，一些大学认为这是一种"有用的刺激"，或

---

① University Council, "Minutes," https：//hud. ac. uk/media/universityofhuddersfield/vcocon fidentialdocuments/councilminutes/UC 2019_ 11_ 27_ M_ Redacted. pdf.

者认为它是"有用的参考来源"①。有证据表明，英国大学理事会主席委员会的治理准则对英国大学治理产生了重要影响。在 1997～2000 年至少 96% 的英国大学对其大学治理结构或对大学治理机构的效率进行了审查：有 44 所大学通过枢密院（the Privy Council）修订了章程或管理制度②。

（二）爱尔兰大学治理准则的效能

爱尔兰大学治理准则因为有政府部门的介入，带有一定的强制性，因而对爱尔兰大学来说其规范作用是不言而喻的。爱尔兰所有公立大学都需要遵守。例如，都柏林大学在 2020 年年度报告及财务报表中就明确表示，该大学于 2019 年 12 月采纳了"2019 年准则"，并制订了一个实施计划，以确保自己能够严格遵守该准则所有条款的规定。为此，该大学的治理机构于 2020 年 3 月制定了一个成员及次级委员会行为准则和一系列要求成员遵守大学利益冲突政策的行为准则，目前还在起草雇员行为准则③。其他大学，如梅努斯大学、戈尔韦大学等都在其官网表示，遵守高等教育局和爱尔兰大学协会 2019 年发布的爱尔兰大学治理准则。

（三）欧洲国家大学治理准则在高等教育系统层面的治理效能

在高等教育系统层面，欧洲国家大学治理准则丰富了高等教育的软法治理体系。例如，爱尔兰本来在 1997 年法案中就对大学治理机构的组织运行作出了相关规定，而且这一法案至今还在规范着爱尔兰各大学的治理实践，但爱尔兰大学治理准则还是在政府部门的支持下出台了，这其实就是在高等教育的硬法治理与软法治理之间作出了一个选择，表明爱尔兰政府比较青睐对大学的软法治理手段。英国大学治理准则也在一定程度上代替了对大学治理的立法规制，在降低立法成本的同时，也更好地照顾到了高等教育机构类型和历史的复杂性。

---

① F. Henard, A. Mitterle, "Governance and Quality Guidelines in Higher Education: A Review of Governance Arrangements and Quality Assurance Guidelines," Paris: OECD/Directorate for Education Programme on Institutional Management in Higher Education, 2010, p. 14.

② 曾鸣：《英国大学治理机构发展研究》，博士学位论文，福建师范大学，2015。

③ "Annual Report and Consolidated Financial Statements," Dublin: University College Dublin National University of Ireland, 2020, p. 9.

欧洲国家的大学治理准则也有效促进了对大学的协同治理。如前文所述，无论是英国的大学治理准则，还是爱尔兰的大学治理准则，都有很多机构参与准则的起草、发布、实施和修订过程，这些机构要么是高等教育共同体组织，要么是智库或咨询公司，要么是政府部门。英国"1995 年指南"的出台离不开英格兰高等教育拨款委员会和威尔士高等教育拨款委员会以及其他很多机构的参与与支持，爱尔兰的大学治理准则无论是制定还是实施，高等教育局都深度介入其中。

第五节　欧洲国家大学治理准则建设经验与启示

欧洲国家大学治理准则的建设经验可以为我们提供和美国不一样的启示。

首先，将大学治理准则作为提高治理水平和办学质量的重要工具。欧洲国家之所以开发、创制大学治理准则，是因为 20 世纪 80 年代以来的大学治理结构改革带来了新的治理问题，这些问题的存在既不利于增进大学内外部群体对大学治理机构的信任，也不利于大学提高办学质量。正因如此，这些国家普遍开始制定、发布大学治理准则，将其作为提高大学治理水平和办学质量的重要工具。这对我们很有启发意义。大学治理准则不仅是维护高等教育共同体成员权益的工具，也是督促和激励共同体成员加强自身建设、提高治理有效性的重要工具。大学治理准则没有绝对的"好"与"坏"的标准，能够针对大学治理中的现实问题提出最佳的治理准则和原则，真正有助于促进大学提升治理的能力和水平，就是好的大学治理准则。换句话说，能够解决大学面临的治理问题的准则就是好准则。

其次，大学治理准则是一种有助于大学在政府监管、大学自治之间保持平衡并促进相互信任的治理工具。

传统上，欧洲国家中除了英国大学是接受政府资助的自治机构，即一方面接受政府的大量财政资助，另一方面享有高度的自治权之外，其他很多国家如德国、法国，政府一直都在深度介入大学的直接管理。随着大学自治改革的深入，如何在政府监管和大学自治之间取得一种平衡成为摆在所有利益相关者面前的一个难题。不解决这个问题，大学自治带来的就是对大学治理的信任危机。

"没有自治就没有善治，没有善治就没有自治。"① 善治和自治是相辅相成的。大学自治权的扩大减少了政府对大学的监管，但对其实行善治的能力和水平提出了更高的要求。大学治理准则的出现创造了一种新的行业治理模式。因为加强了行业治理，大学可以在规定的法律框架内更好地发挥作用来加强自治，所以政府就没有实施强势的监管。正如英国工会联合会的指南所指出的，如果我们"采用行业治理模式和实践来应对当今的挑战……那么我们预计……政府将承认，现在更宽松的监管是适当和及时的"②。政府减少监管和直接管理也有利于大学实施更好的治理，毕竟"更好的治理＝更多的信任＝更少的监管"③。事实上，大学治理准则的出现不仅有助于提升政府对大学治理能力和水平的信任度，也有助于提升大学内部社区和社会公众对它的信任度。换句话说，它就是这样一种可以更少的政府监管和更好的治理换取更大信任的治理工具。

再次，大学治理准则的创制和实施需要多方协同，政府部门的介入有助于推动准则的实施。

欧洲一些国家如爱尔兰、丹麦等，在创制和实施大学治理准则的过程中，不排斥政府部门的介入，高等教育协会组织可以和政府部门一起制定、发布大学治理准则，甚至由政府部门召集专家委员会，负责制定、发布大学治理准则，这和美国、英国有很大不同。这与这些国家的治理体制和高等教

---

① The Institute for Governance of Private and Public Organizations, "Report of the Working Group on University Governance," Canada (Quebec): IGOPP, 2007, p. 7.

② "Guide for Members of Higher Education Governing Bodies in the UK Governance Code of Practice and General Principles," London: Committee of University Chairs, 2004, p. 2.

③ D. E. Fletcher, "Recent Developments in Governance in the UK Higher Education Sector," in IAUGB (ed.) 1st, Meeting of International Association of University Governing Bodies — Society meets University, Madrid, Granada: International Association of University Governing Bodies, 2007, pp. 103-108.

育治理传统有关，同时也说明在一些情况下，为了发挥大学治理准则的软法治理功能，在大学治理准则与国家法律法规和政策之间划出明确的界限是有必要的，但也无须生硬排斥政府部门的介入。尤其是在政府部门的介入可以更好地确保大学治理准则的质量，也更有助于其实施的情况下，与政府部门协同合作就显得非常必要，而且重要，具体怎么选择没有标准答案，只能视具体情况而定。

最后，"遵守或解释"是一种有效的实施原则，尤其是在大学治理准则还处于不够成熟的阶段，或者各个大学之间的治理传统和现实情况差别较大时，"遵守或解释"更有利于大学根据自身治理需要灵活选择对治理准则的践行方式。

第六章 中国特色大学治理准则建设的基本构想

当前，第四轮科技革命和产业变革推动人类进入百年未有之大变局，世界已经进入人工智能时代，高等教育发展模式在急剧变革，我国大学面临新的时代挑战。自党的十八大以来，我国高等教育把服务中华民族伟大复兴作为重要使命，相关部门发布了一系列文件，致力于推动"放管服"改革、深化和完善党委领导下的校长负责制，努力推进高等教育治理体系和治理能力现代化，以将"推进国家治理体系和治理能力现代化"的新时代重大命题转化为高等教育领域的制度实践。"面向未来，高质量发展是时代主题，国家即将迈过高收入经济体门槛，高等教育还身处科技革命扑面而来和国际格局深度调整的外部环境之中。"① 创新是赢得未来的关键，大学创新力显著提高是高等教育高质量发展的重要标志。

大学要承担起基础创新和科技创新的伟大使命，就"要把根子深深地扎在自己成长的土壤中，面向世界科技前沿，进行办学模式和育人模式改革，特别要思考信息技术、人工智能、数字化时代给教育模式、形态带来的变化"②。高等教育治理体系是大学发展的"基座"，关乎大学创新主体的创新环境、创新条件和创新状态。无论是基础创新还是科技创新，其实现与否都严重依赖于高等教育治理模式的效率与效能。高等教育治理改革方面的迟滞、轻慢和无力，必然造成大学创新环境、创新条件和创新主体创新状态改善方面的滞后，影响我国大学创新职能和创新使命的实现力。一句话，高等教育高质量发展既在于发展结果的高质量，更在于发展方式、方法、路径的高质量，尤其是高等教育发展的"基座"——治理体

---

① 马陆亭：《大学的创新与担当》，《高等教育评论》2022 年第 2 期。
② 马陆亭：《大学的创新与担当》，《高等教育评论》2022 年第 2 期。

系的高质量。

良法是善治的前提。建设高质量的高等教育治理体系意味着高等教育治理价值体系、规则体系、组织体系和方法体系与高等教育内在运行规律和高质量发展需求的紧密耦合。中国特色大学治理准则的软法性质，使它具备发挥这种耦合作用的潜力，而高质量的建设和有效的实施，将会把这种潜力转化为现实。可以说，当前启动中国特色大学治理准则建设，既有必要性，又有紧迫性。

从形式上看，中国特色大学治理准则建设是一个文本。表面来看，起草一个中国特色大学治理准则文本并不难。但事实上，如果真正要将中国特色大学治理准则建设成为一个高质量的治理工具，使其能够切实对大学和高等教育治理体系的优化起到应有的作用，却并非易事。

中国特色大学治理准则本质上是一种大学治理规则，是中国特色现代大学制度的一个组成部分。但中国特色大学治理准则建设不仅仅是规则和制度建设，而是具有更加丰富的内涵：中国特色大学治理准则建设离不开多方面行为主体的参与，需要公共部门、高等教育共同体组织与大学的协同合作，这将使我国大学治理组织体系更加完善；中国特色大学治理准则建设将厘清我国大学治理价值理念、治理主体伦理道德规范，由此促进我国大学治理价值体系建设；中国特色大学治理准则建设将融合国内外先进大学治理理念和有效大学治理实践经验，提出中国特色大学高质量治理标准，就完善我国大学治理结构和治理机制提供专业性建议与指南，由此大大丰富我国大学治理工具和方法体系。

因此，中国特色大学治理准则建设应是一项系统的综合性工程。进行中国特色大学治理准则建设，首先应厘清中国特色大学治理准则的性质和功能定位，明确建设的基本原则和目标，在此基础上，确定准则应该强调的价值取向和应该包含的基本内容，还要从我国高等教育治理体系和治理能力的现实情况出发，确定准则的创制主体和实施方式。

第一节　中国特色大学治理准则的性质和功能定位

"建设"是一种主观努力的行为，建设的结果取决于"建设者"的主观选择。中国特色大学治理准则建设成什么样，进行什么样的性质和功能定位，既取决于客观的条件，同时也带有很大的主观性。因此，建设者的理性能力和理性选择，是决定中国特色大学治理准则建设结果的重要决定因素。

一　中国特色大学治理准则的性质

中国特色大学治理准则的性质问题，其实就是建设什么样的大学治理准则的问题。首先，大学治理准则是软法性质的治理规则，这是各个国家大学治理准则的共同特征，是实现大学治理准则治理功能的基础。参照其他国家经验，为了确保大学治理准则功能的实现以及实施上的灵活性，我们不应该将制定中国特色大学治理准则的使命交给国家立法机构，不能使其成为"硬法"，这是可以确定的。

其次是从系统化治理的视角来看如何对中国特色大学治理准则定性的问题。通过前文对美国和欧洲国家大学治理准则的研究与分析可以看出，不同国家大学治理准则的性质既有共同之处，也存在一定的差异，例如，英国和美国的大学治理准则属于私人制度，而爱尔兰的大学治理准则就是私人制度和公共制度的混合物，但它们都属于软法性质的大学治理规则。之所以如此，一方面和这些国家的高等教育自治传统有关，另一方面，主要由这些国家高等教育共同体组织的发达程度及其与政府部门的关系决定。如果有影响深远的高等教育自治传统，以及发达的高等教育共同体组织体系，如英国和美国，则私人制度性质的大学治理准则更能满足其治理需求；反之，公共权力部门的介入就更能为大学所接受，私人制度与公共制度混合物性质甚至公共制度性质的大学治理准则会更能满足其治理需求。也就是说，一个国家最终出台什么性质的大学治理准则，主要取决于什么样的大学治理准则更能为各方主体所接受。

我国长期以来有政府直接管理大学的传统，对于大学来说，政府是最有权威性和公信力的机构。但由于政府权威过大，大学对政府制定的规则以一种被动完成规定动作的态度消极服从，主动性和创造性受到压制的弊端也一直存在。为了确保大学治理准则的权威性和影响力，政府部门适度参与甚至亲自组织中国特色大学治理准则的制定和实施是一种可行并在一定程度上可被接受的方案，但政府部门不应独立承担中国特色大学治理准则的制定和实施工作，高等教育共同体组织、大学党政领导、大学治理研究专家、师生代表也应参与其中，以确保充分的相互理解、沟通和协商，以及大学治理准则内容的质量。除了这种方案，也可以由高等教育共同体组织（如中国高等教育学会、中国教育发展战略学会等）主导创制中国特色大学治理准则，政府部门以及其他利益相关主体参与其中。可以断言的是，不管以谁为主导，私人制度与公共制度混合物性质的中国特色大学治理准则比较适合我国当前高等教育治理主体权力关系模式的现状，也比较能够满足中国特色大学治理准则的实施需求。进一步讲，从治理准则的权威性和执行力角度来说，适合将中国特色大学治理准则建设成为私人制度与公共制度的混合物。

从我国高等教育治理规则体系建设的角度来看，也不太适合将大学治理准则建设成为纯粹的私人制度，或者纯粹的公共制度。这是因为，在我国，在公共制度层面，已经有《中华人民共和国高等教育法》，以及很多由教育部出台的政令、准则、办法等；在大学层面，已经有章程等一套内部规章体系，唯独缺乏中间层次的软法规范。将中国特色大学治理准则建设成为私人制度与公共制度的混合物，使之成为高等教育法律法规与大学内部规章之间的中介性规则，在两者之间起到承上启下的作用，既可以在一定程度上弥补我国大学治理私人制度不足的现状，也有助于进一步完善我国高等教育治理规则体系，比较适合我国高等教育治理体系和治理能力现代化的现实需求。

二　中国特色大学治理准则的功能定位

在功能定位上，中国特色大学治理准则和其他国家的大学治理准则应该没有什么不同。

首先，中国特色大学治理准则应该为我国大学治理提供价值指引。为大学治理提供价值指引是各国大学治理准则的共同功能，我国现有的一些准则如《新时代高校教师职业行为十项准则》《中国科学院院士科学道德自律准则》等也十分重视价值指引的作用。应该注意的是，不同国家或同一个国家的不同大学治理准则关于治理价值的表述不一定完全一致。例如，美国大学教授协会发布的治理准则主要旨在倡导学术自由、教师参与大学治理；美国高校董事会协会发布的治理准则虽然也很重视教师参与大学治理，但更重视彰显董事会的法人治理权威；而英国大学理事会主席委员会则强调欧洲传统的学术价值观，如学术自由、大学自治、保护学生集体利益、高等教育机会平等和加强公共资金使用情况问责等。从功能角度来看，中国特色大学治理准则应对大学治理起到价值指引作用，在这一准则中应该重点倡导哪些价值观，不能人云亦云，应结合我国大学治理的法律和制度环境，基于大学治理改革的现实需求，作出有针对性的规定。

其次，中国特色大学治理准则应该为我国大学治理提供基本原则。很多国家的大学治理准则，有时候对治理价值观念和基本原则进行了清晰的区分和界定，如英国大学理事会主席委员会出台的治理准则；有时候把两者混在一起，不加区分，如美国大学教授协会和美国高校董事会协会发布的那些声明，两者界限比较模糊。这表明，在不同国家、不同人的认知当中，大学治理准则价值理念与基本原则内涵有所交叉，价值理念体现了良好的大学治理理应遵守的基本原则，基本原则表述中也必然要体现大学治理的基本价值理念。但两者也有区别。价值理念往往更加宏观，更加抽象，体现了对大学治理所有主体、所有组织运行方式和行为方式的整体要求；基本原则则更加具体，体现对大学治理基本维度、基本问题的针对性。例如，很多国家的大学治理准则都针对大学治理与领导之间的关系，提出大学法人治理机构不能过分干预大学的日常管理的原则，以及决策透明原则，等等。中国特色大学治理准则要更好地指导大学治理实践，应在就治理价值理念达成共识的基础上，提出具体的大学良好治理需要遵循的基本原则。

再次，中国特色大学治理准则应该为我国大学治理提供良好治理实践指南和评价工具。为大学治理提供实践指南也是世界各国大学治理准则的普遍特征。从软法视角来看，大学治理准则强调的价值理念和基本原则充分体现了大学治理准则的软法之"软"，大学在治理实践中是否能够真正落实准则，在很大程度上依赖于不同主体、不同个人对它们的理解和解释；但另一方面，这两部分也充分体现了大学治理准则有它"硬"的一面。在很多国家的大学治理准则中，关于价值理念和基本原则的表述，总是用 must、should 等词语，表示大学只有落实这些价值理念，遵守这些基本原则，才能实现善治。良好治理实践指南和这两部分内容不同，它比治理价值理念和基本原则更"软"，在很多国家的大学治理准则中，对于良好治理实践部分，经常使用 can 一词，以表示大学可以将其作为一种选择，而不是必须遵守。但与此同时，大学治理准则的良好实践部分的规定却是最具体、弹性也是最小的，例如，很多大学治理准则规定大学最高治理机构规模最多不应超过25 人，一年召集会议次数不少于 4 次，这些规定都非常具体，弹性空间也不是很大。这是因为不同的大学有不同的历史和特定治理资源条件，加之治理本身的复杂性，治理绩效量化难度较大，很难确定一个唯一的良好治理实践标准。虽然对于这种良好治理实践，很多国家的大学治理准则都用"best practices"来表示，但从发展的眼光来看，所谓"最好"治理实践有可能是大学实现良好治理的"次优解"，而不是"最优解"。在不断变化的世界中，由于人类理性认知的有限性，真正最优的大学治理实践也许并不存在。对于我国这样的高等教育大国来说，大学之间的多样性和差异性同样决定了其治理模式也必然是多种多样的。因此，中国特色大学治理准则应为我国大学治理提供良好治理实践指南，但切忌一刀切。对大学来说，所谓的良好治理实践指南只能作为一种参考，而不能作为一个唯一的标准。

此外，大学治理评价是优化大学治理的重要手段。在很多国家，大学治理准则和大学治理评价是密切相关的。如果对大学治理的优劣进行评价，必要有所遵循和参照，而中国特色大学治理准则可以为大学治理评价提供很好的价值遵循、原则依据和参照标准。

最后，中国特色大学治理准则还应该是以中国式现代化方式推进我国高等教育治理体系和治理能力现代化的重要工具。中国特色大学治理准则应针对中国高等教育治理现代化特有的需求，充分体现中国特色，通过建设过程中各方主体的积极互动与协同，使其对中国高等教育治理规则体系、组织体系、方法和工具体系的完善起到有效的推进作用。

中国特色大学治理准则还应发挥将善治理论转化为善治实践的功能。大学治理准则作为一种治理工具的流行与人们对于大学善治理论和实践的研究有很大关系，其中很多规定除了来自现代大学的优良传统如学术自由、大学自治，或者是基于大学治理冲突的现实应对策略之外，甚至来自对公司治理准则或其他领域治理准则的借鉴，但其实更多的是基于对大学善治的理论思考和实践经验总结，因此大学治理准则是将大学善治理论转化为善治实践的重要工具。在中国特色大学治理准则建设过程中，应注意让其发挥这一功能，为我国大学治理价值理念更新、治理规则完善和治理方法优化发挥应有的作用。

第二节 中国特色大学治理准则建设的基本原则

中国特色大学治理准则建设应坚持如下几个基本原则。

一 专门化原则

专门化原则是指我国有必要建立专门的中国特色大学治理准则，而不是将大学治理准则融入其他准则之中，或者拆分为相关治理主体的治理准则。大学是一个有机的整体。虽然很多情况下，大学处于"有组织的无政府状态"，但其妙处就在于这种"无政府状态"要靠"有组织"来维系，大学治理的使命就在于有力、有度、有节地维系这种松散但有序的学术秩序，以便于为大学师生提供一个宽松的学术和学习空间。只有将大学作为一个整体来进行治理时，才能更好地明晰治理目标，更好地厘定治理主体之间相互关系及其作用机制的基本原则。

二　凸显中国特色原则

中国特色大学治理准则一定要充分体现中国特色，这是中国特色大学治理准则建设首要和基本的要求。

中国特色大学治理准则建设要从如下几个方面凸显"中国特色"。(1) 体现中国特色的办学指导思想和办学理念。中国大学是中国共产党领导下的社会主义大学，党的教育方针是大学办学的根本指导思想，也是大学治理改革的根本指导思想。"全面贯彻落实党的教育方针""为党育人、为国育才""办好人民满意的教育"是中国特色的大学办学理念，是中国特色大学治理准则应倡导的大学实行有效和良好治理的根本目的。(2) 体现中国特色的高等教育领导体制。党委领导下的校长负责制是我国大学的根本领导体制，中国特色大学治理准则的首要功能，就是加强和完善党委领导下的校长负责制。(3) 体现中国特色的治理价值观念。中国特色的大学治理价值观念是党和国家治理价值观念在大学的应用。坚持党的领导、坚持决策的民主集中制原则、实行全过程人民民主、协商民主等，都是中国特色的大学治理价值理念。(4) 体现中国特色的治理主体行为伦理规范。2012 年 11月，党的十八大报告对社会主义核心价值观的内容进行明确概括，即"富强、民主、文明、和谐，自由、平等、公正、法治，爱国、敬业、诚信、友善"。大学治理主体应在大学治理中充分践行社会主义核心价值观。此外，中华民族的优秀传统美德，如仁爱孝悌、精忠报国、见利思义、谦和好礼、修己慎独、人贵有耻等，作为人们的行为道德标准，无论什么时候都不过时。大学治理主体行为伦理规范应以社会主义核心价值观和中华传统美德为基础内核，在准则条款中得以体现。(5) 体现中国特色的问题导向和善治需求。我国大学治理中存在行政权力与学术权力界限不够清晰，学术权力虚弱，过度行政化，社会参与度低等问题。要"扎根中国大地办大学"，就要切实针对中国大学治理中这些特有的问题制定大学治理准则，使中国特色大学治理准则成为坚持和完善"党委领导、校长负责、教授治学、民主管理、社会参与"这一中国特色大学治理结构的有力工具。

三 高质量原则

中国特色大学治理准则建设必须坚持高质量原则。所谓高质量原则，一方面是指中国特色大学治理准则必须以实现高等教育高质量发展为目标，必须有利于高质量高等教育体系建设；另一方面，是指中国特色大学治理准则本身必须是高质量的大学治理规则，既要充分体现我国大学治理的特别之处，又要能够切实反映大学治理的本质规律，实现中国特色制度与现代大学制度的有机融合，还要借鉴法言法语的优点，使用简洁、严谨、准确的概念和语言表述规则内容，真正将中国特色大学治理准则建设成为能够促进我国大学实现有效治理和推动我国高等教育治理体系和治理能力现代化的"良法"。

四 开放性原则

坚持开放性原则，要求中国特色大学治理准则建设积极吸收国外大学治理准则建设一切好的经验。大学本身是具有国际性的学术组织，各国大学治理有着相似的规律，虽然因为国情现状和历史传统不同，不能直接照搬别国的大学治理准则为我所用，但适当的参考和借鉴还是很有必要的，在这方面不能唯我独尊，妄自尊大，拒绝吸收和借鉴其他国家大学治理准则的良好建设经验。

坚持开放性原则，也是指中国特色大学治理准则建设要积极吸收高等教育领域以外成熟的治理准则建设经验，不能画地为牢、故步自封。治理准则不是高等教育领域独有的，党建领域、公司治理领域、国际关系领域都有很多成熟的运用准则治理的经验，国外很多大学治理准则公开承认它们在制定大学治理准则的过程中借鉴了公司治理准则，甚至请公司治理准则起草人主持撰写其治理准则。

坚持开放性原则，还要求吸纳尽可能多的利益相关组织和人士参与中国特色大学治理建设过程，及时、全面公开准则研究起草过程信息，面向社会和所有利益相关者公开征求对准则草案的意见。

坚持开放性原则，还需要对准则进行定期修订，以便于及时更新过时的治理价值理念、组织原则、行为规范，使其始终保持旺盛的生命力，不至于成为过时的装饰性陈列品。

五　体系性原则

长期来看，我们不但要创制一个中国特色大学治理准则文本，而且非常有必要建设一整套中国特色大学治理准则体系。这个准则体系可以由针对不同层次、类型高等院校制定的不同的治理准则、准则核心文本和衍生文件，以及不同政府部门或（和）高等教育共同体组织制定的治理准则等组成。因为"双一流"大学是国之重器①，担负着开展重大原始创新的神圣使命，更应该尽快实现有效治理，以释放其学术生产力，因此，短期来说，可以从制定"双一流"大学治理准则着手，逐渐将中国特色大学治理准则发展成为一个成熟、完善的治理准则体系。

第三节　中国特色大学治理准则的价值取向

当前我国大学治理改革过于强调工具治理，忽视价值治理，导致我国大学治理与决策缺乏充分的价值引导。价值引导的缺失导致大学治理与决策出现很多问题，如忽视大学的学术组织属性和学术文化的独特性，忽视大学办学的社会公益性目的和社会责任，忽视治理机构人员组成的多元化，忽视治理与管理、学术权力与行政权力的界限，忽视个人发展目标与组织使命之间的界限，等等，这些问题的存在十分不利于大学实现有效治理和良好治理。

治理准则是一种治理规则，具有明显的工具属性，但它又不仅是一种规则，也能通过倡导高质量治理理念、治理伦理和道德规范，为大学治理提供一种价值引导。大学治理准则的一个重要功能就是对大学治理进行价值引导。世界各国的大学治理准则都很重视对大学治理的价值引导。美国"1966年声明"强调大学内部各群体之间应该相互理解、共同采取行动；英国

---

① 马陆亭：《大学的创新与担当》，《高等教育评论》2022年第2期。

"2018 年版准则"强调英国大学公认的一些价值观，如自治是大学质量和国际声誉的最佳保证，学术自由关乎高质量的研究、学问和教学，等等①。

价值治理是我国大学治理现代化的发展方向，中国特色大学治理准则应成为使我国大学走上价值治理之路的最好工具。为此，中国特色大学治理准则必须立足中国特色社会主义现代化发展和中华民族伟大复兴的大局，以人民为中心、坚持和完善党对大学的领导、实现高等教育高质量发展应是中国特色大学治理准则倡导的核心价值。

中国特色大学治理准则应在制定过程中凝聚各相关主体的价值共识，承担起引导中国公办大学实行价值治理的重任。对于我国来说，中国特色大学治理准则需要明确如下价值取向。

首先，应强调大学治理的公益性目的。因为党领导大学和高等教育的根本目的是"办好人民满意的教育"，更好地实现"人民至上"的执政理念，因此强调大学治理的公益性目的与强调党的领导并不矛盾。但当前我们在强调党的领导时，常常忽视了大学办学的初心和使命，忽略大学办学的公益性目的，将"人民满意""人民至上"理解为解决一部分人的问题，让提出问题的一部分人如部分学生、部分家长或部分教师满意，以此作为评价治理绩效的主要指标，这是远远不够的。大学治理的公益性目的不是让一部分人满意，而是要使大学治理和决策符合国家与社会的整体和长远利益，这才是大学治理公益性目的的真谛，也是中国特色大学治理准则亟须澄清的治理价值理念。

其次，应将善治作为大学治理的目标，明确善治对于大学发展的重要意义。国外大学有的将帮助大学实现"善治"（good governance）、有的用"有效治理"（effective governance）作为制定治理准则的目标。仅从字面意思看，因为缺乏区分"善"与"有效"的客观标准，"有效治理"和"善治"基本是同义词，但从汉语来理解，"善"比"有效"语气更强。有的学者认

---

① "The Higher Education Code of Governance," London: Committee of University Chairs, 2018, p. 8.

为我国大学不仅应该实现善治，而且还要"检讨现实问题和症候，需要树立和强化'从善治到至善'的理念"①。如果不将善治作为大学治理的目标，当大学决策沦为纯粹的权变性行动时，个体决策者的不当决策和投票行为就不会受到应有的约束。如果不将善治作为大学治理改革的目标，就很难出台真正高质量的大学治理改革方案和政策。善治包括很多方面的要素，如参与性、法治化、透明化等，应该将这些要素转化为中国特色大学治理准则的具体条文，使其更加具体化，更有针对性。

再次，应对法人治理和共同治理有所区分。大学对外要强调法人治理，对内要强调法人治理与共同治理相结合，并将其作为我国大学治理的重要价值取向，在准则条款中加以体现。

党委领导下的校长负责制是我国大学治理结构的核心内涵，但党委领导下的校长负责制是一种法人治理结构，主要强调的是法人治理机构的权威性。共同治理不同于法人治理，也不同于科层管理，它强调党委、校长、教师、行政人员、学生等大学内部各行为主体在大学治理结构中各有侧重的共同责任、以充分沟通和平等协商为基础的共同决策与联合行动，是各国现代大学治理结构的共同特征。共同治理强调利益相关者参与治理，通过共同治理，可以推动中国特色的民主协商制度和全过程人民民主在大学的发展，是中国特色大学治理准则建设的应有之义。

现代大学既离不开法人治理，同时也必须重视法人对利益相关者的授权和利益相关者参与治理。我国当前很多大学虽然在章程中对大学治理结构和治理机制进行了规定，但既没有强调法人治理的概念，也没有强调共同治理的概念，更没有区分法人治理和共同治理之间的差别与界限，这方面的价值理念表述在多数情况下处于缺失状态，不利于大学治理主体把握章程的治理价值取向。中国特色大学治理准则应该承担起这一职责，澄清两者对于大学实现良好治理的不同意义。

---

① 周作宇：《大学治理的伦理基础：从善治到至善》，《高等教育研究》2021 年第 8 期。

第四节　中国特色大学治理准则的形式和内容

一　中国特色大学治理准则的形式

首先，文本和体系形式。本章所说的中国特色大学治理准则主要是指一个以"中国特色大学治理准则"为名的文本；其次，它也是个集合概念，是指位于高等教育法律法规与大学内部规章制度之间的具有软法性质的治理规则，它既可以是一个文本，也可以是一系列文本组成的中国特色大学治理准则体系。这一系列文本可以包括：（1）面向中国公办大学的中国特色大学治理准则；（2）中国特色大学治理准则的衍生文件；（3）对各级各类大学（"双一流"大学、新型研究型大学、行业特色大学、民办大学等）实现良好治理的建议；（4）中国特色大学有效学术治理准则；（5）中国特色大学内部控制与审计准则等。出台专门的中国特色大学治理准则只是我国以准则规范大学治理的一个开始，随着治理准则工具治理功能的显现，这类准则形式必定会越来越丰富，最终有望形成一个庞大的中国特色大学治理准则体系。

其次，行文格式和语言形式。不同国家大学治理准则的语言形式并不统一。美国大学教授协会发布的治理准则主要是"声明""宣言""解释性说明"等，其目的主要是以共同体的名义，公开宣示一种共识性的观点。因此，美国大学教授协会创制的治理准则虽然客观上具有软法规范的功能，但并不具备软法的外在形式，例如行文格式像一篇定性的研究报告，而不是像法律文本那样，按照条款格式进行编排，语言形式也比较自由、随意，没有固定格式。英国和爱尔兰大学治理准则多数情况下采用类似于法律文本的条款格式，并对不同章节、条款进行编号。2022年，我国科技部等二十二部门印发的《科研失信行为调查处理规则》，其行文格式和语言形式既规范又严谨，和法律文本非常相似。

中国特色大学治理准则应适当采用类似法律文本的行文格式和语言形

式，以确保其严谨性，但不应过分模仿法律文本，使其看起来像正式法律法规。这是因为，中国特色大学治理准则是一种软法规范，形式自由、灵活是其本质特征之一。如果完全像正式法律法规一样，就容易混淆法律法规和大学治理准则之间的界限，也不利于以一种相对自然的方式传播其治理价值理念、思想和原则。在行文格式上，中国特色大学治理准则可以将形式和内容结合起来，对于不同部分的内容，采取不同的行文格式，例如，对于大学治理的基本原则，只需要编制简单的序号；对于治理主体组织运行实践指南方面的规定，可以按照章节和条款进行编号。在语言形式上，中国特色大学治理准则也不一定完全使用"法言法语"，但要借鉴法律语言的严谨性，对核心概念的内涵进行严格的界定，杜绝概念含义的模糊性；对一些重点词语如"必须""应该""可以"的用法进行严格区分、分类使用。此外，还应注意语言简练、清晰易懂，避免歧义。

二　中国特色大学治理准则的主要内容

中国特色大学治理准则应该说明：（1）制定中国特色大学治理准则的目的和意义及法律、政策和经验依据；（2）中国特色大学治理倡导的治理价值理念和应遵循的基本原则；（3）治理主体角色、责任、行为伦理、道德规范和组织运作机制；（4）关键治理要素实践标准；（5）中国特色大学治理准则的实施和修订办法。

（一）制定目的、意义和依据

首先，对于制定中国特色大学治理准则的目的和意义，前文已经分析，这里不再赘述。任何一个规则文本的出台都有其目的和意义，在文本中对出台目的和意义作出明确表述，也是各国普遍的做法。但需要强调指出的是，这一表述不应该陷入形式化的窠臼，使其成为无实质意义的"帽子段落"。对制定中国特色大学治理准则目的和意义的表述应该与该准则倡导的治理价值理念紧密结合起来，以简洁而令人印象深刻的语言表述出中国特色大学治理准则的重要目的和意义，而不宜长篇大论，令人不得要旨。

其次，中国特色大学治理准则的制定依据。并不是所有国家的大学治理准则都会强调其制定的依据。例如，美国"1966 年声明"说明了发布该声明的背景和目的，但没有提到任何一部法律、一项政策是发布该声明的"依据"；爱尔兰就与美国有很大不同，在它发布的大学治理准则中，就阐明了制定该准则的法律依据，以及该准则与国家其他法律和政策文件之间的关系，甚至用了很大的篇幅，将 1997 年法案的相关条款原封不动地放在了准则文件之中。中国特色大学治理准则需要明确制定依据，尤其要注意以中国共产党的重要纲领性文件和《中华人民共和国高等教育法》为基本依据，这一方面是出于我国传统上习惯于在出台文件时说明所依据的法律和政策文件的考虑；另一方面，也是说明制定和出台中国特色大学治理准则的合法性、合规性。

大学是学术组织，与公司、政府、军队等组织具有不同的治理目标和治理文化，但它们作为现代组织，也存在一些共性的治理规律。因为公司治理准则、国际关系治理准则等发展较早，有着比较丰富的治理准则建设经验，创制中国特色大学治理准则可以适当参考公司治理、国际关系治理等领域准则的建设经验。除此之外，也可以适当参考国外大学治理准则建设经验。

（二）治理价值理念和基本原则

为了突出中国特色大学治理准则的价值指引功能，更好地引导我国大学进行价值治理，也为了弥补我国现有大学治理规则中关于治理价值理念表述的缺失，中国特色大学治理准则适宜对其倡导的治理价值理念进行专门的表述，而不是和其他内容如治理原则混合在一起。对于中国特色大学治理准则应该倡导哪些治理价值理念，前文已有论述，这里不再赘述。

中国特色大学治理基本原则应是落实治理价值理念的基本维度，因此必须和治理价值理念保持一致。基本原则比治理价值理念更具体，更有针对性，因此除了根据治理价值理念确定我国大学治理的基本原则之外，还可以针对我国大学治理中存在的问题，以及改善大学治理的特殊需求，确定我国大学治理的基本原则，如社会利益最大化原则、学术至上原则、共同治理原则、民主参与原则、透明性原则、开放性原则、权责分配清晰性原则、治理规则明示性原则等。

（三）治理机构和治理主体方面的规定

对大学最高治理机构组织运作机制及其成员的角色、责任、任职能力和资格、治理行为要求和伦理道德规范的规定，往往是世界各国大学治理准则篇幅最大的部分，也是最为重要的内容。这部分属于对大学治理的实践指南部分，其规定往往详细而具体。例如，对于大学理事会规模，作出最多不超过多少人、最少不低于多少人的规定；对于理事会每年召开会议次数、理事个人参加会议次数以及会议记录如何公开作出具体规定；对于理事会在聘任、监督和评价校长方面的职责作出具体规定；对于理事会年度报告公开方式作出规定；等等。所占篇幅不大，一般也会提及的是对治理主体治理行为伦理道德方面的要求，如英国大学理事会主席委员会制定的治理准则要求理事遵守"诺兰公共生活七原则"[①]；还有一些国家的大学治理准则要求理事勤勉、诚信、负责等。

我国大学实行党委领导下的校长负责制，党委是我国大学的最高治理机构。《中华人民共和国高等教育法》对于党委和校长的职责作出了明确的规定。除此之外，党中央还出台了各种党内规章、条例、准则等，规范党委组织运行方式和党员行为方式，并对党员提出了严格的道德修养方面的要求。为了规范大学治理，我国教育部先后出台了多个政令，规范大学章程制定、学术委员会和教职工代表大会建设。在多方努力下，我国大学就构建"党委领导、校长负责、教授治学、民主管理、社会参与"的治理结构模式基本达成共识。鉴于法律法规和公共制度对于我国大学治理结构已经作出了较为详细的规定，中国特色大学治理准则在这一部分无须就大学治理结构作出太多具体的说明。

然而，治理结构模式的先定性并不表明我国大学治理结构已经臻于完善，对现行治理结构的合理性进行补充性解释仍然是非常必要的。因此，在所构建的中国特色大学治理准则文本中，可以依据现行法律法规和高质量治

---

① 参见 "The Higher Education Code of Governance," London：Committee of University Chairs，2018，p.8。"诺兰公共生活七原则"包括无私、正直、客观、负责、公开、诚信、领导力等七项原则性要求。

理要求，进一步明确教师、学生、行政人员等内部治理主体的角色和责任，解释其角色定位和责任划分的学理依据。

此外，我们所构建的中国特色大学治理准则文本应阐述治理主体的伦理规范，在这方面，可以依据社会主义核心价值观和中华民族传统美德，提出各治理主体担当角色责任的伦理道德规范要求；还应该基于有关大学治理的理论和实证研究成果，以及我国大学的良好治理实践经验，就学术委员会、教职工代表大会、学生代表大会组织运作机制给出具体建议。

总之，对于这部分内容，中国特色大学治理准则需要在国家高等教育法律法规、部门规章、政令、政策和党内法规没有涉及，或者上述公共制度还不够完善的地方，找到自己能够有所作为的切入点。

（四）良好治理的关键要素

信息透明、多方参与和权力界限清晰是大学实现良好治理的关键要素。无论是公司治理准则，还是大学治理准则，都把透明度作为一个实现良好治理的关键要素，因此，中国特色大学治理准则也应该将提高大学治理与决策透明度、推进信息公开作为一项重要的使命，就大学如何进行及时、全面的信息公开作出具体规定。例如，可以对信息公开的尺度作出"非保密即公开""及时公开""官网公开"等具体规定。除此之外，结合我国大学治理现状，还应该就大学各类主体相互沟通与协商和参与治理的机制，以及不同治理主体如何严守权力边界等实现良好治理的关键要素作出具体规定。

（五）实施和修订办法

为了促进中国特色大学治理准则的有效落实和及时更新，可以在准则文本中对其实施和修订办法作出明确规定。例如，关于中国特色大学治理准则的实施办法，可以借鉴英国、爱尔兰等国家的做法，要求大学"遵守或解释"，并对解释的方式作出具体要求，以避免解释格式化、形式化；也可以要求大学参照该准则，制定自己的治理准则，并对其落实情况进行年度汇报。当然，也可以采取一种美国式的做法，即不对大学提出"遵守或解释"的要求，而是在收到对大学违反治理准则做法的举报时，对该大学进行调查。事实上，美国这种实施方式更加严厉，适合在准则要求没有弹性的情况下采用；欧洲国家这种"遵守或解释"的方式看似略有强制性，但大学有较大的自主和弹性实施空间。

近年来，英国、美国等国家为了促进大学治理准则的落实，越来越强调治理有效性评价，并在治理准则文本中提供可供参考的评价问题或者表格。这有利于大学通过对自身治理有效性评价，将大学治理准则规定的良好治理标准落到实处。中国特色大学治理准则可以借鉴这些做法，在准则文本中设计一个大学治理有效性评价表格，供大学参照使用。

但总的说来，中国特色大学治理准则的实施总体应以大学自愿遵守为基础，以突出其软法规范特征，真正通过"软治理"① 实现大学高质量治理的初衷。

此外，中国特色大学治理准则应及时修订，以适应大学治理理念、规则和方法等方面的变化。可以规定每 5 年修订一次，以确保其不会因为过时而受到忽视。

以上这些内容可以分为总则、主体部分和附则等几个部分，其中总则部分主要用以说明制定中国特色大学治理准则的目的及法律、政策和经验依据，主体部分主要包括基本原则、治理机构和治理主体方面的规定以及实现良好治理的关键要素，附则部分主要用以规定中国特色大学治理准则的实施和修订办法。

第五节　中国特色大学治理准则的创制主体

由谁来担任大学治理准则的创制主体？放眼世界，各国在这个问题上的回答并不一致。前文问卷调查结果也显示，对于应该由谁来创制中国特色大学治理准则，被调查者之间的分歧相对较大。因此，要进行中国特色大学治理准则建设，有必要就创制主体问题进行深入的探讨。

---

① 宣勇、翁默斯：《论高质量高等教育体系的系统建构》，《中国高教研究》2022 年第 9 期。

一 影响大学治理准则创制主体角色形成的因素

大学治理准则创制主体创制大学治理准则行为的实质是参与协调高等教育领域相关主体之间的权利关系、调整高等教育领域的规则与制度安排、引领高等教育治理价值理念发展与治理文化建设，这种行为对一个国家高等教育发展、声望积累和建设必然会产生巨大影响。因而，大学治理准则创制主体是一个国家高等教育治理组织体系的重要组成部分，其作用十分重要。

（一）不同组织在高等教育体系中的协调角色

伯顿·R. 克拉克的"三角协调模型"将国家权力、市场和学术权威这三种力量以三角形的形式呈现出来，这三种力量之间也存在相互制约和协调的关系，每个角代表一种形式的极端和其他两种形式的最低限度，三角形内部的位置代表了这三种成分不同程度的结合①。在三角协调模型下，国家权力、市场、学术权威三者各自扮演不同的角色。

按照三角协调理论的分析框架，美国联邦政府对高等教育没有直接的管辖权，市场在美国是协调高等教育体系各种权利关系的最为重要的力量，学术权威最多可能"控制他们的系、他们的多系科学部、学院和专门学院，甚至偶尔在整个校园可能具有重要的协调作用（例如在加州大学伯克莱和洛杉矶分校的强有力的学术评议会）；但是，在较高层次的管理方面，他们代表人数不多、力量不大"②。因此，让美国大学教授协会、美国高校董事会协会等高等教育共同体组织承担起创制大学治理准则的使命，可以实现市场机制主导下高校内部各个群体之间权利关系的协调。欧洲国家除了英国，政府和学术权威在高等教育体系当中都发挥着重要的作用，市场机制的协调力量相对薄弱，但也有一定的影响力。因此，在欧洲国家中，英国由大学理事会主席委员会等高等教育共同体组织担任大学治理准则的创

---

① 伯顿·R. 克拉克：《高等教育系统：学术组织的跨国研究》，王承绪等译，杭州大学出版社，1994，第159页。
② 伯顿·R. 克拉克：《高等教育系统：学术组织的跨国研究》，王承绪等译，杭州大学出版社，1994，第161页。

制主体，而在丹麦、爱尔兰等国家，公共权力部门在创制大学治理准则方面起着主导作用。

（二）组织公信力的影响

组织公信力是一个或一类组织能否担任大学治理准则创制主体的重要影响因素。以美国为例。在美国，高等教育协会组织属于志愿性组织，它们不是政府部门自上而下建立的，而是由高等教育的各类主体如董事、教师或行政人员自愿组成的，加入和退出完全自愿。独立性是美国高等教育协会组织的一个显著特征，它们既独立于政府，又独立于高校，同时又在两者之间积极发挥中介性的协调作用。美国高等教育协会组织属于非营利性的慈善组织，不能以营利为目的，不靠"利润动机"驱动。协会组织的活动，无论是游说政府，制定各种标准，提出行业倡议，还是维护教师权益都是专业性和技术性很强的实践活动，都需要以高等教育理论和实践以及其他的专业知识和技能为支撑①，因此它们提供的服务具有高度的专业性。美国大学教授协会、美国高校董事会协会都是这样的高等教育协会组织。由于上述这些特征，决定了它们具有较高的公信力，可以承担起创制有影响力的大学治理准则的重任，并通过其影响力，使这些治理准则得到认可和落实。

除了上述因素之外，大学治理准则创制主体的形成也可能受其他因素的影响。例如，英国大学理事会主席委员会之所以成为大学治理准则创制主体，与哈德斯菲尔德大学治理丑闻出现后，各界对它出台大学治理准则的督促直接相关②。

二　创制主体分类

世界各国大学治理准则的创制主体大致可以分为如下三类。

---

① 熊耕：《美国高等教育协会组织研究》，知识产权出版社，2010，第13页。
② M. L. S. and Lord Limerick. "Guide for Members of Governing Bodies of Universities and Colleges in England and Wales," *Minerva：A Review of Science，Learning and Policy*，1995，33（4）：373-394.

首先，高等教育共同体组织是大学治理准则的创制主体，美国、英国都是如此。在美国，有美国大学教授协会、美国高校董事会协会、高等教育认证组织等；在英国，除了大学理事会主席委员会，还有"英国大学"① 等高等教育共同体组织。大学治理准则完全由这些高等教育共同体组织制定、发布和实施，没有政府部门介入。

其次，高等教育共同体组织与政府部门是大学治理准则的联合创制主体。这方面的典型例子是爱尔兰大学协会与爱尔兰高等教育局的合作。

再次，除了以上两种前文论述较多的创制主体，还有一种是由政府部门担任大学治理准则创制主体。这方面的例子有澳大利亚、南非和丹麦。例如，澳大利亚 2000 年发布，2007~2008 年修订的大学治理准则——《澳大利亚国家治理协议》（Australia the National Governance Protocols）就是由当时的国家教育、科学与培训部（DEST）发布的；南非 2017 年发布的《南非公立高等教育机构理事会良好治理实践指南和治理指标》是由南非高等教育与培训部组织专家制定的。丹麦大学的法律地位是"特殊的行政管理实体"（special administrative entities）②，2003 年出台的《丹麦良好大学治理建议》也是由政府任命的专家委员会制定的。

需要指出的是，在世界各国大学治理准则的创制过程中，不管谁是最主要的创制主体，都存在很多协调与合作，包括高等教育协会组织之间的合作，高等教育协会组织与商业公司之间的合作，政府与高等教育协会组织、大学和相关专家的合作，等等，几乎没有大学治理准则完全由一个机构制定，且全程都没有自身之外的其他组织或利益相关者参与的情况。从这个角度来说，我们可以把大学治理准则的创制主体分为制定主体和参与主体两种类型。可以说，所有国家的大学治理准则都是多方集体智慧的结晶。多方参

---

① UUK，即 Universities UK，其前身是 CVCP，Committee of Vice-Chancellors and Principals，英国大学校长委员会。

② Ministry of Higher Education and Science，"Reviews of National Policies for Education：University Education in Denmark-Examiners Report（Pre-publication version），" https：//ufm. dk/en/publications/2004/reviews－of－national－policies－for－education－university－education－in－denmark－2013－examiners－report.

与不仅有利于提高准则内容质量，也有利于准则的顺利推行和实施。此外，这也是对大学进行协同治理的一个过程。

三　中国特色大学治理准则的制定主体和参与主体

中国特色大学治理准则的创制是我国高等教育治理体系和治理能力现代化进程中一件具有里程碑意义的工作，要将其建设成为一个高质量治理工具，创制主体的作用非常重要。

在我国，政府部门在国家各类事务的治理中具有其他社会团体组织无法比拟的权威性，学术权威在国家层面的各类共同体组织中也有着比较大的影响力。如果按照伯顿·R. 克拉克的"三角协调模型"来审视的话，我国与英国、美国的高等教育治理体系差异较大，完全由代表市场力量的高等教育共同体组织来创制中国特色大学治理准则不太切合当前我国高等教育治理的协调模式。因此，在确定中国特色大学治理准则的创制主体时，可以更多地参照爱尔兰、丹麦等国家的经验，由教育部与中国高等教育学会合作，或者由教育部（或与其他相关部委联合）组建一个专家委员会，邀请中国高等教育学会、中国教育发展战略学会等高等教育共同体组织以及部分大学党委书记、校长和专家作为专家委员会成员，负责创制中国特色大学治理准则。

在创制中国特色大学治理准则时，还可以适当参考公司治理领域的专家意见和经验做法。例如，有专家建议出台"中国国有企业公司治理准则"，但认为由民间组织制定和颁布的方式不太适合中国的国情。"在市场经济还很不发达的中国，人们的自我约束能力还较差，只习惯于听命于政府，民间组织颁布的自律性规章很难能够得到执行。但准则若由政府制定，其代表性、灵活性和普适性必然受到严重影响。而且，准则可能会成为政府管制企业，甚至侵害其他利益相关者的利益的工具。因而，笔者主张，在目前国情下，《中国国有企业公司治理准则》的创制应采用民间与官方相结合的方式。建议成立由金融机构、企业代表、行业协会、中介组织、学术团体等组成的公司治理准则委员会，负责制定国有企业公司治理准则，政府则以法令的形式对外颁布。"①

　　中国证券监督管理委员会是中国《上市公司治理准则》的重要创制机构。中国证券监督管理委员会为国务院直属机构，依照法律、法规和国务院授权，统一监督管理全国证券期货市场，维护证券期货市场秩序，保障其合法运行；研究和拟定证券期货市场的方针政策、发展规划；起草证券期货市场的有关法律、法规，提出制定和修改的建议；制定有关证券期货市场监管的规章、规则和办法。它在省、自治区、直辖市和计划单列市设立证券监管局，在上海、深圳设立证券监管专员办事处，中国证券监督管理委员会对这些机构实行垂直领导。2002 年颁布的《上市公司治理准则》是由中国证券监督管理委员会和原国家经济贸易委员会联合制定的②。2018 年，其对《上市公司治理准则》进行了修订。在修订过程中，不仅有中国上市公司协会的参与，中国证券监督管理委员会还面向社会公开征求了意见。《上市公司治理准则》的创制方式表明，在政府相关部门主导下，邀请行业共同体组织和利益相关者广泛参与创制过程是比较可行的方式。中国特色大学治理准则的创制也可采用这种方式。

---

① 刘银国：《公司治理准则问题研究》，《经济学动态》2007 年第 12 期。
② 林益：《〈上市公司治理准则〉的软法化研究》，硕士学位论文，厦门大学，2014。

参考文献

一 中文类

[1] 李福华:《大学治理与大学管理》,人民出版社,2012。

[2] 俞可平主编《治理与善治》,社会科学文献出版社,2000。

[3] 杨凤英:《分权与合作:中介组织介入高等教育管理研究——基于美国的实践》,人民出版社,2015。

[4] 于杨:《现代美国大学共同治理理念与实践》,中国社会科学出版社,2010。

[5] 张德祥、黄福涛主编《大学治理:权力运行制约与监督》,科学出版社,2016。

[6] 陈家刚等:《社会主义协商民主制度与实践》,社会科学文献出版社,2019。

[7] 王晓辉等:《大学治理:理念、模式与制度》,北京师范大学出版社,2018。

[8] 让-皮埃尔·戈丹:《何谓治理》,钟震宇译,社会科学文献出版社,2010。

[9] 毛里西奥·帕瑟林·登特里维斯主编《作为公共协商的民主:新的视角》,王英津等译,中央编译出版社,2006。

[10] 詹姆斯·N.罗西瑙主编《没有政府的治理》,张胜军、刘小林等译,江西人民出版社,2001。

[11] 罗豪才、宋功德:《软法亦法:公共治理呼唤软法之治》,法律出版社,2009。

[12] 柯武刚、史漫飞:《制度经济学:社会秩序与公共政策》,韩朝华译,商务印书馆,2000。

[13] 科斯、诺思、威廉姆森等：《制度、契约与组织——从新制度经济学角度的透视》，刘刚等译，经济科学出版社，2003。

[14] 约翰·S.布鲁贝克：《高等教育哲学》，王承绪等译，浙江教育出版社，2001。

[15] 孟德斯鸠：《论法的精神》，张雁深译，商务印书馆，1961。

[16] P.诺内特、P.赛尔兹尼克：《转变中的法律与社会：迈向回应型法》，张志铭译，中国政法大学出版社，1994。

[17] 付淑琼：《高等教育系统的专业协调力量：美国大学教授协会研究》，浙江大学出版社，2011。

[18] 鲍嵘、朱华伟：《大学章程与高校内部治理结构之关系研究》，《现代教育管理》2019年第5期。

[19] 陈家刚：《当代中国的协商民主：比较的视野》，《新疆师范大学学报》（哲学社会科学版）2014年第1期。

[20] 陈家刚：《协商民主中的协商、共识与合法性》，《清华法治论衡》2009年第1期。

[21] 陈亮：《论大学学术治理能力现代化》，《华东师范大学学报》（教育科学版）2021年第2期。

[22] 程华东、刘堃：《治理视域下我国高校学术治理体系建设》，《国家教育行政学院学报》2016年第4期

[23] 段平忠、于春雪：《高校基层学术治理结构及治理能力调查研究——以W大学为例》，《高教学刊》2020年第28期。

[24] 冯婕等：《提高学术治理能力 推进跨学科协同创新》，《中国高等教育》2014年第7期。

[25] 甘永涛：《美国大学教授协会：推动共同治理制度的重要力量》，《高教探索》2009年第3期。

[26] 龚怡祖：《大学治理结构：现代大学制度的基石》，《教育研究》2009年第6期。

[27] 顾建民、刘爱生：《走出教授治学的现实困境》，《中国高等教育》

2011 年第 21 期。

[28] 顾建民：《大学有效治理及其实现机制》，《教育发展研究》2016 年第 19 期。

[29] 郭卉：《美国大学"联合治理"制度的历史发展及其价值意蕴》，《高教探索》2006 年第 2 期。

[30] 胡娟：《从学者治理，学校治理到学术治理——高等教育普及化时代的研究型大学治理》，《复旦教育论坛》2021 年第 1 期。

[31] 惠淑敏：《基于推荐——传播模型的学术论文评价方法》，《图书情报工作》2014 年第 4 期。

[32] 李芳莹、眭依凡：《基于治理价值先导的大学学术委员会章程完善——基于"双一流"建设大学学术委员会章程文本的分析》，《教育发展研究》2020 年第 19 期。

[33] 李福华：《大学治理与大学管理：概念辨析与边界确定》，《北京师范大学学报》(社会科学版) 2008 年第 4 期。

[34] 李琦：《论法律效力——关于法律上的力的一般原理》，《中外法学》1998 年第 4 期。

[35] 李文：《论默顿社会学中程理论对结构功能主义的超越》，《社会学研究》1988 年第 1 期。

[36] 李文兵：《论学术自由及其限度——〈高等教育哲学〉解读》，《高教探索》2006 年第 6 期。

[37] 刘宝存、苟鸣瀚：《普及化时代高质量高等教育体系建设的现实背景与可行路径》，《现代教育管理》2023 年第 1 期

[38] 刘晨飞、顾建民：《美国大学有效治理研究的回顾与反思》，《江苏高教》2014 年第 3 期。

[39] 刘婧：《提升学术权力与完善学术委员会制度——基于辽宁省三类高校学术委员会制度的章程文本探讨》，《重庆高教研究》2013 年第 2 期。

[40] 刘黎明、王静：《我国高校学术委员会学术权力行使的制度分析》，

《教育研究与实验》2015 年第 3 期。

[41] 刘庆斌、刘爱生：《大学治理的文化模式解析与启示》，《江苏高教》 2013 年第 3 期。

[42] 刘献君：《大学共同治理的意义及其实现方式》，《山东高等教育》 2015 年第 3 期。

[43] 刘献君：《高等学校决策的特点、问题与改进》，《高等教育研究》 2014 年第 6 期。

[44] 刘亚敏：《大学治理文化：阐释与建构》，《高教探索》2015 年第 10 期。

[45] 刘亚荣：《我国高校学术自主权变迁的实证研究》，《高等教育研究》 2008 年第 7 期。

[46] 刘莹、贾万刚：《高校学术治理的伦理考量及实践逻辑》，《山东高等 教育》2017 年第 2 期。

[47] 卢雪霞：《高校学术委员会决策机制的案例研究——以北京某 985 高 校 X 学部为例》，《大学》（研究版）2015 年第 6 期。

[48] 骆聘三：《大学治理中协商民主的应用价值及建构路径》，《湖北社会 科学》2019 年第 9 期。

[49] 马永霞、葛于壮：《集体行动视阈下大学学术治理的实践逻辑与整合 机制》，《中国高教研究》2021 年第 12 期。

[50] 钱亮：《我国大学治理结构现代化：现实困境与实践路径》，《当代教 育理论与实践》2015 年第 12 期。

[51] 曲贵卿、张海涛：《帕森斯与默顿的结构功能主义比较分析》，《通化 师范学院学报》2008 年第 9 期。

[52] 曲铭峰、龚放：《哈佛大学与当代高等教育——德里克·博克访谈 录》，《高等教育研究》2011 年第 10 期。

[53] 施晓光：《一流大学治理："双一流"建设所必需》，《探索与争鸣》 2017 年第 8 期。

[54] 眭依凡：《论大学学术权力与行政权力的协调》，《现代大学教育》

2001 年第 4 期。

[55] 汤建：《我国大学院系治理现代化：学理认识、现实困境与实践路径》，《高校教育管理》2019 年第 3 期。

[56] 汪洋、龚怡祖：《"校长退出学术委员会"的改革取向分析——兼论大学校长选拔制度的去行政化》，《高等教育研究》2014 年第 6 期。

[57] 王建华：《从正当到胜任：高校学术委员会建设的进路》，《中国高教研究》2018 年第 5 期。

[58] 王珊、苏君阳：《论学术委员会学术权力的对话伦理规范》，《清华大学教育研究》2016 年第 1 期。

[59] 王翔林：《结构功能主义的历史追溯》，《四川大学学报》（哲学社会科学版）1993 年第 1 期。

[60] 王英杰：《共同治理：世界一流大学治理的制度支撑》，《探索与争鸣》2016 年第 7 期。

[61] 王占军：《大学有效治理的路径：知识论基础与实践准则》，《中国高教研究》2018 年第 9 期。

[62] 吴伟：《论法律效力来源》，《理论界》2008 年第 2 期。

[63] 《现实与对话伦理学——J. 哈贝马斯答郭官义问》，《哲学译丛》1994 年第 2 期。

[64] 谢晖：《论法律效力》，《江苏社会科学》2003 年第 5 期。

[65] 谢笑珍：《大学学术治理行政化的制度性困境——基于组织行为学的视角》，《高教探索》2012 年第 5 期。

[66] 谢笑珍：《科层制学术治理模式的功能障碍》，《高校教育管理》2011 年第 6 期。

[67] 许晓东、阎峻、卞良：《共治视角下的学术治理体系构建》，《高等教育研究》2016 年第 9 期。

[68] 尹晓敏：《高校信息公开：从学术、立法到机制的逻辑》，《现代教育科学》2010 年第 7 期。

[69] 余利川、段鑫星：《理性的"诱惑"：加拿大大学学术治理的变革与启

示》,《复旦教育论坛》2020 年第 3 期。

[70] 俞可平:《全球治理引论》,《马克思主义与现实》2002 年第 1 期。

[71] 袁本涛:《现代大学制度、大学章程与大学治理》,《探索与争鸣》
2012 年第 4 期。

[72] 张根大:《论法律效力》,《法学研究》1998 年第 2 期。

[73] 张继龙、陈廷柱:《大学的学院学术治理现状及其改进——基于 24 所
本科院校的调查》,《清华大学教育研究》2017 年第 4 期。

[74] 张继龙:《基于协商民主的学院学术治理改革》,《教育发展研究》
2017 年第 5 期。

[75] 张继龙:《院系学术治理中的权力圈层结构——基于教师参与的视
角》,《高等教育研究》2017 年第 4 期。

[76] 张敏:《协商治理:一个成长中的新公共治理范式》,《江海学刊》
2012 年第 5 期。

[77] 张应强、周钦:《从学术单位体治理走向学术共同体治理:我国大学
学术治理改革的基本方向》,《高等教育研究》2022 年第 2 期。

[78] 周湖勇:《大学治理中的程序正义》,《高等教育研究》2015 年第
1 期。

[79] 周作宇:《元评价问题:评价的循环与价值原点》,《大学与学科》
2020 年第 1 期。

[80] 崔兴毅:《当代中国大学协商治理机制探析》,硕士学位论文,南京航
空航天大学,2016。

[81] 袁琴:《治理理论运用于中国大学之反思性研究》,硕士学位论文,暨
南大学,2011。

[82] 于杨:《治理理论视域下现代美国大学共同治理理念与实践研究》,硕
士学位论文,东北师范大学,2009。

[83] 谢虞南:《现代大学制度下的我国高校内部权力制衡机制研究》,硕士
学位论文,电子科技大学,2016。

二 英文类

[84] M. Burgan, *What Ever Happened to the Faculty: Drift and Decision in Higher Education*, Baltimore, MD: Johns Hopkins University Press, 2006.

[85] Carnegie Commission on Higher Education, *Governance of Higher Education: Six Priority Problems*, New York: McGraw-Hill, 1973.

[86] J. J. Corson, *The Governance of Colleges and Universities: Modernizing Structure and Processes*, New York: McGraw-Hill, 1975.

[87] J. S. Brubacher, W. Rudy, *Higher Education in Transition: A History of American Colleges and Universities*, New Brunswick, NJ: Transaction Publishers, 1997.

[88] H. Hawkins, *Banding Together: The Rise of National Associations in American Higher Education, 1887-1950*, Baltimore, MD: Johns Hopkins University Press, 1992.

[89] W. Locke et al., *Changing Governance and Management in Higher Education*, Dordrecht: Springer, 2011.

[90] T. Mcconnell, K. P. Mortimer, "The Faculty in University Governance," Berkeley: Center for Research and Development in Higher Education, 1971.

[91] F. Snyder, "Soft Law and Institutional Practice in the European Community," in S. Martin (ed.), *The Construction of Europe*, Kluwer Academic Publishers, 1994.

[92] G. Sue, *Making Local Governance Work: Network, Relationships and the Management of Change*, New York: Palgrave, 2001.

[93] W. G. Tierney, *The Impact of Culture on Organizational Decision Making: Theory and Practice in Higher Education*, Virginia: Stylus Publishing, 2008.

[94] H. F. De Boer, "Walking Tightropes in Higher Education," *Higher Education Policy*, 1992, 5 (3).

［95］ F. F. Harcleroad & J. S. Eaton, "The Hidden Hand: External Constituencies and Their Impact," in P. Altbach, R. Berdahl & P. Gumport (eds.), *American Higher Education in the Twenty-first Century: Social, Political, and Economic Challenges*, Baltimore, MD: Johns Hopkins University Press, 2005.

［96］ E. El-Khawas, "Are Buffer Organizations Doomed to Fail? Inevitable Dilemmas and Tensions," *Higher Education Policy*, 1992, 5 (3).

［97］ L. R. King, "The Washington Lobbyists for Higher Education," *American Political Science Review*, 1976, 71.

［98］ M. A. Murray, "Defining the Higher Education Lobby," *The Journal of Higher Education*, 1976, 47 (1).

［99］ R. Wilson, "AAUP, 92 and Ailing," *Chronicle of Higher Education*, 2007, 53 (40).

［100］ C. W. Gagel, "National Association of Industrial and Technical Teacher Educators Membership Survey Report: Comparison of 1993 and 2004 Surveys," *Journal of STEM Teacher Education*, 2006, 43 (1).

［101］ A. Rawel, "How Far Do Professional Associations Influence the Direction of Public Relations Education?" *Journal of Communication Management*, 2002, 7 (1).

附录一　中国特色大学治理准则调查问卷

尊敬的受访者：

您好！

大学治理与大学所有成员和其他利益相关者息息相关，是影响大学教育质量和知识生产的重要因素。作为公司治理现代化的一部分，我国已经出台《上市公司治理准则》，但尚未出台大学治理准则。本调查是全国教育科学规划课题"中国特色大学治理准则研究"的一部分，旨在了解、收集受访者对我国制定和出台中国特色大学治理准则的态度和看法。敬请您根据自己对这一问题的理解和认识认真作答。

填答方法：除"个人基本信息"部分和"受访者建议"部分以外，问卷其他部分的选项为五级量表形式，从左至右分别表示您对该表述的赞同程度由低到高，即从"非常不赞同"、"不赞同"、"一般"、"赞同"到"非常赞同"。

您回答的真实性对于本研究结论的准确度至关重要。在此我们郑重承诺，本调查无任何学术研究之外的目的，所得数据仅做课题研究之用，请您放心填答。

衷心感谢您的支持与配合！

"中国特色大学治理准则研究"课题组

联系邮箱：535059995@ qq. com

2022 年 10 月

A 部分：个人基本信息

1. 您的性别：

　　○男　　　　　○女

2. 您的年龄：

○18~22 岁 　　　　○23~28 岁 　　　　○29~35 岁

○36~45 岁 　　　　○46~60 岁 　　　　○60 岁以上

3. 您的学历：

○本科及以下 　　　　○硕士研究生 　　　　○博士研究生

4. 您的身份或职业（多选题）：

○在校生

○大学教学科研人员（含博士后研究人员）

○大学行政管理人员

○其他（请自愿补充填写）_____

5. 您的专业技术职称：

○正高级 　　　　○副高级 　　　　○中级

○初级 　　　　○未定级

6. 您的党政领导职务（多选题）：

○高等学校校级党政领导班子成员

○高等学校院（部）级党政领导班子成员

○高等学校基层系所党政领导班子成员

○未在高等学校任党政领导职务

○在高等学校外任领导职务

7. 您在高等学校的学术管理职务（多选题）：

○高等学校校级学术组织成员

○高等学校院（部）级学术组织成员

○高等学校基层系所（中心）学术组织成员

○未任高等学校学术管理职务

8. 您所在高校属于：

○部属"双一流"建设高校

○部属普通高校

○地方"双一流"建设高校

○地方普通本科院校

○地方普通专科院校

○不在高校（请自愿填写单位性质或名称）

○港澳台高校

9. 您的工作年限：

○30 年以上　　　　　○20~30 年　　　　　○10~20 年

○10 年以下　　　　　○未参加过工作

10. 您所在地区：

○中国东部地区（包括北京、天津、河北、辽宁、上海、江苏、浙江、福建、山东、广东和海南）

○中国中部地区（包括山西、吉林、黑龙江、安徽、江西、河南、湖北、湖南）

○中国西部地区（包括四川、重庆、贵州、云南、西藏、陕西、甘肃、青海、宁夏、新疆、广西、内蒙古）

○中国港澳台地区

B 部分：制定和推行中国特色大学治理准则的必要性和紧迫性

1. 现阶段我国有必要制定和推行中国特色大学治理准则。

非常不赞同　　　　　　　　　　　　　非常赞同

○　　　　○　　　　○　　　　○　　　　○

2. 现行高等教育法律法规和大学内部规章制度完全可以满足大学善治需求，没必要制定中国特色大学治理准则。

非常不赞同　　　　　　　　　　　　　非常赞同

○　　　　○　　　　○　　　　○　　　　○

3. 中国特色大学治理准则可在高等教育法律法规与大学内部规章制度之间起到承上启下的作用。

非常不赞同　　　　　　　　　　　　　非常赞同

○　　　　○　　　　○　　　　○　　　　○

4. 中国特色大学治理准则是我国高等教育法律法规和大学内部规章制

度的必要补充。

非常不赞同 　　　　　　　　　　　　　　　　非常赞同

　　○　　　　○　　　　○　　　　○　　　　○

5. 即便制定了中国特色大学治理准则，也不会对我国大学治理产生很大的影响。

非常不赞同 　　　　　　　　　　　　　　　　非常赞同

　　○　　　　○　　　　○　　　　○　　　　○

6. 现阶段制定和推行中国特色大学治理准则不仅具有必要性，而且具有紧迫性。

非常不赞同 　　　　　　　　　　　　　　　　非常赞同

　　○　　　　○　　　　○　　　　○　　　　○

7. 我国已经出台了一些可以称为大学治理准则的文件，中国特色大学治理准则不是新概念。

非常不赞同 　　　　　　　　　　　　　　　　非常赞同

　　○　　　　○　　　　○　　　　○　　　　○

C 部分：制定和推行中国特色大学治理准则的目的和意义

1. 中国特色大学治理准则可以完善我国现代大学治理规则和制度体系。

非常不赞同 　　　　　　　　　　　　　　　　非常赞同

　　○　　　　○　　　　○　　　　○　　　　○

2. 中国特色大学治理准则可以为大学治理提供价值指引。

非常不赞同 　　　　　　　　　　　　　　　　非常赞同

　　○　　　　○　　　　○　　　　○　　　　○

3. 中国特色大学治理准则可以为我国大学治理实践提供指南。

非常不赞同 　　　　　　　　　　　　　　　　非常赞同

　　○　　　　○　　　　○　　　　○　　　　○

4. 中国特色大学治理准则是将善治理论转化为善治实践的重要工具。

非常不赞同 　　　　　　　　　　　　　　　　非常赞同

　　○　　　　○　　　　○　　　　○　　　　○

5. 中国特色大学治理准则是实现我国高等教育治理体系和治理能力现代化的重要工具。

　非常不赞同　　　　　　　　　　　　　　　非常赞同

　　○　　　　○　　　　○　　　　○　　　　○

D 部分：中国特色大学治理准则的价值取向与内容定位

1. 中国特色大学治理准则应强调大学治理的社会公益性目的。

　非常不赞同　　　　　　　　　　　　　　　非常赞同

　　○　　　　○　　　　○　　　　○　　　　○

2. 中国特色大学治理准则应明确善治之于大学发展的意义。

　非常不赞同　　　　　　　　　　　　　　　非常赞同

　　○　　　　○　　　　○　　　　○　　　　○

3. 中国特色大学治理准则应明确大学各治理主体实行共同治理的原则。

　非常不赞同　　　　　　　　　　　　　　　非常赞同

　　○　　　　○　　　　○　　　　○　　　　○

4. 中国特色大学治理准确应明确教师和学生有权参与共同治理。

　非常不赞同　　　　　　　　　　　　　　　非常赞同

　　○　　　　○　　　　○　　　　○　　　　○

5. 中国特色大学治理准则应阐明大学各治理主体的治理伦理和道德规范。

　非常不赞同　　　　　　　　　　　　　　　非常赞同

　　○　　　　○　　　　○　　　　○　　　　○

6. 中国特色大学治理准则应阐明大学各治理主体承担的善治责任和义务。

　非常不赞同　　　　　　　　　　　　　　　非常赞同

　　○　　　　○　　　　○　　　　○　　　　○

7. 中国特色大学治理准则应阐明大学各治理主体的治理能力和素质要求。

　非常不赞同　　　　　　　　　　　　　　　非常赞同

　　○　　　　○　　　　○　　　　○　　　　○

8. 中国特色大学治理准则应阐明大学各治理主体的行为规范。

非常不赞同　　　　　　　　　　非常赞同
○　　　○　　　○　　　○　　　○

9. 中国特色大学治理准则应阐明对大学各治理主体不当治理行为的禁止性规范要求。

非常不赞同　　　　　　　　　　非常赞同
○　　　○　　　○　　　○　　　○

10. 中国特色大学治理准则应阐明沟通和协商之于大学善治的重要性。

非常不赞同　　　　　　　　　　非常赞同
○　　　○　　　○　　　○　　　○

11. 中国特色大学治理准则应阐明严守权力边界之于大学善治的重要性。

非常不赞同　　　　　　　　　　非常赞同
○　　　○　　　○　　　○　　　○

12. 中国特色大学治理准则应阐明信息公开之于大学善治的重要性。

非常不赞同　　　　　　　　　　非常赞同
○　　　○　　　○　　　○　　　○

E 部分：制定中国特色大学治理准则的依据和要求

1. 中国特色大学治理准则应以中国特色大学治理的成功实践为基础。

非常不赞同　　　　　　　　　　非常赞同
○　　　○　　　○　　　○　　　○

2. 制定中国特色大学治理准则应坚持问题导向。

非常不赞同　　　　　　　　　　非常赞同
○　　　○　　　○　　　○　　　○

3. 制定中国特色大学治理准则应着重凝聚中国特色大学善治共识。

非常不赞同　　　　　　　　　　非常赞同
○　　　○　　　○　　　○　　　○

4. 制定中国特色大学治理准则可以参照国外的相关经验。

非常不赞同　　　　　　　　　　非常赞同
○　　　○　　　○　　　○　　　○

5. 中国特色大学治理准则的规定需要相关实证研究结论支撑。

　　非常不赞同　　　　　　　　　　　　　非常赞同

　　　　○　　　　○　　　　○　　　　○　　　　○

6. 中国特色大学治理准则应以中国共产党的重要纲领性文件和《中华人民共和国高等教育法》为基本依据。

　　非常不赞同　　　　　　　　　　　　　非常赞同

　　　　○　　　　○　　　　○　　　　○　　　　○

7. 中国特色大学治理准则应对反复出现的治理情境中的特定行为作出最佳实践规定。

　　非常不赞同　　　　　　　　　　　　　非常赞同

　　　　○　　　　○　　　　○　　　　○　　　　○

8. 中国特色大学治理准则应该语言简练、清晰易懂。

　　非常不赞同　　　　　　　　　　　　　非常赞同

　　　　○　　　　○　　　　○　　　　○　　　　○

9. 中国特色大学治理准则需要对核心概念进行专门和清晰的界定，以杜绝含义的模糊性。

　　非常不赞同　　　　　　　　　　　　　非常赞同

　　　　○　　　　○　　　　○　　　　○　　　　○

10. 中国特色大学治理准则不必是一个文本，也可以是一系列不同主体制定的不同文本的集合。

　　非常不赞同　　　　　　　　　　　　　非常赞同

　　　　○　　　　○　　　　○　　　　○　　　　○

11. 针对不同类型、不同层次的大学应该制定不同的治理准则。

　　非常不赞同　　　　　　　　　　　　　非常赞同

　　　　○　　　　○　　　　○　　　　○　　　　○

12. 中国特色大学治理准则应有明确的制定、批准和发布程序。

　　非常不赞同　　　　　　　　　　　　　非常赞同

　　　　○　　　　○　　　　○　　　　○　　　　○

13. 应结合中国大学治理实际，适时对中国特色大学治理准则进行修订
和完善。

非常不赞同   非常赞同

○   ○   ○   ○   ○

F 部分：中国特色大学治理准则的制定主体及其相互关系

1. 政府主管部门是合适的中国特色大学治理准则制定主体。

非常不赞同   非常赞同

○   ○   ○   ○   ○

2. 中国特色大学治理准则应由专业性的高等教育协会组织制定。

非常不赞同   非常赞同

○   ○   ○   ○   ○

3. 我国没有合适的高等教育协会组织担任中国特色大学治理准则的制
定主体。

非常不赞同   非常赞同

○   ○   ○   ○   ○

4. 中国特色大学治理准则应由高等教育协会组织合作制定。

非常不赞同   非常赞同

○   ○   ○   ○   ○

5. 制定中国特色大学治理准则应有教育主管部门的参与。

非常不赞同   非常赞同

○   ○   ○   ○   ○

6. 政府部门不应参与中国特色大学治理准则的制定，但可以为其
背书。

非常不赞同   非常赞同

○   ○   ○   ○   ○

7. 制定出来的中国特色大学治理准则应由教育主管部门核准。

非常不赞同   非常赞同

○   ○   ○   ○   ○

8. 协会组织制定中国特色大学治理准则不需要政府授权。

非常不赞同 　　　　　　　　　　　　　　 非常赞同

○　　　　○　　　　○　　　　○　　　　○

9. 中国特色大学治理准则应由教育部牵头，组织专门的专家委员会负责制定。

非常不赞同 　　　　　　　　　　　　　　 非常赞同

○　　　　○　　　　○　　　　○　　　　○

10. 中国特色大学治理准则应由相关协会组织背书。

非常不赞同 　　　　　　　　　　　　　　 非常赞同

○　　　　○　　　　○　　　　○　　　　○

11. 中国特色大学治理准则应由各大学自己联合起来制定。

非常不赞同 　　　　　　　　　　　　　　 非常赞同

○　　　　○　　　　○　　　　○　　　　○

12. 大学可以自行制定学校层面甚至院系层面的治理准则。

非常不赞同 　　　　　　　　　　　　　　 非常赞同

○　　　　○　　　　○　　　　○　　　　○

13. 中国特色大学治理准则的制定者应该拥有解释和修订权。

非常不赞同 　　　　　　　　　　　　　　 非常赞同

○　　　　○　　　　○　　　　○　　　　○

G 部分：中国特色大学治理准则的实施

1. 中国特色大学治理准则需要配套的实施机制。

非常不赞同 　　　　　　　　　　　　　　 非常赞同

○　　　　○　　　　○　　　　○　　　　○

2. 制定主体负责中国特色大学治理准则的实施和推广。

非常不赞同 　　　　　　　　　　　　　　 非常赞同

○　　　　○　　　　○　　　　○　　　　○

3. 中国特色大学治理准则应由大学自愿遵守。

非常不赞同 　　　　　　　　　　　　　　 非常赞同

○　　　　○　　　　○　　　　○　　　　○

4. 中国特色大学治理准则的实施不应有强制性。

非常不赞同   非常赞同

       ○   ○   ○   ○   ○

5. 大学可以将中国特色大学治理准则的相关原则和治理规范要求融入章程、教师手册或其他规章制度以实现善治。

非常不赞同   非常赞同

       ○   ○   ○   ○   ○

6. 中国特色大学治理准则应成为政府部门、司法机构、仲裁机构等处理与大学相关事务时的重要依据或参考。

非常不赞同   非常赞同

       ○   ○   ○   ○   ○

7. 在出台中国特色大学治理准则之前，可以暂时不讨论其实施机制。

非常不赞同   非常赞同

       ○   ○   ○   ○   ○

H 部分：受访者建议

1. 关于出台和制定中国特色大学治理准则问题，如果您有什么建议，敬请留言：

_____

_____

2. 关于中国特色大学治理准则研究，如果您有什么建议，敬请留言：

_____

_____

问卷比较长，让您费时费心了，再次感谢您的参与！

附录二 被调查者特征变量引起的 对中国特色大学治理准则 建设问题看法和态度的 差异检验结果

表 1 不同性别变量上被调查者态度和看法呈显著性差异题项

题项	平均值		T	平均值差值	p
	男,n=166	女,n=243			
B1	4.37±1.023	4.49±0.794	−1.358	−0.122	0.007
B2	3.48±1.264	3.31±1.441	1.225	0.169	0.012
C3	4.10±1.019	4.33±0.781	−2.545	−0.227	0.043
C5	4.10±1.028	4.29±0.814	−2.144	−0.196	0.022
D1	4.17±0.966	4.24±0.824	−0.719	−0.064	0.043
D2	4.25±0.924	4.39±0.749	−1.685	−0.140	0.015
D3	4.31±0.887	4.44±0.749	−1.512	−0.123	0.016
D5	4.42±0.854	4.51±0.695	−1.178	−0.091	0.032
D6	4.40±0.880	4.48±0.700	−1.018	−0.080	0.007
D7	4.36±0.868	4.49±0.712	−1.687	−0.132	0.010
D8	4.40±.874	4.49±0.700	−1.050	−0.082	0.019
D9	4.28±0.927	4.45±0.745	−2.045	−0.170	0.003
D11	4.36±0.889	4.46±0.734	−1.183	−0.095	0.026
D12	4.36±0.909	4.52±0.700	−2.023	−0.161	0.001
E1	4.25±0.912	4.36±0.733	−1.337	−0.109	0.031
E2	4.28±0.932	4.42±0.731	−1.781	−0.147	0.019
E3	4.25±0.904	4.41±0.741	−2.015	−0.165	0.011
E5	4.29±0.895	4.48±0.670	−2.483	−0.192	0.001
E7	4.21±0.971	4.50±0.683	−3.562	−0.291	0.000
E8	4.42±0.875	4.53±0.711	−1.516	−0.119	0.015
E9	4.41±0.846	4.56±0.686	−1.919	−0.146	0.007
E11	4.25±0.994	4.51±0.729	−3.041	−0.259	0.000

续表

题项	平均值		T	平均值差值	p
	男, $n=166$	女, $n=243$			
E12	4.33±0.868	4.57±0.661	−3.204	−0.243	0.000
E13	4.39±0.857	4.60±0.631	−2.867	−0.211	0.000
F2	4.01±1.056	4.20±0.836	−2.022	−0.190	0.045
F4	3.77±1.094	4.09±0.905	−3.219	−0.319	0.004
F7	3.80±1.142	4.21±0.904	−4.049	−0.411	0.001
F9	3.65±1.170	4.05±0.980	−3.694	−0.395	0.000
F12	3.87±1.113	4.06±0.971	−1.814	−0.188	0.038
G1	4.33±0.854	4.46±0.711	−1.691	−0.131	0.016
G4	3.67±1.156	3.97±1.081	−2.648	−0.296	0.034
G5	4.16±0.947	4.40±0.710	−2.907	−0.238	0.010

表2 是否担任党政领导职务变量上被调查者态度和看法呈显著性差异题项

题项	平均值		T	平均值差值	p
	担任($n=103$)	未担任($n=306$)			
E6	4.59±0.633	4.42±0.815	1.975	0.174	0.002
E11	4.27±1.040	4.44±0.780	−1.777	−0.173	0.003
F2	4.09±1.112	4.14±0.869	−0.468	−0.050	0.010
F4	3.83±1.158	4.01±0.934	−1.600	−0.181	0.007
F11	3.51±1.259	3.78±0.815	−2.088	−0.270	0.024

表3 是否担任学术管理职务变量上被调查者态度和看法呈显著性差异题项

题项	平均值		T	平均值差值	p
	担任($n=90$)	未担任($n=319$)			
D6	4.54±0.656	4.42±0.808	1.375	0.128	0.036
E11	4.22±0.980	4.45±0.811	−2.257	−0.229	0.025

表4 年龄变量上的单因素方差分析结果（呈现显著性差异的题项）

题号		平方和	自由度	均方	F	p
F4	组间	11.268	5	2.254	2.305	0.044
	组内	394.106	403	0.978		
	总计	405.374	408			

续表

题号		平方和	自由度	均方	F	p
F10	组间	17.766	5	3.553	2.924	0.013
	组内	489.716	403	1.215		
	总计	507.482	408			
F12	组间	11.897	5	2.379	2.262	0.048
	组内	424.015	403	1.052		
	总计	435.912	408			

表 5　年龄水平上的 LSD 事后多重比较

	(I) A2	(J) A2	平均值差值 (I-J)	标准误差	p	95%置信区间	
						下限	上限
F4	18~22 岁	23~28 岁	0.168	0.172	0.329	-0.17	0.51
		29~35 岁	0.314	0.185	0.090	-0.05	0.68
		36~45 岁	0.271	0.154	0.080	-0.03	0.58
		46~60 岁	0.422*	0.150	0.005	0.13	0.72
		60 岁以上	0.777*	0.321	0.016	0.15	1.41
	23~28 岁	18~22 岁	-0.168	0.172	0.329	-0.51	0.17
		29~35 岁	0.145	0.188	0.441	-0.23	0.52
		36~45 岁	0.103	0.159	0.516	-0.21	0.42
		46~60 岁	0.253	0.155	0.103	-0.05	0.56
		60 岁以上	0.609	0.323	0.060	-0.03	1.24
	29~35 岁	18~22 岁	-0.314	0.185	0.090	-0.68	0.05
		23~28 岁	-0.145	0.188	0.441	-0.52	0.23
		36~45 岁	-0.042	0.172	0.807	-0.38	0.30
		46~60 岁	0.108	0.168	0.522	-0.22	0.44
		60 岁以上	0.464	0.330	0.161	-0.18	1.11
	36~45 岁	18~22 岁	-0.271	0.154	0.080	-0.58	0.03
		23~28 岁	-0.103	0.159	0.516	-0.42	0.21
		29~35 岁	0.042	0.172	0.807	-0.30	0.38
		46~60 岁	0.150	0.135	0.266	-0.11	0.41
		60 岁以上	0.506	0.314	0.108	-0.11	1.12
	46~60 岁	18~22 岁	-0.422*	0.150	0.005	-0.72	-0.13
		23~28 岁	-0.253	0.155	0.103	-0.56	0.05
		29~35 岁	-0.108	0.168	0.522	-0.44	0.22
		36~45 岁	-0.150	0.135	0.266	-0.41	0.11
		60 岁以上	0.356	0.312	0.255	-0.26	0.97

（I）A2	（J）A2	平均值差值（I-J）	标准误差	p	95%置信区间	
					下限	上限
F4 60岁以上	18~22岁	−0.777*	0.321	0.016	−1.41	−0.15
	23~28岁	−0.609	0.323	0.060	−1.24	0.03
	29~35岁	−0.464	0.330	0.161	−1.11	0.18
	36~45岁	−0.506	0.314	0.108	−1.12	0.11
	46~60岁	−0.356	0.312	0.255	−0.97	0.26
F10 18~22岁	23~28岁	−0.078	0.192	0.685	−0.46	0.30
	29~35岁	0.414*	0.206	0.045	0.01	0.82
	36~45岁	0.302	0.172	0.080	−0.04	0.64
	46~60岁	0.425*	0.168	0.012	0.10	0.75
	60岁以上	0.622	0.358	0.083	−0.08	1.33
23~28岁	18~22岁	0.078	0.192	0.685	−0.30	0.46
	29~35岁	0.492*	0.210	0.020	0.08	0.90
	36~45岁	0.380*	0.177	0.032	0.03	0.73
	46~60岁	0.503*	0.173	0.004	0.16	0.84
	60岁以上	0.700	0.360	0.053	−0.01	1.41
29~35岁	18~22岁	−0.414*	0.206	0.045	−0.82	−0.01
	23~28岁	−0.492*	0.210	0.020	−0.90	−0.08
	36~45岁	−0.112	0.192	0.561	−0.49	0.27
	46~60岁	0.011	0.188	0.953	−0.36	0.38
	60岁以上	0.208	0.368	0.572	−0.52	0.93
36~45岁	18~22岁	−0.302	0.172	0.080	−0.64	0.04
	23~28岁	−0.380*	0.177	0.032	−0.73	−0.03
	29~35岁	0.112	0.192	0.561	−0.27	0.49
	46~60岁	0.123	0.150	0.413	−0.17	0.42
	60岁以上	0.320	0.350	0.362	−0.37	1.01
46~60岁	18~22岁	−0.425*	0.168	0.012	−0.75	−0.10
	23~28岁	−0.503*	0.173	0.004	−0.84	−0.16
	29~35岁	−0.011	0.188	0.953	−0.38	0.36
	36~45岁	−0.123	0.150	0.413	−0.42	0.17
	60岁以上	0.197	0.348	0.572	−0.49	0.88
60岁以上	18~22岁	−0.622	0.358	0.083	−1.33	0.08
	23~28岁	−0.700	0.360	0.053	−1.41	0.01
	29~35岁	−0.208	0.368	0.572	−0.93	0.52
	36~45岁	−0.320	0.350	0.362	−1.01	0.37
	46~60岁	−0.197	0.348	0.572	−0.88	0.49

续表

(I) A2	(J) A2	平均值差值 (I-J)	标准误差	p	95%置信区间	
					下限	上限
	23~28 岁	0.112	0.179	0.532	−0.24	0.46
	29~35 岁	0.180	0.192	0.349	−0.20	0.56
18~22 岁	36~45 岁	0.070	0.160	0.661	−0.24	0.39
	46~60 岁	0.332*	0.156	0.034	0.03	0.64
	60 岁以上	0.887*	0.333	0.008	0.23	1.54
	18~22 岁	−0.112	0.179	0.532	−0.46	0.24
	29~35 岁	0.068	0.195	0.728	−0.32	0.45
23~28 岁	36~45 岁	−0.041	0.165	0.801	−0.37	0.28
	46~60 岁	0.220	0.161	0.171	−0.10	0.54
	60 岁以上	0.775*	0.335	0.021	0.12	1.43
	18~22 岁	−0.180	0.192	0.349	−0.56	0.20
	23~28 岁	−0.068	0.195	0.728	−0.45	0.32
29~35 岁	36~45 岁	−0.110	0.179	0.540	−0.46	0.24
	46~60 岁	0.152	0.175	0.385	−0.19	0.50
F12	60 岁以上	0.707*	0.342	0.040	0.03	1.38
	18~22 岁	−0.070	0.160	0.661	−0.39	0.24
	23~28 岁	0.041	0.165	0.801	−0.28	0.37
36~45 岁	29~35 岁	0.110	0.179	0.540	−0.24	0.46
	46~60 岁	0.262	0.140	0.062	−0.01	0.54
	60 岁以上	0.816*	0.326	0.013	0.18	1.46
	18~22 岁	−0.332*	0.156	0.034	−0.64	−0.03
	23~28 岁	−0.220	0.161	0.171	−0.54	0.10
46~60 岁	29~35 岁	−0.152	0.175	0.385	−0.50	0.19
	36~45 岁	−0.262	0.140	0.062	−0.54	0.01
	60 岁以上	0.555	0.324	0.087	−0.08	1.19
	18~22 岁	−0.887*	0.333	0.008	−1.54	−0.23
	23~28 岁	−0.775*	0.335	0.021	−1.43	−0.12
60 岁以上	29~35 岁	−0.707*	0.342	0.040	−1.38	−0.03
	36~45 岁	−0.816*	0.326	0.013	−1.46	−0.18
	46~60 岁	−0.555	0.324	0.087	−1.19	0.08

表6　学历变量上的单因素方差分析结果（呈现显著性差异的题项）

题号		平方和	自由度	均方	F	*p*
B2	组间	15.494	2	7.747	4.177	0.016
	组内	753.005	406	1.855		
	总计	768.499	408			
B3	组间	15.617	2	7.808	10.213	0.000
	组内	310.403	406	0.765		
	总计	326.020	408			
B4	组间	11.657	2	5.829	7.545	0.001
	组内	313.648	406	0.773		
	总计	325.305	408			
B6	组间	17.157	2	8.579	9.280	0.000
	组内	375.312	406	0.924		
	总计	392.469	408			
B7	组间	12.672	2	6.336	5.303	0.005
	组内	485.064	406	1.195		
	总计	497.736	408			
C1	组间	11.459	2	5.729	8.118	0.000
	组内	286.536	406	0.706		
	总计	297.995	408			
C2	组间	18.593	2	9.297	13.268	0.000
	组内	284.468	406	0.701		
	总计	303.061	408			
C3	组间	13.885	2	6.943	9.089	0.000
	组内	310.110	406	0.764		
	总计	323.995	408			
C4	组间	15.628	2	7.814	10.486	0.000
	组内	302.529	406	0.745		
	总计	318.157	408			
C5	组间	14.570	2	7.285	9.131	0.000
	组内	323.924	406	0.798		
	总计	338.494	408			
D1	组间	12.783	2	6.392	8.488	0.000
	组内	305.711	406	0.753		
	总计	318.494	408			

续表

	题号	平方和	自由度	均方	F	p
D2	组间	5.518	2	2.759	4.104	0.017
	组内	272.923	406	0.672		
	总计	278.441	408			
D4	组间	3.867	2	1.934	3.502	0.031
	组内	224.162	406	0.552		
	总计	228.029	408			
D10	组间	5.072	2	2.536	4.321	0.014
	组内	238.268	406	0.587		
	总计	243.340	408			
D11	组间	4.564	2	2.282	3.606	0.028
	组内	256.942	406	0.633		
	总计	261.506	408			
E1	组间	4.857	2	2.429	3.737	0.025
	组内	263.823	406	0.650		
	总计	268.680	408			
E2	组间	6.407	2	3.203	4.847	0.008
	组内	268.312	406	0.661		
	总计	274.719	408			
E10	组间	11.404	2	5.702	6.371	0.002
	组内	363.349	406	0.895		
	总计	374.753	408			
E11	组间	4.827	2	2.413	3.339	0.036
	组内	293.413	406	0.723		
	总计	298.240	408			
E12	组间	4.580	2	2.290	4.020	0.019
	组内	231.288	406	0.570		
	总计	235.868	408			
E13	组间	5.243	2	2.621	4.905	0.008
	组内	216.958	406	0.534		
	总计	222.201	408			
F1	组间	14.436	2	7.218	5.094	0.007
	组内	575.325	406	1.417		
	总计	589.761	408			

续表

题号		平方和	自由度	均方	F	p
F2	组间	6.302	2	3.151	3.652	0.027
	组内	350.338	406	0.863		
	总计	356.640	408			
F4	组间	10.535	2	5.268	5.416	0.005
	组内	394.839	406	0.973		
	总计	405.374	408			
F5	组间	11.117	2	5.558	6.372	0.002
	组内	354.179	406	0.872		
	总计	365.296	408			
F7	组间	20.419	2	10.210	10.136	0.000
	组内	408.955	406	1.007		
	总计	429.374	408			
F9	组间	34.272	2	17.136	15.836	0.000
	组内	439.327	406	1.082		
	总计	473.599	408			
F10	组间	30.980	2	15.490	13.198	0.000
	组内	476.501	406	1.174		
	总计	507.481	408			
F12	组间	7.178	2	3.589	3.399	0.034
	组内	428.734	406	1.056		
	总计	435.912	408			
F13	组间	4.800	2	2.400	3.703	0.025
	组内	263.151	406	0.648		
	总计	267.951	408			
G2	组间	11.370	2	5.685	7.913	0.000
	组内	291.692	406	0.718		
	总计	303.062	408			
G4	组间	7.931	2	3.966	3.195	0.042
	组内	503.971	406	1.241		
	总计	511.902	408			
G5	组间	5.450	2	2.725	4.095	0.017
	组内	270.159	406	0.665		
	总计	275.609	408			

题号		平方和	自由度	均方	F	p
G6	组间	10.179	2	5.089	7.606	0.001
	组内	271.675	406	0.669		
	总计	281.854	408			

表7 学历水平上的 LSD 事后多重比较

题项	（I）A3	（J）A3	平均值差值（I-J）	标准误差	p	95%置信区间 下限	95%置信区间 上限
B2	本科及以下	硕士研究生	-0.472*	0.205	0.022	-0.87	-0.07
		博士研究生	-0.566*	0.197	0.004	-0.95	-0.18
	硕士研究生	本科及以下	0.472*	0.205	0.022	0.07	0.87
		博士研究生	-0.094	0.148	0.524	-0.39	0.20
	博士研究生	本科及以下	0.566*	0.197	0.004	0.18	0.95
		硕士研究生	0.094	0.148	0.524	-0.20	0.39
B3	本科及以下	硕士研究生	0.125	0.132	0.344	-0.13	0.38
		博士研究生	0.470*	0.126	0.000	0.22	0.72
	硕士研究生	本科及以下	-0.125	0.132	0.344	-0.38	0.13
		博士研究生	0.345*	0.095	0.000	0.16	0.53
	博士研究生	本科及以下	-0.470*	0.126	0.000	-0.72	-0.22
		硕士研究生	-0.345*	0.095	0.000	-0.53	-0.16
B4	本科及以下	硕士研究生	0.107	0.132	0.421	-0.15	0.37
		博士研究生	0.405*	0.127	0.002	0.16	0.65
	硕士研究生	本科及以下	-0.107	0.132	0.421	-0.37	0.15
		博士研究生	0.298*	0.096	0.002	0.11	0.49
	博士研究生	本科及以下	-0.405*	0.127	0.002	-0.65	-0.16
		硕士研究生	-0.298*	0.096	0.002	-0.49	-0.11
B6	本科及以下	硕士研究生	0.084	0.145	0.563	-0.20	0.37
		博士研究生	0.465*	0.139	0.001	0.19	0.74
	硕士研究生	本科及以下	-0.084	0.145	0.563	-0.37	0.20
		博士研究生	0.381*	0.105	0.000	0.18	0.59
	博士研究生	本科及以下	-0.465*	0.139	0.001	-0.74	-0.19
		硕士研究生	-0.381*	0.105	0.000	-0.59	-0.18

题项	（I）A3	（J）A3	平均值差值（I-J）	标准误差	p	95%置信区间	
						下限	上限
B7	本科及以下	硕士研究生	-0.286	0.165	0.083	-0.61	0.04
		博士研究生	-0.498*	0.158	0.002	-0.81	-0.19
	硕士研究生	本科及以下	0.286	0.165	0.083	-0.04	0.61
		博士研究生	-0.212	0.119	0.075	-0.45	0.02
	博士研究生	本科及以下	0.498*	0.158	0.002	0.19	0.81
		硕士研究生	0.212	0.119	0.075	-0.02	0.45
C1	本科及以下	硕士研究生	0.018	0.127	0.886	-0.23	0.27
		博士研究生	0.347*	0.121	0.004	0.11	0.59
	硕士研究生	本科及以下	-0.018	0.127	0.886	-0.27	0.23
		博士研究生	0.329*	0.091	0.000	0.15	0.51
	博士研究生	本科及以下	-0.347*	0.121	0.004	-0.59	-0.11
		硕士研究生	-0.329*	0.091	0.000	-0.51	-0.15
C2	本科及以下	硕士研究生	0.095	0.126	0.450	-0.15	0.34
		博士研究生	0.489*	0.121	0.000	0.25	0.73
	硕士研究生	本科及以下	-0.095	0.126	0.450	-0.34	0.15
		博士研究生	0.393*	0.091	0.000	0.21	0.57
	博士研究生	本科及以下	-0.489*	0.121	0.000	-0.73	-0.25
		硕士研究生	-0.393*	0.091	0.000	-0.57	-0.21
C3	本科及以下	硕士研究生	0.088	0.132	0.502	-0.17	0.35
		博士研究生	0.426*	0.126	0.001	0.18	0.67
	硕士研究生	本科及以下	-0.088	0.132	0.502	-0.35	0.17
		博士研究生	0.338*	0.095	0.000	0.15	0.52
	博士研究生	本科及以下	-0.426*	0.126	0.001	-0.67	-0.18
		硕士研究生	-0.338*	0.095	0.000	-0.52	-0.15
C4	本科及以下	硕士研究生	-0.166	0.130	0.204	-0.42	0.09
		博士研究生	0.260*	0.125	0.038	0.01	0.51
	硕士研究生	本科及以下	0.166	0.130	0.204	-0.09	0.42
		博士研究生	0.425*	0.094	0.000	0.24	0.61
	博士研究生	本科及以下	-0.260*	0.125	0.038	-0.51	-0.01
		硕士研究生	-0.425*	0.094	0.000	-0.61	-0.24

续表

题项	（I）A3	（J）A3	平均值差值（I-J）	标准误差	p	95%置信区间 下限	95%置信区间 上限
C5	本科及以下	硕士研究生	−0.066	0.135	0.625	−0.33	0.20
		博士研究生	0.329*	0.129	0.011	0.08	0.58
	硕士研究生	本科及以下	0.066	0.135	0.625	−0.20	0.33
		博士研究生	0.395*	0.097	0.000	0.20	0.59
	博士研究生	本科及以下	−0.329*	0.129	0.011	−0.58	−0.08
		硕士研究生	−0.395*	0.097	0.000	−0.59	−0.20
D1	本科及以下	硕士研究生	−0.113	0.131	0.386	−0.37	0.14
		博士研究生	0.266*	0.125	0.034	0.02	0.51
	硕士研究生	本科及以下	0.113	0.131	0.386	−0.14	0.37
		博士研究生	0.380*	0.094	0.000	0.19	0.57
	博士研究生	本科及以下	−0.266*	0.125	0.034	−0.51	−0.02
		硕士研究生	−0.380*	0.094	0.000	−0.57	−0.19
D2	本科及以下	硕士研究生	0.025	0.123	0.840	−0.22	0.27
		博士研究生	0.249*	0.119	0.036	0.02	0.48
	硕士研究生	本科及以下	−0.025	0.123	0.840	−0.27	0.22
		博士研究生	0.224*	0.089	0.012	0.05	0.40
	博士研究生	本科及以下	−0.249*	0.119	0.036	−0.48	−0.02
		硕士研究生	−0.224*	0.089	0.012	−0.40	−0.05
D4	本科及以下	硕士研究生	0.000	0.112	1.000	−0.22	0.22
		博士研究生	0.195	0.107	0.071	−0.02	0.41
	硕士研究生	本科及以下	0.000	0.112	1.000	−0.22	0.22
		博士研究生	0.195*	0.081	0.017	0.04	0.35
	博士研究生	本科及以下	−0.195	0.107	0.071	−0.41	0.02
		硕士研究生	−0.195*	0.081	0.017	−0.35	−0.04
D10	本科及以下	硕士研究生	−0.023	0.115	0.844	−0.25	0.20
		博士研究生	0.206	0.111	0.063	−0.01	0.42
	硕士研究生	本科及以下	0.023	0.115	0.844	−0.20	0.25
		博士研究生	0.229*	0.083	0.006	0.07	0.39
	博士研究生	本科及以下	−0.206	0.111	0.063	−0.42	0.01
		硕士研究生	−0.229*	0.083	0.006	−0.39	−0.07

题项	(I) A3	(J) A3	平均值差值 (I-J)	标准误差	p	95%置信区间 下限	上限
D11	本科及以下	硕士研究生	−0.061	0.120	0.610	−0.30	0.17
		博士研究生	0.165	0.115	0.153	−0.06	0.39
	硕士研究生	本科及以下	0.061	0.120	0.610	−0.17	0.30
		博士研究生	0.226*	0.087	0.009	0.06	0.40
	博士研究生	本科及以下	−0.165	0.115	0.153	−0.39	0.06
		硕士研究生	−0.226*	0.087	0.009	−0.40	−0.06
E1	本科及以下	硕士研究生	−0.016	0.121	0.896	−0.25	0.22
		博士研究生	0.207	0.117	0.077	−0.02	0.44
	硕士研究生	本科及以下	0.016	0.121	0.896	−0.22	0.25
		博士研究生	0.223*	0.088	0.012	0.05	0.39
	博士研究生	本科及以下	−0.207	0.117	0.077	−0.44	0.02
		硕士研究生	−0.223*	0.088	0.012	−0.39	−0.05
E2	本科及以下	硕士研究生	0.032	0.122	0.796	−0.21	0.27
		博士研究生	0.272*	0.118	0.021	0.04	0.50
	硕士研究生	本科及以下	−0.032	0.122	0.796	−0.27	0.21
		博士研究生	0.240*	0.088	0.007	0.07	0.41
	博士研究生	本科及以下	−0.272*	0.118	0.021	−0.50	−0.04
		硕士研究生	−0.240*	0.088	0.007	−0.41	−0.07
E10	本科及以下	硕士研究生	0.113	0.142	0.427	−0.17	0.39
		博士研究生	0.405*	0.137	0.003	0.14	0.67
	硕士研究生	本科及以下	−0.113	0.142	0.427	−0.39	0.17
		博士研究生	0.292*	0.103	0.005	0.09	0.49
	博士研究生	本科及以下	−0.405*	0.137	0.003	−0.67	−0.14
		硕士研究生	−0.292*	0.103	0.005	−0.49	−0.09
E11	本科及以下	硕士研究生	−0.063	0.128	0.620	−0.32	0.19
		博士研究生	0.169	0.123	0.170	−0.07	0.41
	硕士研究生	本科及以下	0.063	0.128	0.620	−0.19	0.32
		博士研究生	0.232*	0.092	0.012	0.05	0.41
	博士研究生	本科及以下	−0.169	0.123	0.170	−0.41	0.07
		硕士研究生	−0.232*	0.092	0.012	−0.41	−0.05

续表

题项	（I）A3	（J）A3	平均值差值（I-J）	标准误差	p	95%置信区间	
						下限	上限
E12	本科及以下	硕士研究生	-0.045	0.114	0.690	-0.27	0.18
		博士研究生	0.178	0.109	0.104	-0.04	0.39
	硕士研究生	本科及以下	0.045	0.114	0.690	-0.18	0.27
		博士研究生	0.223*	0.082	0.007	0.06	0.38
	博士研究生	本科及以下	-0.178	0.109	0.104	-0.39	0.04
		硕士研究生	-0.223*	0.082	0.007	-0.38	-0.06
E13	本科及以下	硕士研究生	0.068	0.110	0.537	-0.15	0.28
		博士研究生	0.270*	0.106	0.011	0.06	0.48
	硕士研究生	本科及以下	-0.068	0.110	0.537	-0.28	0.15
		博士研究生	0.202*	0.080	0.012	0.05	0.36
	博士研究生	本科及以下	-0.270*	0.106	0.011	-0.48	-0.06
		硕士研究生	-0.202*	0.080	0.012	-0.36	-0.05
F1	本科及以下	硕士研究生	-0.025	0.179	0.889	-0.38	0.33
		博士研究生	0.358*	0.172	0.038	0.02	0.70
	硕士研究生	本科及以下	0.025	0.179	0.889	-0.33	0.38
		博士研究生	0.383*	0.129	0.003	0.13	0.64
	博士研究生	本科及以下	-0.358*	0.172	0.038	-0.70	-0.02
		硕士研究生	-0.383*	0.129	0.003	-0.64	-0.13
F2	本科及以下	硕士研究生	0.166	0.140	0.237	-0.11	0.44
		博士研究生	0.339*	0.134	0.012	0.08	0.60
	硕士研究生	本科及以下	-0.166	0.140	0.237	-0.44	0.11
		博士研究生	0.174	0.101	0.086	-0.02	0.37
	博士研究生	本科及以下	-0.339*	0.134	0.012	-0.60	-0.08
		硕士研究生	-0.174	0.101	0.086	-0.37	0.02
F4	本科及以下	硕士研究生	0.190	0.149	0.200	-0.10	0.48
		博士研究生	0.429*	0.143	0.003	0.15	0.71
	硕士研究生	本科及以下	-0.190	0.149	0.200	-0.48	0.10
		博士研究生	0.239*	0.107	0.027	0.03	0.45
	博士研究生	本科及以下	-0.429*	0.143	0.003	-0.71	-0.15
		硕士研究生	-0.239*	0.107	0.027	-0.45	-0.03

续表

题项	（I）A3	（J）A3	平均值差值（I-J）	标准误差	p	95%置信区间 下限	95%置信区间 上限
F5	本科及以下	硕士研究生	0.027	0.141	0.847	−0.25	0.30
		博士研究生	0.348*	0.135	0.010	0.08	0.61
	硕士研究生	本科及以下	−0.027	0.141	0.847	−0.30	0.25
		博士研究生	0.321*	0.102	0.002	0.12	0.52
	博士研究生	本科及以下	−0.348*	0.135	0.010	−0.61	−0.08
		硕士研究生	−0.321*	0.102	0.002	−0.52	−0.12
F7	本科及以下	硕士研究生	−0.134	0.151	0.377	−0.43	0.16
		博士研究生	0.345*	0.145	0.018	0.06	0.63
	硕士研究生	本科及以下	0.134	0.151	0.377	−0.16	0.43
		博士研究生	0.478*	0.109	0.000	0.26	0.69
	博士研究生	本科及以下	−0.345*	0.145	0.018	−0.63	−0.06
		硕士研究生	−0.478*	0.109	0.000	−0.69	−0.26
F9	本科及以下	硕士研究生	−0.034	0.157	0.828	−0.34	0.27
		博士研究生	0.555*	0.150	0.000	0.26	0.85
	硕士研究生	本科及以下	0.034	0.157	0.828	−0.27	0.34
		博士研究生	0.589*	0.113	0.000	0.37	0.81
	博士研究生	本科及以下	−0.555*	0.150	0.000	−0.85	−0.26
		硕士研究生	−0.589*	0.113	0.000	−0.81	−0.37
F10	本科及以下	硕士研究生	0.211	0.163	0.197	−0.11	0.53
		博士研究生	0.681*	0.157	0.000	0.37	0.99
	硕士研究生	本科及以下	−0.211	0.163	0.197	−0.53	0.11
		博士研究生	0.470*	0.118	0.000	0.24	0.70
	博士研究生	本科及以下	−0.681*	0.157	0.000	−0.99	−0.37
		硕士研究生	−0.470*	0.118	0.000	−0.70	−0.24
F12	本科及以下	硕士研究生	−0.005	0.155	0.977	−0.31	0.30
		博士研究生	0.262	0.149	0.079	−0.03	0.55
	硕士研究生	本科及以下	0.005	0.155	0.977	−0.30	0.31
		博士研究生	0.266*	0.112	0.018	0.05	0.49
	博士研究生	本科及以下	−0.262	0.149	0.079	−0.55	0.03
		硕士研究生	−0.266*	0.112	0.018	−0.49	−0.05

续表

题项	（I）A3	（J）A3	平均值差值（I–J）	标准误差	p	95%置信区间	
						下限	上限
F13	本科及以下	硕士研究生	0.141	0.121	0.247	−0.10	0.38
		博士研究生	0.294*	0.116	0.012	0.07	0.52
	硕士研究生	本科及以下	−0.141	0.121	0.247	−0.38	0.10
		博士研究生	0.154	0.088	0.080	−0.02	0.33
	博士研究生	本科及以下	−0.294*	0.116	0.012	−0.52	−0.07
		硕士研究生	−0.154	0.088	0.080	−0.33	0.02
G2	本科及以下	硕士研究生	−0.170	0.128	0.183	−0.42	0.08
		博士研究生	0.195	0.123	0.112	−0.05	0.44
	硕士研究生	本科及以下	0.170	0.128	0.183	−0.08	0.42
		博士研究生	0.365*	0.092	0.000	0.18	0.55
	博士研究生	本科及以下	−0.195	0.123	0.112	−0.44	0.05
		硕士研究生	−0.365*	0.092	0.000	−0.55	−0.18
G4	本科及以下	硕士研究生	0.043	0.168	0.797	−0.29	0.37
		博士研究生	0.307	0.161	0.057	−0.01	0.62
	硕士研究生	本科及以下	−0.043	0.168	0.797	−0.37	0.29
		博士研究生	0.264*	0.121	0.030	0.03	0.50
	博士研究生	本科及以下	−0.307	0.161	0.057	−0.62	0.01
		硕士研究生	−0.264*	0.121	0.030	−0.50	−0.03
G5	本科及以下	硕士研究生	0.050	0.123	0.685	−0.19	0.29
		博士研究生	0.264*	0.118	0.026	0.03	0.50
	硕士研究生	本科及以下	−0.050	0.123	0.685	−0.29	0.19
		博士研究生	0.214*	0.089	0.016	0.04	0.39
	博士研究生	本科及以下	−0.264*	0.118	0.026	−0.50	−0.03
		硕士研究生	−0.214*	0.089	0.016	−0.39	−0.04
G6	本科及以下	硕士研究生	0.000	0.123	1.000	−0.24	0.24
		博士研究生	0.316*	0.118	0.008	0.08	0.55
	硕士研究生	本科及以下	0.000	0.123	1.000	−0.24	0.24
		博士研究生	0.316*	0.089	0.000	0.14	0.49
	博士研究生	本科及以下	−0.316*	0.118	0.008	−0.55	−0.08
		硕士研究生	−0.316*	0.089	0.000	−0.49	−0.14

表 8　身份或职业变量上的单因素方差分析结果（呈现显著性差异的题项）

题号		平方和	自由度	均方	F	p
B2	组间	23.381	4	5.845	3.169	0.014
	组内	745.117	404	1.844		
	总计	768.498	408			
B3	组间	11.000	4	2.750	3.527	0.008
	组内	315.020	404	0.780		
	总计	326.020	408			
B4	组间	8.278	4	2.069	2.637	0.034
	组内	317.028	404	0.785		
	总计	325.306	408			
B7	组间	13.863	4	3.466	2.894	0.022
	组内	483.873	404	1.198		
	总计	497.736	408			
C1	组间	7.940	4	1.985	2.765	0.027
	组内	290.055	404	0.718		
	总计	297.995	408			
C2	组间	9.559	4	2.390	3.290	0.011
	组内	293.502	404	0.726		
	总计	303.061	408			
F5	组间	8.935	4	2.234	2.532	0.040
	组内	356.361	404	0.882		
	总计	365.296	408			
F7	组间	13.601	4	3.400	3.304	0.011
	组内	415.773	404	1.029		
	总计	429.374	408			
F9	组间	13.073	4	3.268	2.867	0.023
	组内	460.526	404	1.140		
	总计	473.599	408			
F10	组间	18.429	4	4.607	3.806	0.005
	组内	489.053	404	1.211		
	总计	507.482	408			

表9 身份或职业上的 LSD 事后多重比较

题项	（I）A4	（J）A4	平均值差值（I-J）	标准误差	p	95%置信区间下限	95%置信区间上限
B2	在校生	大学教学科研人员（含博士后研究人员）	-0.253	0.157	0.109	-0.56	0.06
		大学行政管理人员	-0.146	0.245	0.550	-0.63	0.34
		大学内部其他人员	-0.809*	0.396	0.042	-1.59	-0.03
		非大学内部人员	0.405	0.239	0.091	-0.06	0.87
	大学教学科研人员（含博士后研究人员）	在校生	0.253	0.157	0.109	-0.06	0.56
		大学行政管理人员	0.107	0.234	0.649	-0.35	0.57
		大学内部其他人员	-0.556	0.389	0.154	-1.32	0.21
		非大学内部人员	0.658*	0.227	0.004	0.21	1.10
	大学行政管理人员	在校生	0.146	0.245	0.550	-0.34	0.63
		大学教学科研人员（含博士后研究人员）	-0.107	0.234	0.649	-0.57	0.35
		大学内部其他人员	-0.662	0.432	0.126	-1.51	0.19
		非大学内部人员	0.551	0.295	0.062	-0.03	1.13
	大学内部其他人员	在校生	0.809*	0.396	0.042	0.03	1.59
		大学教学科研人员（含博士后研究人员）	0.556	0.389	0.154	-0.21	1.32
		大学行政管理人员	0.662	0.432	0.126	-0.19	1.51
		非大学内部人员	1.213*	0.429	0.005	0.37	2.06
	非大学内部人员	在校生	-0.405	0.239	0.091	-0.87	0.06
		大学教学科研人员（含博士后研究人员）	-0.658*	0.227	0.004	-1.10	-0.21
		大学行政管理人员	-0.551	0.295	0.062	-1.13	0.03
		大学内部其他人员	-1.213*	0.429	0.005	-2.06	-0.37
B3	在校生	大学教学科研人员（含博士后研究人员）	0.268*	0.102	0.009	0.07	0.47
		大学行政管理人员	-0.122	0.159	0.444	-0.43	0.19
		大学内部其他人员	-0.193	0.258	0.453	-0.70	0.31
		非大学内部人员	-0.073	0.155	0.640	-0.38	0.23
	大学教学科研人员（含博士后研究人员）	在校生	-0.268*	0.102	0.009	-0.47	-0.07
		大学行政管理人员	-0.390*	0.152	0.011	-0.69	-0.09
		大学内部其他人员	-0.462	0.253	0.069	-0.96	0.04
		非大学内部人员	-0.341*	0.148	0.022	-0.63	-0.05

续表

题项	(I)A4	(J)A4	平均值差值(I-J)	标准误差	p	95%置信区间 下限	95%置信区间 上限
B3	大学行政管理人员	在校生	0.122	0.159	0.444	−0.19	0.43
		大学教学科研人员（含博士后研究人员）	0.390 *	0.152	0.011	0.09	0.69
		大学内部其他人员	−0.071	0.281	0.800	−0.62	0.48
		非大学内部人员	0.049	0.192	0.797	−0.33	0.43
	大学内部其他人员	在校生	0.193	0.258	0.453	−0.31	0.70
		大学教学科研人员（含博士后研究人员）	0.462	0.253	0.069	−0.04	0.96
		大学行政管理人员	0.071	0.281	0.800	−0.48	0.62
		非大学内部人员	0.121	0.279	0.665	−0.43	0.67
	非大学内部人员	在校生	0.073	0.155	0.640	−0.23	0.38
		大学教学科研人员（含博士后研究人员）	0.341 *	0.148	0.022	0.05	0.63
		大学行政管理人员	−0.049	0.192	0.797	−0.43	0.33
		大学内部其他人员	−0.121	0.279	0.665	−0.67	0.43
B4	在校生	大学教学科研人员（含博士后研究人员）	0.232 *	0.103	0.024	0.03	0.43
		大学行政管理人员	−0.098	0.160	0.542	−0.41	0.22
		大学内部其他人员	−0.298	0.258	0.249	−0.81	0.21
		非大学内部人员	0.044	0.156	0.776	−0.26	0.35
	大学教学科研人员（含博士后研究人员）	在校生	−0.232 *	0.103	0.024	−0.43	−0.03
		大学行政管理人员	−0.330 *	0.153	0.032	−0.63	−0.03
		大学内部其他人员	−0.530 *	0.254	0.037	−1.03	−0.03
		非大学内部人员	−0.188	0.148	0.207	−0.48	0.10
	大学行政管理人员	在校生	0.098	0.160	0.542	−0.22	0.41
		大学教学科研人员（含博士后研究人员）	0.330 *	0.153	0.032	0.03	0.63
		大学内部其他人员	−0.201	0.282	0.477	−0.76	0.35
		非大学内部人员	0.142	0.192	0.461	−0.24	0.52
	大学内部其他人员	在校生	0.298	0.258	0.249	−0.21	0.81
		大学教学科研人员（含博士后研究人员）	0.530 *	0.254	0.037	0.03	1.03
		大学行政管理人员	0.201	0.282	0.477	−0.35	0.76
		非大学内部人员	0.343	0.280	0.221	−0.21	0.89

续表

题项	（I）A4	（J）A4	平均值差值（I-J）	标准误差	p	95%置信区间 下限	95%置信区间 上限
B4	非大学内部人员	在校生	-0.044	0.156	0.776	-0.35	0.26
		大学教学科研人员（含博士后研究人员）	0.188	0.148	0.207	-0.10	0.48
		大学行政管理人员	-0.142	0.192	0.461	-0.52	0.24
		大学内部其他人员	-0.343	0.280	0.221	-0.89	0.21
B7	在校生	大学教学科研人员（含博士后研究人员）	-0.181	0.127	0.156	-0.43	0.07
		大学行政管理人员	-0.138	0.197	0.484	-0.53	0.25
		大学内部其他人员	-0.707 *	0.319	0.027	-1.33	-0.08
		非大学内部人员	0.288	0.192	0.135	-0.09	0.67
	大学教学科研人员（含博士后研究人员）	在校生	0.181	0.127	0.156	-0.07	0.43
		大学行政管理人员	0.042	0.189	0.823	-0.33	0.41
		大学内部其他人员	-0.526	0.314	0.094	-1.14	0.09
		非大学内部人员	0.469 *	0.183	0.011	0.11	0.83
	大学行政管理人员	在校生	0.138	0.197	0.484	-0.25	0.53
		大学教学科研人员（含博士后研究人员）	-0.042	0.189	0.823	-0.41	0.33
		大学内部其他人员	-0.568	0.348	0.103	-1.25	0.12
		非大学内部人员	0.426	0.238	0.073	-0.04	0.89
	大学内部其他人员	在校生	0.707 *	0.319	0.027	0.08	1.33
		大学教学科研人员（含博士后研究人员）	0.526	0.314	0.094	-0.09	1.14
		大学行政管理人员	0.568	0.348	0.103	-0.12	1.25
		非大学内部人员	0.995 *	0.345	0.004	0.32	1.67
	非大学内部人员	在校生	-0.288	0.192	0.135	-0.67	0.09
		大学教学科研人员（含博士后研究人员）	-0.469 *	0.183	0.011	-0.83	-0.11
		大学行政管理人员	-0.426	0.238	0.073	-0.89	0.04
		大学内部其他人员	-0.995 *	0.345	0.004	-1.67	-0.32
C1	在校生	大学教学科研人员（含博士后研究人员）	0.205 *	0.098	0.038	0.01	0.40
		大学行政管理人员	-0.163	0.153	0.288	-0.46	0.14
		大学内部其他人员	-0.084	0.247	0.735	-0.57	0.40
		非大学内部人员	-0.108	0.149	0.467	-0.40	0.18

题项	（I）A4	（J）A4	平均值差值(I-J)	标准误差	p	95%置信区间	
						下限	上限
C1	大学教学科研人员（含博士后研究人员）	在校生	-0.205*	0.098	0.038	-0.40	-0.01
		大学行政管理人员	-0.368*	0.146	0.012	-0.65	-0.08
		大学内部其他人员	-0.289	0.243	0.235	-0.77	0.19
		非大学内部人员	-0.313*	0.142	0.028	-0.59	-0.03
	大学行政管理人员	在校生	0.163	0.153	0.288	-0.14	0.46
		大学教学科研人员（含博士后研究人员）	0.368*	0.146	0.012	0.08	0.65
		大学内部其他人员	0.079	0.270	0.770	-0.45	0.61
		非大学内部人员	0.054	0.184	0.768	-0.31	0.42
	大学内部其他人员	在校生	0.084	0.247	0.735	-0.40	0.57
		大学教学科研人员（含博士后研究人员）	0.289	0.243	0.235	-0.19	0.77
		大学行政管理人员	-0.079	0.270	0.770	-0.61	0.45
		非大学内部人员	-0.024	0.267	0.927	-0.55	0.50
	非大学内部人员	在校生	0.108	0.149	0.467	-0.18	0.40
		大学教学科研人员（含博士后研究人员）	0.313*	0.142	0.028	0.03	0.59
		大学行政管理人员	-0.054	0.184	0.768	-0.42	0.31
		大学内部其他人员	0.024	0.267	0.927	-0.50	0.55
C2	在校生	大学教学科研人员（含博士后研究人员）	0.275*	0.099	0.006	0.08	0.47
		大学行政管理人员	-0.024	0.154	0.874	-0.33	0.28
		大学内部其他人员	0.058	0.249	0.815	-0.43	0.55
		非大学内部人员	-0.111	0.150	0.457	-0.41	0.18
	大学教学科研人员（含博士后研究人员）	在校生	-0.275*	0.099	0.006	-0.47	-0.08
		大学行政管理人员	-0.300*	0.147	0.042	-0.59	-0.01
		大学内部其他人员	-0.217	0.244	0.375	-0.70	0.26
		非大学内部人员	-0.387*	0.143	0.007	-0.67	-0.11
	大学行政管理人员	在校生	0.024	0.154	0.874	-0.28	0.33
		大学教学科研人员（含博士后研究人员）	0.300*	0.147	0.042	0.01	0.59
		大学内部其他人员	0.083	0.271	0.761	-0.45	0.62
		非大学内部人员	-0.087	0.185	0.638	-0.45	0.28

续表

题项	（I）A4	（J）A4	平均值差值（I-J）	标准误差	p	95%置信区间	
						下限	上限
C2	大学内部其他人员	在校生	−0.058	0.249	0.815	−0.55	0.43
		大学教学科研人员（含博士后研究人员）	0.217	0.244	0.375	−0.26	0.70
		大学行政管理人员	−0.083	0.271	0.761	−0.62	0.45
		非大学内部人员	−0.170	0.269	0.529	−0.70	0.36
	非大学内部人员	在校生	0.111	0.150	0.457	−0.18	0.41
		大学教学科研人员（含博士后研究人员）	0.387*	0.143	0.007	0.11	0.67
		大学行政管理人员	0.087	0.185	0.638	−0.28	0.45
		大学内部其他人员	0.170	0.269	0.529	−0.36	0.70
F5	在校生	大学教学科研人员（含博士后研究人员）	0.220*	0.109	0.044	0.01	0.43
		大学行政管理人员	−0.114	0.169	0.502	−0.45	0.22
		大学内部其他人员	0.483	0.274	0.079	−0.06	1.02
		非大学内部人员	−0.066	0.165	0.689	−0.39	0.26
	大学教学科研人员（含博士后研究人员）	在校生	−0.220*	0.109	0.044	−0.43	−0.01
		大学行政管理人员	−0.334*	0.162	0.040	−0.65	−0.02
		大学内部其他人员	0.263	0.269	0.330	−0.27	0.79
		非大学内部人员	−0.286	0.157	0.069	−0.60	0.02
	大学行政管理人员	在校生	0.114	0.169	0.502	−0.22	0.45
		大学教学科研人员（含博士后研究人员）	0.334*	0.162	0.040	0.02	0.65
		大学内部其他人员	0.597*	0.299	0.047	0.01	1.18
		非大学内部人员	0.048	0.204	0.815	−0.35	0.45
	大学内部其他人员	在校生	−0.483	0.274	0.079	−1.02	0.06
		大学教学科研人员（含博士后研究人员）	−0.263	0.269	0.330	−0.79	0.27
		大学行政管理人员	−0.597*	0.299	0.047	−1.18	−0.01
		非大学内部人员	−0.549	0.296	0.065	−1.13	0.03
	非大学内部人员	在校生	0.066	0.165	0.689	−0.26	0.39
		大学教学科研人员（含博士后研究人员）	0.286	0.157	0.069	−0.02	0.60
		大学行政管理人员	−0.048	0.204	0.815	−0.45	0.35
		大学内部其他人员	0.549	0.296	0.065	−0.03	1.13

续表

题项	（I）A4	（J）A4	平均值差值(I-J)	标准误差	*p*	95%置信区间 下限	95%置信区间 上限
F7	在校生	大学教学科研人员（含博士后研究人员）	0.261*	0.118	0.027	0.03	0.49
		大学行政管理人员	−0.163	0.183	0.375	−0.52	0.20
		大学内部其他人员	0.616*	0.296	0.038	0.03	1.20
		非大学内部人员	−0.073	0.178	0.683	−0.42	0.28
	大学教学科研人员（含博士后研究人员）	在校生	−0.261*	0.118	0.027	−0.49	−0.03
		大学行政管理人员	−0.423*	0.175	0.016	−0.77	−0.08
		大学内部其他人员	0.355	0.291	0.223	−0.22	0.93
		非大学内部人员	−0.334	0.170	0.050	−0.67	0.00
	大学行政管理人员	在校生	0.163	0.183	0.375	−0.20	0.52
		大学教学科研人员（含博士后研究人员）	0.423*	0.175	0.016	0.08	0.77
		大学内部其他人员	0.779*	0.323	0.016	0.14	1.41
		非大学内部人员	0.090	0.220	0.684	−0.34	0.52
	大学内部其他人员	在校生	−0.616*	0.296	0.038	−1.20	−0.03
		大学教学科研人员（含博士后研究人员）	−0.355	0.291	0.223	−0.93	0.22
		大学行政管理人员	−0.779*	0.323	0.016	−1.41	−0.14
		非大学内部人员	−0.689*	0.320	0.032	−1.32	−0.06
	非大学内部人员	在校生	0.073	0.178	0.683	−0.28	0.42
		大学教学科研人员（含博士后研究人员）	0.334	0.170	0.050	0.00	0.67
		大学行政管理人员	−0.090	0.220	0.684	−0.52	0.34
		大学内部其他人员	0.689*	0.320	0.032	0.06	1.32
F9	在校生	大学教学科研人员（含博士后研究人员）	0.314*	0.124	0.011	0.07	0.56
		大学行政管理人员	0.057	0.193	0.768	−0.32	0.44
		大学内部其他人员	0.417	0.311	0.181	−0.19	1.03
		非大学内部人员	−0.149	0.188	0.426	−0.52	0.22
	大学教学科研人员（含博士后研究人员）	在校生	−0.314*	0.124	0.011	−0.56	−0.07
		大学行政管理人员	−0.258	0.184	0.162	−0.62	0.10
		大学内部其他人员	0.103	0.306	0.737	−0.50	0.70
		非大学内部人员	−0.464*	0.179	0.010	−0.82	−0.11

续表

题项	（I）A4	（J）A4	平均值差值(I-J)	标准误差	p	95%置信区间 下限	95%置信区间 上限
F9	大学行政管理人员	在校生	-0.057	0.193	0.768	-0.44	0.32
		大学教学科研人员（含博士后研究人员）	0.258	0.184	0.162	-0.10	0.62
		大学内部其他人员	0.360	0.340	0.290	-0.31	1.03
		非大学内部人员	-0.206	0.232	0.374	-0.66	0.25
	大学内部其他人员	在校生	-0.417	0.311	0.181	-1.03	0.19
		大学教学科研人员（含博士后研究人员）	-0.103	0.306	0.737	-0.70	0.50
		大学行政管理人员	-0.360	0.340	0.290	-1.03	0.31
		非大学内部人员	-0.566	0.337	0.094	-1.23	0.10
	非大学内部人员	在校生	0.149	0.188	0.426	-0.22	0.52
		大学教学科研人员（含博士后研究人员）	0.464*	0.179	0.010	0.11	0.82
		大学行政管理人员	0.206	0.232	0.374	-0.25	0.66
		大学内部其他人员	0.566	0.337	0.094	-0.10	1.23
F10	在校生	大学教学科研人员（含博士后研究人员）	0.452*	0.128	0.000	0.20	0.70
		大学行政管理人员	0.211	0.198	0.287	-0.18	0.60
		大学内部其他人员	0.121	0.321	0.706	-0.51	0.75
		非大学内部人员	-0.010	0.193	0.960	-0.39	0.37
	大学教学科研人员（含博士后研究人员）	在校生	-0.452*	0.128	0.000	-0.70	-0.20
		大学行政管理人员	-0.240	0.190	0.206	-0.61	0.13
		大学内部其他人员	-0.330	0.316	0.296	-0.95	0.29
		非大学内部人员	-0.461*	0.184	0.013	-0.82	-0.10
	大学行政管理人员	在校生	-0.211	0.198	0.287	-0.60	0.18
		大学教学科研人员（含博士后研究人员）	0.240	0.190	0.206	-0.13	0.61
		大学内部其他人员	-0.090	0.350	0.797	-0.78	0.60
		非大学内部人员	-0.221	0.239	0.355	-0.69	0.25
	大学内部其他人员	在校生	-0.121	0.321	0.706	-0.75	0.51
		大学教学科研人员（含博士后研究人员）	0.330	0.316	0.296	-0.29	0.95
		大学行政管理人员	0.090	0.350	0.797	-0.60	0.78
		非大学内部人员	-0.131	0.347	0.706	-0.81	0.55

续表

题项	（I）A4	（J）A4	平均值差值(I-J)	标准误差	p	95%置信区间 下限	95%置信区间 上限
F10	非大学内部人员	在校生	0.010	0.193	0.960	−0.37	0.39
		大学教学科研人员（含博士后研究人员）	0.461*	0.184	0.013	0.10	0.82
		大学行政管理人员	0.221	0.239	0.355	−0.25	0.69
		大学内部其他人员	0.131	0.347	0.706	−0.55	0.81

注：为行文简洁，对部分选项，如"大学内部其他人员"等只列出基本名称，相关说明未列出。

表10　专业技术职称变量上的单因素方差分析结果（呈现显著性差异的题项）

	题号	平方和	自由度	均方	F	p
B3	组间	8.107	4	2.027	2.576	0.037
	组内	317.912	404	0.787		
	总计	326.019	408			
B6	组间	9.476	4	2.369	2.499	0.042
	组内	382.994	404	0.948		
	总计	392.470	408			
C2	组间	9.199	4	2.300	3.162	0.014
	组内	293.862	404	0.727		
	总计	303.061	408			
C3	组间	9.447	4	2.362	3.034	0.017
	组内	314.548	404	0.779		
	总计	323.995	408			
C4	组间	10.055	4	2.514	3.296	0.011
	组内	308.102	404	0.763		
	总计	318.157	408			
C5	组间	8.574	4	2.144	2.625	0.034
	组内	329.920	404	0.817		
	总计	338.494	408			
E11	组间	10.175	4	2.544	3.568	0.007
	组内	288.065	404	0.713		
	总计	298.240	408			
E12	组间	5.908	4	1.477	2.595	0.036
	组内	229.960	404	0.569		
	总计	235.868	408			

续表

题号		平方和	自由度	均方	F	p
E13	组间	5.151	4	1.288	2.397	0.050
	组内	217.050	404	0.537		
	总计	222.201	408			
F9	组间	13.810	4	3.452	3.034	0.017
	组内	459.789	404	1.138		
	总计	473.599	408			
F10	组间	14.315	4	3.579	2.932	0.021
	组内	493.166	404	1.221		
	总计	507.481	408			
G2	组间	8.462	4	2.116	2.901	0.022
	组内	294.599	404	0.729		
	总计	303.061	408			
G6	组间	9.360	4	2.340	3.469	0.008
	组内	272.493	404	0.674		
	总计	281.853	408			

表11　专业技术职称上的 LSD 事后多重比较

题项	（I）A5	（J）A5	平均值差值（I-J）	标准误差	p	95%置信区间 下限	95%置信区间 上限
B3	正高级	副高级	-0.225	0.133	0.091	-0.49	0.04
		中级	-0.082	0.136	0.545	-0.35	0.19
		初级	-0.372	0.280	0.184	-0.92	0.18
		未定级	-0.331*	0.112	0.003	-0.55	-0.11
	副高级	正高级	0.225	0.133	0.091	-0.04	0.49
		中级	0.143	0.149	0.339	-0.15	0.44
		初级	-0.147	0.287	0.607	-0.71	0.42
		未定级	-0.105	0.127	0.407	-0.36	0.14
	中级	正高级	0.082	0.136	0.545	-0.19	0.35
		副高级	-0.143	0.149	0.339	-0.44	0.15
		初级	-0.290	0.288	0.315	-0.86	0.28
		未定级	-0.248	0.131	0.058	-0.51	0.01

题项	（I）A5	（J）A5	平均值差值（I-J）	标准误差	p	95%置信区间	
						下限	上限
B3	初级	副高级	0.147	0.287	0.607	-0.42	0.71
		正高级	0.372	0.280	0.184	-0.18	0.92
		中级	0.290	0.288	0.315	-0.28	0.86
		未定级	0.042	0.278	0.880	-0.50	0.59
	未定级	正高级	0.331 *	0.112	0.003	0.11	0.55
		副高级	0.105	0.127	0.407	-0.14	0.36
		中级	0.248	0.131	0.058	-0.01	0.51
		初级	-0.042	0.278	0.880	-0.59	0.50
B6	正高级	副高级	-0.265	0.146	0.070	-0.55	0.02
		中级	-0.047	0.149	0.752	-0.34	0.25
		初级	-0.789 *	0.308	0.011	-1.39	-0.18
		未定级	-0.223	0.123	0.070	-0.46	0.02
	副高级	正高级	0.265	0.146	0.070	-0.02	0.55
		中级	0.217	0.164	0.185	-0.10	0.54
		初级	-0.525	0.315	0.096	-1.14	0.09
		未定级	0.042	0.139	0.764	-0.23	0.32
	中级	正高级	0.047	0.149	0.752	-0.25	0.34
		副高级	-0.217	0.164	0.185	-0.54	0.10
		初级	-0.742 *	0.316	0.020	-1.36	-0.12
		未定级	-0.176	0.143	0.222	-0.46	0.11
	初级	正高级	0.789 *	0.308	0.011	0.18	1.39
		副高级	0.525	0.315	0.096	-0.09	1.14
		中级	0.742 *	0.316	0.020	0.12	1.36
		未定级	0.566	0.305	0.064	-0.03	1.17
	未定级	正高级	0.223	0.123	0.070	-0.02	0.46
		副高级	-0.042	0.139	0.764	-0.32	0.23
		中级	0.176	0.143	0.222	-0.11	0.46
		初级	-0.566	0.305	0.064	-1.17	0.03
C2	正高级	副高级	-0.307 *	0.128	0.016	-0.56	-0.06
		中级	-0.132	0.131	0.313	-0.39	0.13
		初级	-0.501	0.269	0.064	-1.03	0.03
		未定级	-0.333 *	0.107	0.002	-0.54	-0.12

续表

题项	（I）A5	（J）A5	平均值差值（I-J）	标准误差	p	95%置信区间 下限	95%置信区间 上限
C2	副高级	正高级	0.307*	0.128	0.016	0.06	0.56
		中级	0.175	0.143	0.223	-0.11	0.46
		初级	-0.194	0.276	0.482	-0.74	0.35
		未定级	-0.026	0.122	0.830	-0.27	0.21
	中级	正高级	0.132	0.131	0.313	-0.13	0.39
		副高级	-0.175	0.143	0.223	-0.46	0.11
		初级	-0.369	0.277	0.184	-0.91	0.18
		未定级	-0.201	0.126	0.110	-0.45	0.05
	初级	正高级	0.501	0.269	0.064	-0.03	1.03
		副高级	0.194	0.276	0.482	-0.35	0.74
		中级	0.369	0.277	0.184	-0.18	0.91
		未定级	0.168	0.267	0.530	-0.36	0.69
	未定级	正高级	0.333*	0.107	0.002	0.12	0.54
		副高级	0.026	0.122	0.830	-0.21	0.27
		中级	0.201	0.126	0.110	-0.05	0.45
		初级	-0.168	0.267	0.530	-0.69	0.36
C3	正高级	副高级	-0.244	0.132	0.065	-0.50	0.02
		中级	-0.123	0.135	0.363	-0.39	0.14
		初级	-0.765*	0.279	0.006	-1.31	-0.22
		未定级	-0.283*	0.111	0.011	-0.50	-0.06
	副高级	正高级	0.244	0.132	0.065	-0.02	0.50
		中级	0.121	0.148	0.415	-0.17	0.41
		初级	-0.521	0.285	0.068	-1.08	0.04
		未定级	-0.038	0.126	0.762	-0.29	0.21
	中级	正高级	0.123	0.135	0.363	-0.14	0.39
		副高级	-0.121	0.148	0.415	-0.41	0.17
		初级	-0.642*	0.287	0.026	-1.21	-0.08
		未定级	-0.159	0.130	0.221	-0.41	0.10
	初级	正高级	0.765*	0.279	0.006	0.22	1.31
		副高级	0.521	0.285	0.068	-0.04	1.08
		中级	0.642*	0.287	0.026	0.08	1.21
		未定级	0.483	0.276	0.081	-0.06	1.03
	未定级	正高级	0.283*	0.111	0.011	0.06	0.50
		副高级	0.038	0.126	0.762	-0.21	0.29
		中级	0.159	0.130	0.221	-0.10	0.41
		初级	-0.483	0.276	0.081	-1.03	0.06

续表

题项	（I）A5	（J）A5	平均值差值（I-J）	标准误差	p	95%置信区间	
						下限	上限
C4	正高级	副高级	-0.334*	0.131	0.011	-0.59	-0.08
		中级	-0.085	0.134	0.525	-0.35	0.18
		初级	-0.710*	0.276	0.010	-1.25	-0.17
		未定级	-0.262*	0.110	0.018	-0.48	-0.05
	副高级	正高级	0.334*	0.131	0.011	0.08	0.59
		中级	0.248	0.147	0.091	-0.04	0.54
		初级	-0.376	0.282	0.184	-0.93	0.18
		未定级	0.072	0.125	0.567	-0.17	0.32
	中级	正高级	0.085	0.134	0.525	-0.18	0.35
		副高级	-0.248	0.147	0.091	-0.54	0.04
		初级	-0.624*	0.284	0.028	-1.18	-0.07
		未定级	-0.177	0.129	0.170	-0.43	0.08
	初级	正高级	0.710*	0.276	0.010	0.17	1.25
		副高级	0.376	0.282	0.184	-0.18	0.93
		中级	0.624*	0.284	0.028	0.07	1.18
		未定级	0.448	0.273	0.102	-0.09	0.98
	未定级	正高级	0.262*	0.110	0.018	0.05	0.48
		副高级	-0.072	0.125	0.567	-0.32	0.17
		中级	0.177	0.129	0.170	-0.08	0.43
		初级	-0.448	0.273	0.102	-0.98	0.09
C5	正高级	副高级	-0.324*	0.135	0.017	-0.59	-0.06
		中级	-0.191	0.139	0.169	-0.46	0.08
		初级	-0.545	0.285	0.057	-1.11	0.02
		未定级	-0.308*	0.114	0.007	-0.53	-0.08
	副高级	正高级	0.324*	0.135	0.017	0.06	0.59
		中级	0.133	0.152	0.381	-0.17	0.43
		初级	-0.221	0.292	0.449	-0.80	0.35
		未定级	0.017	0.129	0.898	-0.24	0.27
	中级	正高级	0.191	0.139	0.169	-0.08	0.46
		副高级	-0.133	0.152	0.381	-0.43	0.17
		初级	-0.354	0.294	0.228	-0.93	0.22
		未定级	-0.117	0.133	0.382	-0.38	0.15

题项	（I）A5	（J）A5	平均值差值（I-J）	标准误差	p	95%置信区间 下限	95%置信区间 上限
C5	初级	正高级	0.545	0.285	0.057	-0.02	1.11
		副高级	0.221	0.292	0.449	-0.35	0.80
		中级	0.354	0.294	0.228	-0.22	0.93
		未定级	0.238	0.283	0.401	-0.32	0.79
	未定级	正高级	0.308*	0.114	0.007	0.08	0.53
		副高级	-0.017	0.129	0.898	-0.27	0.24
		中级	0.117	0.133	0.382	-0.15	0.38
		初级	-0.238	0.283	0.401	-0.79	0.32
E11	正高级	副高级	-0.359*	0.126	0.005	-0.61	-0.11
		中级	-0.244	0.130	0.061	-0.50	0.01
		初级	-0.650*	0.267	0.015	-1.17	-0.13
		未定级	-0.314*	0.106	0.003	-0.52	-0.11
	副高级	正高级	0.359*	0.126	0.005	0.11	0.61
		中级	0.115	0.142	0.417	-0.16	0.39
		初级	-0.291	0.273	0.287	-0.83	0.25
		未定级	0.045	0.121	0.713	-0.19	0.28
	中级	正高级	0.244	0.130	0.061	-0.01	0.50
		副高级	-0.115	0.142	0.417	-0.39	0.16
		初级	-0.406	0.274	0.139	-0.95	0.13
		未定级	-0.071	0.124	0.570	-0.32	0.17
	初级	正高级	0.650*	0.267	0.015	0.13	1.17
		副高级	0.291	0.273	0.287	-0.25	0.83
		中级	0.406	0.274	0.139	-0.13	0.95
		未定级	0.336	0.264	0.205	-0.18	0.86
	未定级	正高级	0.314*	0.106	0.003	0.11	0.52
		副高级	-0.045	0.121	0.713	-0.28	0.19
		中级	0.071	0.124	0.570	-0.17	0.32
		初级	-0.336	0.264	0.205	-0.86	0.18
E12	正高级	副高级	-0.231*	0.113	0.041	-0.45	-0.01
		中级	-0.046	0.116	0.691	-0.27	0.18
		初级	-0.573*	0.238	0.017	-1.04	-0.10
		未定级	-0.195*	0.095	0.040	-0.38	-0.01

续表

题项	（I）A5	（J）A5	平均值差值（I-J）	标准误差	p	95%置信区间	
						下限	上限
E12	副高级	正高级	0.231*	0.113	0.041	0.01	0.45
		中级	0.185	0.127	0.145	−0.06	0.43
		初级	−0.342	0.244	0.162	−0.82	0.14
		未定级	0.036	0.108	0.738	−0.18	0.25
	中级	正高级	0.046	0.116	0.691	−0.18	0.27
		副高级	−0.185	0.127	0.145	−0.43	0.06
		初级	−0.527*	0.245	0.032	−1.01	−0.04
		未定级	−0.149	0.111	0.180	−0.37	0.07
	初级	正高级	0.573*	0.238	0.017	0.10	1.04
		副高级	0.342	0.244	0.162	−0.14	0.82
		中级	0.527*	0.245	0.032	0.04	1.01
		未定级	0.378	0.236	0.110	−0.09	0.84
	未定级	正高级	0.195*	0.095	0.040	0.01	0.38
		副高级	−0.036	0.108	0.738	−0.25	0.18
		中级	0.149	0.111	0.180	−0.07	0.37
		初级	−0.378	0.236	0.110	−0.84	0.09
E13	正高级	副高级	−0.142	0.110	0.196	−0.36	0.07
		中级	−0.114	0.112	0.313	−0.33	0.11
		初级	−0.537*	0.232	0.021	−0.99	−0.08
		未定级	−0.230*	0.092	0.013	−0.41	−0.05
	副高级	正高级	0.142	0.110	0.196	−0.07	0.36
		中级	0.028	0.123	0.819	−0.21	0.27
		初级	−0.396	0.237	0.096	−0.86	0.07
		未定级	−0.088	0.105	0.403	−0.29	0.12
	中级	正高级	0.114	0.112	0.313	−0.11	0.33
		副高级	−0.028	0.123	0.819	−0.27	0.21
		初级	−0.424	0.238	0.076	−0.89	0.04
		未定级	−0.116	0.108	0.283	−0.33	0.10
	初级	正高级	0.537*	0.232	0.021	0.08	0.99
		副高级	0.396	0.237	0.096	−0.07	0.86
		中级	0.424	0.238	0.076	−0.04	0.89
		未定级	0.308	0.229	0.180	−0.14	0.76

续表

题项	（I）A5	（J）A5	平均值差值（I-J）	标准误差	p	95%置信区间 下限	95%置信区间 上限
E13	未定级	正高级	0.230*	0.092	0.013	0.05	0.41
		副高级	0.088	0.105	0.403	-0.12	0.29
		中级	0.116	0.108	0.283	-0.10	0.33
		初级	-0.308	0.229	0.180	-0.76	0.14
F9	正高级	副高级	-0.180	0.160	0.261	-0.49	0.13
		中级	0.079	0.164	0.631	-0.24	0.40
		初级	-0.274	0.337	0.416	-0.94	0.39
		未定级	-0.379*	0.134	0.005	-0.64	-0.12
	副高级	正高级	0.180	0.160	0.261	-0.13	0.49
		中级	0.258	0.179	0.150	-0.09	0.61
		初级	-0.095	0.345	0.784	-0.77	0.58
		未定级	-0.199	0.153	0.192	-0.50	0.10
	中级	正高级	-0.079	0.164	0.631	-0.40	0.24
		副高级	-0.258	0.179	0.150	-0.61	0.09
		初级	-0.353	0.347	0.309	-1.03	0.33
		未定级	-0.458*	0.157	0.004	-0.77	-0.15
	初级	正高级	0.274	0.337	0.416	-0.39	0.94
		副高级	0.095	0.345	0.784	-0.58	0.77
		中级	0.353	0.347	0.309	-0.33	1.03
		未定级	-0.105	0.334	0.753	-0.76	0.55
	未定级	正高级	0.379*	0.134	0.005	0.12	0.64
		副高级	0.199	0.153	0.192	-0.10	0.50
		中级	0.458*	0.157	0.004	0.15	0.77
		初级	0.105	0.334	0.753	-0.55	0.76
F10	正高级	副高级	-0.051	0.165	0.760	-0.38	0.27
		中级	-0.075	0.170	0.659	-0.41	0.26
		初级	-0.352	0.349	0.314	-1.04	0.33
		未定级	-0.421*	0.139	0.003	-0.69	-0.15
	副高级	正高级	0.051	0.165	0.760	-0.27	0.38
		中级	-0.024	0.186	0.896	-0.39	0.34
		初级	-0.301	0.357	0.400	-1.00	0.40
		未定级	-0.371*	0.158	0.020	-0.68	-0.06

题项	（I）A5	（J）A5	平均值差值（I-J）	标准误差	p	95%置信区间	
						下限	上限
F10	中级	正高级	0.075	0.170	0.659	-0.26	0.41
		副高级	0.024	0.186	0.896	-0.34	0.39
		初级	-0.277	0.359	0.441	-0.98	0.43
		未定级	-0.347*	0.163	0.034	-0.67	-0.03
	初级	正高级	0.352	0.349	0.314	-0.33	1.04
		副高级	0.301	0.357	0.400	-0.40	1.00
		中级	0.277	0.359	0.441	-0.43	0.98
		未定级	-0.070	0.346	0.840	-0.75	0.61
	未定级	正高级	0.421*	0.139	0.003	0.15	0.69
		副高级	0.371*	0.158	0.020	0.06	0.68
		中级	0.347*	0.163	0.034	0.03	0.67
		初级	0.070	0.346	0.840	-0.61	0.75
G2	正高级	副高级	-0.389*	0.128	0.002	-0.64	-0.14
		中级	-0.091	0.131	0.488	-0.35	0.17
		初级	-0.384	0.270	0.156	-0.91	0.15
		未定级	-0.244*	0.107	0.024	-0.46	-0.03
	副高级	正高级	0.389*	0.128	0.002	0.14	0.64
		中级	0.298*	0.143	0.039	0.02	0.58
		初级	0.005	0.276	0.986	-0.54	0.55
		未定级	0.145	0.122	0.237	-0.10	0.39
	中级	正高级	0.091	0.131	0.488	-0.17	0.35
		副高级	-0.298*	0.143	0.039	-0.58	-0.02
		初级	-0.293	0.278	0.292	-0.84	0.25
		未定级	-0.153	0.126	0.225	-0.40	0.09
	初级	正高级	0.384	0.270	0.156	-0.15	0.91
		副高级	-0.005	0.276	0.986	-0.55	0.54
		中级	0.293	0.278	0.292	-0.25	0.84
		未定级	0.140	0.267	0.601	-0.39	0.67
	未定级	正高级	0.244*	0.107	0.024	0.03	0.46
		副高级	-0.145	0.122	0.237	-0.39	0.10
		中级	0.153	0.126	0.225	-0.09	0.40
		初级	-0.140	0.267	0.601	-0.67	0.39

续表

题项	(I) A5	(J) A5	平均值差值（I-J）	标准误差	p	95%置信区间 下限	95%置信区间 上限
G6	正高级	副高级	-0.289*	0.123	0.019	-0.53	-0.05
		中级	-0.170	0.126	0.177	-0.42	0.08
		初级	-0.783*	0.259	0.003	-1.29	-0.27
		未定级	-0.258*	0.103	0.013	-0.46	-0.06
	副高级	正高级	0.289*	0.123	0.019	0.05	0.53
		中级	0.118	0.138	0.391	-0.15	0.39
		初级	-0.494	0.265	0.063	-1.02	0.03
		未定级	0.031	0.118	0.795	-0.20	0.26
	中级	正高级	0.170	0.126	0.177	-0.08	0.42
		副高级	-0.118	0.138	0.391	-0.39	0.15
		初级	-0.612*	0.267	0.022	-1.14	-0.09
		未定级	-0.088	0.121	0.468	-0.33	0.15
	初级	正高级	0.783*	0.259	0.003	0.27	1.29
		副高级	0.494	0.265	0.063	-0.03	1.02
		中级	0.612*	0.267	0.022	0.09	1.14
		未定级	0.524*	0.257	0.042	0.02	1.03
	未定级	正高级	0.258*	0.103	0.013	0.06	0.46
		副高级	-0.031	0.118	0.795	-0.26	0.20
		中级	0.088	0.121	0.468	-0.15	0.33
		初级	-0.524*	0.257	0.042	-1.03	-0.02

表12 所在高校类型 I 变量上的单因素方差分析结果（呈现显著性差异的题项）

题号		平方和	自由度	均方	F	p
B6	组间	8.369	2	4.185	4.423	0.013
	组内	384.100	406	0.946		
	总计	392.469	408			
D1	组间	5.752	2	2.876	3.734	0.025
	组内	312.742	406	0.770		
	总计	318.494	408			
D2	组间	4.678	2	2.339	3.469	0.032
	组内	273.762	406	0.674		
	总计	278.440	408			

续表

	题号	平方和	自由度	均方	F	p
F1	组间	17.205	2	8.602	6.100	0.002
	组内	572.556	406	1.410		
	总计	589.761	408			
G2	组间	6.968	2	3.484	4.777	0.009
	组内	296.094	406	0.729		
	总计	303.062	408			

表 13　所在高校类型 I 水平上的 LSD 事后多重比较

题项	(I)A8(I)	(J)A8(I)	平均值差值(I-J)	标准误差	p	95%置信区间 下限	95%置信区间 上限
B6	部属高校	地方高校(含港澳台高校)	-0.307*	0.106	0.004	-0.51	-0.10
		不在高校	-0.294	0.169	0.083	-0.63	0.04
	地方高校(含港澳台高校)	部属高校	0.307*	0.106	0.004	0.10	0.51
		不在高校	0.013	0.160	0.935	-0.30	0.33
	不在高校	部属高校	0.294	0.169	0.083	-0.04	0.63
		地方高校(含港澳台高校)	-0.013	0.160	0.935	-0.33	0.30
D1	部属高校	地方高校(含港澳台高校)	-0.184	0.095	0.054	-0.37	0.00
		不在高校	-0.387*	0.152	0.011	-0.69	-0.09
	地方高校(含港澳台高校)	部属高校	0.184	0.095	0.054	0.00	0.37
		不在高校	-0.203	0.144	0.159	-0.49	0.08
	不在高校	部属高校	0.387*	0.152	0.011	0.09	0.69
		地方高校(含港澳台高校)	0.203	0.144	0.159	-0.08	0.49
D2	部属高校	地方高校(含港澳台高校)	-0.215*	0.089	0.016	-0.39	-0.04
		不在高校	-0.275	0.143	0.054	-0.56	0.01
	地方高校(含港澳台高校)	部属高校	0.215*	0.089	0.016	0.04	0.39
		不在高校	-0.061	0.135	0.654	-0.33	0.20
	不在高校	部属高校	0.275	0.143	0.054	-0.01	0.56
		地方高校(含港澳台高校)	0.061	0.135	0.654	-0.20	0.33
F1	部属高校	地方高校(含港澳台高校)	0.024	0.129	0.850	-0.23	0.28
		不在高校	-0.646*	0.206	0.002	-1.05	-0.24
	地方高校(含港澳台高校)	部属高校	-0.024	0.129	0.850	-0.28	0.23
		不在高校	-0.670*	0.195	0.001	-1.05	-0.29
	不在高校	部属高校	0.646*	0.206	0.002	0.24	1.05
		地方高校(含港澳台高校)	0.670*	0.195	0.001	0.29	1.05

续表

题项	(I)A8(I)	(J)A8(I)	平均值差值(I-J)	标准误差	p	95%置信区间 下限	95%置信区间 上限
G2	部属高校	地方高校(含港澳台高校)	-0.241*	0.093	0.010	-0.42	-0.06
		不在高校	-0.380*	0.148	0.011	-0.67	-0.09
	地方高校(含港澳台高校)	部属高校	0.241*	0.093	0.010	0.06	0.42
		不在高校	-0.139	0.140	0.325	-0.41	0.14
	不在高校	部属高校	0.380*	0.148	0.011	0.09	0.67
		地方高校(含港澳台高校)	0.139	0.140	0.325	-0.14	0.41

表 14 所在高校类型Ⅱ变量上的单因素方差分析结果（呈现显著性差异的题项）

题号		平方和	自由度	均方	F	p
B1	组间	5.072	2	2.536	3.200	0.042
	组内	321.710	406	0.792		
	总计	326.782	408			
B6	组间	6.744	2	3.372	3.549	0.030
	组内	385.725	406	0.950		
	总计	392.469	408			
D1	组间	5.091	2	2.546	3.298	0.038
	组内	313.403	406	0.772		
	总计	318.494	408			
F1	组间	17.658	2	8.829	6.266	0.002
	组内	572.102	406	1.409		
	总计	589.760	408			
F4	组间	6.052	2	3.026	3.076	0.047
	组内	399.323	406	0.984		
	总计	405.375	408			
F8	组间	23.815	2	11.907	6.209	0.002
	组内	778.552	406	1.918		
	总计	802.367	408			
F12	组间	8.075	2	4.038	3.832	0.022
	组内	427.837	406	1.054		
	总计	435.912	408			

表 15　所在高校类型 II 水平上的 LSD 事后多重比较

题项	（I）A8（II）	（J）A8（II）	平均值差值（I-J）	标准误差	p	95%置信区间 下限	95%置信区间 上限
B1	"双一流"高校	非"双一流"高校（含港澳台高校）	-0.245*	0.102	0.017	-0.45	-0.04
		不在高校	0.038	0.145	0.794	-0.25	0.32
	非"双一流"高校（含港澳台高校）	"双一流"高校	0.245*	0.102	0.017	0.04	0.45
		不在高校	0.283	0.159	0.076	-0.03	0.60
	不在高校	"双一流"高校	-0.038	0.145	0.794	-0.32	0.25
		非"双一流"高校（含港澳台高校）	-0.283	0.159	0.076	-0.60	0.03
B6	"双一流"高校	非"双一流"高校（含港澳台高校）	-0.288*	0.111	0.010	-0.51	-0.07
		不在高校	-0.186	0.159	0.244	-0.50	0.13
	非"双一流"高校（含港澳台高校）	"双一流"高校	0.288*	0.111	0.010	0.07	0.51
		不在高校	0.103	0.174	0.556	-0.24	0.44
	不在高校	"双一流"高校	0.186	0.159	0.244	-0.13	0.50
		非"双一流"高校（含港澳台高校）	-0.103	0.174	0.556	-0.44	0.24
D1	"双一流"高校	非"双一流"高校（含港澳台高校）	-0.170	0.100	0.092	-0.37	0.03
		不在高校	-0.322*	0.143	0.025	-0.60	-0.04
	非"双一流"高校（含港澳台高校）	"双一流"高校	0.170	0.100	0.092	-0.03	0.37
		不在高校	-0.152	0.157	0.334	-0.46	0.16
	不在高校	"双一流"高校	0.322*	0.143	0.025	0.04	0.60
		非"双一流"高校（含港澳台高校）	0.152	0.157	0.334	-0.16	0.46
F1	"双一流"高校	非"双一流"高校（含港澳台高校）	0.081	0.136	0.550	-0.19	0.35
		不在高校	-0.637*	0.194	0.001	-1.02	-0.26
	非"双一流"高校（含港澳台高校）	"双一流"高校	-0.081	0.136	0.550	-0.35	0.19
		不在高校	-0.718*	0.212	0.001	-1.13	-0.30
	不在高校	"双一流"高校	0.637*	0.194	0.001	0.26	1.02
		非"双一流"高校（含港澳台高校）	0.718*	0.212	0.001	0.30	1.13

续表

题项	（I）A8（II）	（J）A8（II）	平均值差值（I-J）	标准误差	p	95%置信区间 下限	95%置信区间 上限
F4	"双一流"高校	非"双一流"高校（含港澳台高校）	-0.261*	0.113	0.022	-0.48	-0.04
		不在高校	-0.224	0.162	0.168	-0.54	0.09
	非"双一流"高校（含港澳台高校）	"双一流"高校	0.261*	0.113	0.022	0.04	0.48
		不在高校	0.038	0.177	0.832	-0.31	0.39
	不在高校	"双一流"高校	0.224	0.162	0.168	-0.09	0.54
		非"双一流"高校（含港澳台高校）	-0.038	0.177	0.832	-0.39	0.31
F8	"双一流"高校	非"双一流"高校（含港澳台高校）	-0.557*	0.158	0.000	-0.87	-0.25
		不在高校	-0.111	0.226	0.623	-0.56	0.33
	非"双一流"高校（含港澳台高校）	"双一流"高校	0.557*	0.158	0.000	0.25	0.87
		不在高校	0.446	0.247	0.072	-0.04	0.93
	不在高校	"双一流"高校	0.111	0.226	0.623	-0.33	0.56
		非"双一流"高校（含港澳台高校）	-0.446	0.247	0.072	-0.93	0.04
F12	"双一流"高校	非"双一流"高校（含港澳台高校）	-0.314*	0.117	0.008	-0.54	-0.08
		不在高校	-0.212	0.168	0.206	-0.54	0.12
	非"双一流"高校（含港澳台高校）	"双一流"高校	0.314*	0.117	0.008	0.08	0.54
		不在高校	0.102	0.183	0.579	-0.26	0.46
	不在高校	"双一流"高校	0.212	0.168	0.206	-0.12	0.54
		非"双一流"高校（含港澳台高校）	-0.102	0.183	0.579	-0.46	0.26

表 16 工作年限变量上的单因素方差分析结果（呈现显著性差异的题项）

	题号	平方和	自由度	均方	F	p
B2	组间	9.241	4	2.310	3.232	0.013
	组内	288.754	404	0.715		
	总计	297.995	408			
C2	组间	10.771	4	2.693	3.722	0.005
	组内	292.290	404	0.723		
	总计	303.061	408			

题号		平方和	自由度	均方	F	p
C5	组间	7.973	4	1.993	2.436	0.047
	组内	330.521	404	0.818		
	总计	338.494	408			
E1	组间	6.931	4	1.733	2.674	0.032
	组内	261.749	404	0.648		
	总计	268.680	408			
E2	组间	13.253	4	3.313	5.120	0.000
	组内	261.466	404	0.647		
	总计	274.719	408			
E3	组间	12.056	4	3.014	4.713	0.001
	组内	258.335	404	0.639		
	总计	270.391	408			
E5	组间	5.959	4	1.490	2.524	0.040
	组内	238.476	404	0.590		
	总计	244.435	408			
E6	组间	11.158	4	2.789	4.806	0.001
	组内	234.505	404	0.580		
	总计	245.663	408			
E7	组间	14.616	4	3.654	5.632	0.000
	组内	262.118	404	0.649		
	总计	276.734	408			
E11	组间	12.202	4	3.051	4.309	0.002
	组内	286.037	404	0.708		
	总计	298.239	408			
F4	组间	15.742	4	3.935	4.081	0.003
	组内	389.632	404	0.964		
	总计	405.374	408			
F5	组间	13.136	4	3.284	3.767	0.005
	组内	352.160	404	0.872		
	总计	365.296	408			
F9	组间	12.499	4	3.125	2.738	0.029
	组内	461.100	404	1.141		
	总计	473.599	408			

续表

题号		平方和	自由度	均方	F	p
F10	组间	29.059	4	7.265	6.135	0.000
	组内	478.423	404	1.184		
	总计	507.482	408			
F12	组间	24.349	4	6.087	5.975	0.000
	组内	411.563	404	1.019		
	总计	435.912	408			
F13	组间	6.982	4	1.745	2.702	0.030
	组内	260.970	404	0.646		
	总计	267.952	408			
G1	组间	6.543	4	1.636	2.778	0.027
	组内	237.893	404	0.589		
	总计	244.436	408			
G5	组间	11.170	4	2.793	4.266	0.002
	组内	264.438	404	0.655		
	总计	275.608	408			
G6	组间	11.038	4	2.759	4.116	0.003
	组内	270.816	404	0.670		
	总计	281.854	408			

表 17　工作年限水平上的 LSD 事后多重比较

题项	(I) A9	(J) A9	平均值差值 (I-J)	标准误差	p	95%置信区间 下限	95%置信区间 上限
B2	30 年以上	20~30 年	−0.521*	0.160	0.001	−0.84	−0.21
		10~20 年	−0.418*	0.158	0.008	−0.73	−0.11
		10 年以下	−0.282	0.161	0.081	−0.60	0.04
		未参加过工作	−0.456*	0.152	0.003	−0.76	−0.16
	20~30 年	30 年以上	0.521*	0.160	0.001	0.21	0.84
		10~20 年	0.103	0.129	0.423	−0.15	0.36
		10 年以下	0.239	0.133	0.074	−0.02	0.50
		未参加过工作	0.065	0.122	0.595	−0.18	0.31
	10~20 年	30 年以上	0.418*	0.158	0.008	0.11	0.73
		20~30 年	−0.103	0.129	0.423	−0.36	0.15
		10 年以下	0.135	0.130	0.298	−0.12	0.39
		未参加过工作	−0.038	0.119	0.747	−0.27	0.19

续表

题项	(I)A9	(J)A9	平均值差值 (I-J)	标准误差	p	95%置信区间	
						下限	上限
B2	10年以下	30年以上	0.282	0.161	0.081	−0.04	0.60
		20~30年	−0.239	0.133	0.074	−0.50	0.02
		10~20年	−0.135	0.130	0.298	−0.39	0.12
		未参加过工作	−0.174	0.124	0.160	−0.42	0.07
	未参加过工作	30年以上	0.456*	0.152	0.003	0.16	0.76
		20~30年	−0.065	0.122	0.595	−0.31	0.18
		10~20年	0.038	0.119	0.747	−0.19	0.27
		10年以下	0.174	0.124	0.160	−0.07	0.42
C2	30年以上	20~30年	−0.460*	0.161	0.005	−0.78	−0.14
		10~20年	−0.418*	0.159	0.009	−0.73	−0.11
		10年以下	−0.282	0.162	0.083	−0.60	0.04
		未参加过工作	−0.552*	0.153	0.000	−0.85	−0.25
	20~30年	30年以上	0.460*	0.161	0.005	0.14	0.78
		10~20年	0.042	0.130	0.744	−0.21	0.30
		10年以下	0.178	0.134	0.186	−0.09	0.44
		未参加过工作	−0.092	0.123	0.457	−0.33	0.15
	10~20年	30年以上	0.418*	0.159	0.009	0.11	0.73
		20~30年	−0.042	0.130	0.744	−0.30	0.21
		10年以下	0.135	0.131	0.301	−0.12	0.39
		未参加过工作	−0.134	0.119	0.262	−0.37	0.10
	10年以下	30年以上	0.282	0.162	0.083	−0.04	0.60
		20~30年	−0.178	0.134	0.186	−0.44	0.09
		10~20年	−0.135	0.131	0.301	−0.39	0.12
		未参加过工作	−0.269*	0.124	0.031	−0.51	−0.03
	未参加过工作	30年以上	0.552*	0.153	0.000	0.25	0.85
		20~30年	0.092	0.123	0.457	−0.15	0.33
		10~20年	0.134	0.119	0.262	−0.10	0.37
		10年以下	0.269*	0.124	0.031	0.03	0.51
C5	30年以上	20~30年	−0.459*	0.172	0.008	−0.80	−0.12
		10~20年	−0.419*	0.169	0.013	−0.75	−0.09
		10年以下	−0.319	0.173	0.066	−0.66	0.02
		未参加过工作	−0.471*	0.163	0.004	−0.79	−0.15

续表

题项	(I) A9	(J) A9	平均值差值 (I-J)	标准误差	p	95%置信区间 下限	95%置信区间 上限
C5	20~30 年	30 年以上	0.459*	0.172	0.008	0.12	0.80
		10~20 年	0.040	0.138	0.772	-0.23	0.31
		10 年以下	0.141	0.143	0.324	-0.14	0.42
		未参加过工作	-0.012	0.131	0.929	-0.27	0.25
	10~20 年	30 年以上	0.419*	0.169	0.013	0.09	0.75
		20~30 年	-0.040	0.138	0.772	-0.31	0.23
		10 年以下	0.101	0.139	0.469	-0.17	0.37
		未参加过工作	-0.052	0.127	0.685	-0.30	0.20
	10 年以下	30 年以上	0.319	0.173	0.066	-0.02	0.66
		20~30 年	-0.141	0.143	0.324	-0.42	0.14
		10~20 年	-0.101	0.139	0.469	-0.37	0.17
		未参加过工作	-0.152	0.132	0.249	-0.41	0.11
	未参加过工作	30 年以上	0.471*	0.163	0.004	0.15	0.79
		20~30 年	0.012	0.131	0.929	-0.25	0.27
		10~20 年	0.052	0.127	0.685	-0.30	0.30
		10 年以下	0.152	0.132	0.249	-0.11	0.41
E1	30 年以上	20~30 年	-0.453*	0.153	0.003	-0.75	-0.15
		10~20 年	-0.269	0.150	0.074	-0.56	0.03
		10 年以下	-0.144	0.154	0.350	-0.45	0.16
		未参加过工作	-0.242	0.145	0.097	-0.53	0.04
	20~30 年	30 年以上	0.453*	0.153	0.003	0.15	0.75
		10~20 年	0.184	0.123	0.135	-0.06	0.42
		10 年以下	0.309*	0.127	0.015	0.06	0.56
		未参加过工作	0.211	0.116	0.070	-0.02	0.44
	10~20 年	30 年以上	0.269	0.150	0.074	-0.03	0.56
		20~30 年	-0.184	0.123	0.135	-0.42	0.06
		10 年以下	0.125	0.124	0.311	-0.12	0.37
		未参加过工作	0.028	0.113	0.807	-0.19	0.25
	10 年以下	30 年以上	0.144	0.154	0.350	-0.16	0.45
		20~30 年	-0.309*	0.127	0.015	-0.56	-0.06
		10~20 年	-0.125	0.124	0.311	-0.37	0.12
		未参加过工作	-0.098	0.118	0.406	-0.33	0.13
	未参加过工作	30 年以上	0.242	0.145	0.097	-0.04	0.53
		20~30 年	-0.211	0.116	0.070	-0.44	0.02
		10~20 年	-0.028	0.113	0.807	-0.25	0.19
		10 年以下	0.098	0.118	0.406	-0.13	0.33

续表

题项	(I)A9	(J)A9	平均值差值(I-J)	标准误差	p	95%置信区间	
						下限	上限
E2	30年以上	20~30年	-0.634*	0.153	0.000	-0.93	-0.33
		10~20年	-0.463*	0.150	0.002	-0.76	-0.17
		10年以下	-0.252	0.154	0.102	-0.55	0.05
		未参加过工作	-0.389*	0.145	0.008	-0.67	-0.10
	20~30年	30年以上	0.634*	0.153	0.000	0.33	0.93
		10~20年	0.170	0.122	0.165	-0.07	0.41
		10年以下	0.382*	0.127	0.003	0.13	0.63
		未参加过工作	0.245*	0.116	0.036	0.02	0.47
	10~20年	30年以上	0.463*	0.150	0.002	0.17	0.76
		20~30年	-0.170	0.122	0.165	-0.41	0.07
		10年以下	0.212	0.124	0.088	-0.03	0.45
		未参加过工作	0.074	0.113	0.510	-0.15	0.30
	10年以下	30年以上	0.252	0.154	0.102	-0.05	0.55
		20~30年	-0.382*	0.127	0.003	-0.63	-0.13
		10~20年	-0.212	0.124	0.088	-0.45	0.03
		未参加过工作	-0.137	0.118	0.243	-0.37	0.09
	未参加过工作	30年以上	0.389*	0.145	0.008	0.10	0.67
		20~30年	-0.245*	0.116	0.036	-0.47	-0.02
		10~20年	-0.074	0.113	0.510	-0.30	0.15
		10年以下	0.137	0.118	0.243	-0.09	0.37
E3	30年以上	20~30年	-0.562*	0.152	0.000	-0.86	-0.26
		10~20年	-0.359*	0.149	0.017	-0.65	-0.07
		10年以下	-0.130	0.153	0.397	-0.43	0.17
		未参加过工作	-0.283	0.144	0.050	-0.57	0.00
	20~30年	30年以上	0.562*	0.152	0.000	0.26	0.86
		10~20年	0.203	0.122	0.096	-0.04	0.44
		10年以下	0.433*	0.126	0.001	0.18	0.68
		未参加过工作	0.279*	0.116	0.016	0.05	0.51
	10~20年	30年以上	0.359*	0.149	0.017	0.07	0.65
		20~30年	-0.203	0.122	0.096	-0.44	0.04
		10年以下	0.229	0.123	0.063	-0.01	0.47
		未参加过工作	0.076	0.112	0.498	-0.14	0.30

续表

题项	（I）A9	（J）A9	平均值差值（I−J）	标准误差	p	95%置信区间 下限	95%置信区间 上限
E3	10 年以下	30 年以上	0.130	0.153	0.397	−0.17	0.43
		20~30 年	−0.433*	0.126	0.001	−0.68	−0.18
		10~20 年	−0.229	0.123	0.063	−0.47	0.01
		未参加过工作	−0.153	0.117	0.191	−0.38	0.08
	未参加过工作	30 年以上	0.283	0.144	0.050	0.00	0.57
		20~30 年	−0.279*	0.116	0.016	−0.51	−0.05
		10~20 年	−0.076	0.112	0.498	−0.30	0.14
		10 年以下	0.153	0.117	0.191	−0.08	0.38
E5	30 年以上	20~30 年	−0.359*	0.146	0.014	−0.65	−0.07
		10~20 年	−0.247	0.143	0.085	−0.53	0.03
		10 年以下	−0.039	0.147	0.791	−0.33	0.25
		未参加过工作	−0.194	0.139	0.161	−0.47	0.08
	20~30 年	30 年以上	0.359*	0.146	0.014	0.07	0.65
		10~20 年	0.112	0.117	0.341	−0.12	0.34
		10 年以下	0.320*	0.121	0.009	0.08	0.56
		未参加过工作	0.164	0.111	0.139	−0.05	0.38
	10~20 年	30 年以上	0.247	0.143	0.085	−0.03	0.53
		20~30 年	−0.112	0.117	0.341	−0.34	0.12
		10 年以下	0.208	0.118	0.079	−0.02	0.44
		未参加过工作	0.053	0.108	0.624	−0.16	0.26
	10 年以下	30 年以上	0.039	0.147	0.791	−0.25	0.33
		20~30 年	−0.320*	0.121	0.009	−0.56	−0.08
		10~20 年	−0.208	0.118	0.079	−0.44	0.02
		未参加过工作	−0.156	0.112	0.167	−0.38	0.07
	未参加过工作	30 年以上	0.194	0.139	0.161	−0.08	0.47
		20~30 年	−0.164	0.111	0.139	−0.38	0.05
		10~20 年	−0.053	0.108	0.624	−0.26	0.16
		10 年以下	0.156	0.112	0.167	−0.07	0.38
E6	30 年以上	20~30 年	−0.481*	0.145	0.001	−0.77	−0.20
		10~20 年	−0.333*	0.142	0.019	−0.61	−0.05
		10 年以下	−0.142	0.145	0.331	−0.43	0.14
		未参加过工作	−0.092	0.137	0.502	−0.36	0.18

题项	（I）A9	（J）A9	平均值差值（I-J）	标准误差	p	95%置信区间	
						下限	上限
E6	20~30年	30年以上	0.481*	0.145	0.001	0.20	0.77
		10~20年	0.148	0.116	0.203	−0.08	0.38
		10年以下	0.340*	0.120	0.005	0.10	0.58
		未参加过工作	0.389*	0.110	0.000	0.17	0.61
	10~20年	30年以上	0.333*	0.142	0.019	0.05	0.61
		20~30年	−0.148	0.116	0.203	−0.38	0.08
		10年以下	0.192	0.117	0.103	−0.04	0.42
		未参加过工作	0.241*	0.107	0.025	0.03	0.45
	10年以下	30年以上	0.142	0.145	0.331	−0.14	0.43
		20~30年	−0.340*	0.120	0.005	−0.58	−0.10
		10~20年	−0.192	0.117	0.103	−0.42	0.04
		未参加过工作	0.049	0.111	0.658	−0.17	0.27
	未参加过工作	30年以上	0.092	0.137	0.502	−0.18	0.36
		20~30年	−0.389*	0.110	0.000	−0.61	−0.17
		10~20年	−0.241*	0.107	0.025	−0.45	−0.03
		10年以下	−0.049	0.111	0.658	−0.27	0.17
E7	30年以上	20~30年	−0.648*	0.153	0.000	−0.95	−0.35
		10~20年	−0.293	0.150	0.052	−0.59	0.00
		10年以下	−0.193	0.154	0.211	−0.50	0.11
		未参加过工作	−0.370*	0.145	0.011	−0.66	−0.08
	20~30年	30年以上	0.648*	0.153	0.000	0.35	0.95
		10~20年	0.354*	0.123	0.004	0.11	0.60
		10年以下	0.455*	0.127	0.000	0.20	0.70
		未参加过工作	0.278*	0.116	0.018	0.05	0.51
	10~20年	30年以上	0.293	0.150	0.052	0.00	0.59
		20~30年	−0.354*	0.123	0.004	−0.60	−0.11
		10年以下	0.100	0.124	0.419	−0.14	0.34
		未参加过工作	−0.077	0.113	0.498	−0.30	0.15
	10年以下	30年以上	0.193	0.154	0.211	−0.11	0.50
		20~30年	−0.455*	0.127	0.000	−0.70	−0.20
		10~20年	−0.100	0.124	0.419	−0.34	0.14
		未参加过工作	−0.177	0.118	0.134	−0.41	0.05
	未参加过工作	30年以上	0.370*	0.145	0.011	0.08	0.66
		20~30年	−0.278*	0.116	0.018	−0.51	−0.05
		10~20年	0.077	0.113	0.498	−0.15	0.30
		10年以下	0.177	0.118	0.134	−0.05	0.41

续表

题项	（I）A9	（J）A9	平均值差值（I-J）	标准误差	p	95%置信区间 下限	95%置信区间 上限
E11	30年以上	20~30年	-0.648*	0.153	0.000	-0.95	-0.35
		10~20年	-0.293	0.150	0.052	-0.59	0.00
		10年以下	-0.193	0.154	0.211	-0.50	0.11
		未参加过工作	-0.370*	0.145	0.011	-0.66	-0.08
	20~30年	30年以上	0.648*	0.153	0.000	0.35	0.95
		10~20年	0.354*	0.123	0.004	0.11	0.60
		10年以下	0.455*	0.127	0.000	0.20	0.70
		未参加过工作	0.278*	0.116	0.018	0.05	0.51
	10~20年	30年以上	0.293	0.150	0.052	0.00	0.59
		20~30年	-0.354*	0.123	0.004	-0.60	-0.11
		10年以下	0.100	0.124	0.419	-0.14	0.34
		未参加过工作	-0.077	0.113	0.498	-0.30	0.15
	10年以下	30年以上	0.193	0.154	0.211	-0.11	0.50
		20~30年	-0.455*	0.127	0.000	-0.70	-0.20
		10~20年	-0.100	0.124	0.419	-0.34	0.14
		未参加过工作	-0.177	0.118	0.134	-0.41	0.05
	未参加过工作	30年以上	0.370*	0.145	0.011	0.08	0.66
		20~30年	-0.278*	0.116	0.018	-0.51	-0.05
		10~20年	0.077	0.113	0.498	-0.15	0.30
		10年以下	0.177	0.118	0.134	-0.05	0.41
F4	30年以上	20~30年	-0.620*	0.186	0.001	-0.99	-0.25
		10~20年	-0.484*	0.183	0.009	-0.84	-0.12
		10年以下	-0.546*	0.188	0.004	-0.91	-0.18
		未参加过工作	-0.693*	0.177	0.000	-1.04	-0.35
	20~30年	30年以上	0.620*	0.186	0.001	0.25	0.99
		10~20年	0.137	0.150	0.361	-0.16	0.43
		10年以下	0.074	0.155	0.632	-0.23	0.38
		未参加过工作	-0.073	0.142	0.608	-0.35	0.21
	10~20年	30年以上	0.484*	0.183	0.009	0.12	0.84
		20~30年	-0.137	0.150	0.361	-0.43	0.16
		10年以下	-0.063	0.151	0.679	-0.36	0.23
		未参加过工作	-0.210	0.138	0.129	-0.48	0.06

续表

题项	(I) A9	(J) A9	平均值差值 (I-J)	标准误差	p	95%置信区间	
						下限	上限
F4	10 年以下	30 年以上	0.546*	0.188	0.004	0.18	0.91
		20~30 年	−0.074	0.155	0.632	−0.38	0.23
		10~20 年	0.063	0.151	0.679	−0.23	0.36
		未参加过工作	−0.147	0.144	0.306	−0.43	0.14
	未参加过工作	30 年以上	0.693*	0.177	0.000	0.35	1.04
		20~30 年	0.073	0.142	0.608	−0.21	0.35
		10~20 年	0.210	0.138	0.129	−0.06	0.48
		10 年以下	0.147	0.144	0.306	−0.14	0.43
F5	30 年以上	20~30 年	−0.638*	0.177	0.000	−0.99	−0.29
		10~20 年	−0.443*	0.174	0.011	−0.79	−0.10
		10 年以下	−0.498*	0.178	0.005	−0.85	−0.15
		未参加过工作	−0.586*	0.168	0.001	−0.92	−0.25
	20~30 年	30 年以上	0.638*	0.177	0.000	0.29	0.99
		10~20 年	0.195	0.142	0.171	−0.08	0.47
		10 年以下	0.140	0.147	0.341	−0.15	0.43
		未参加过工作	0.053	0.135	0.696	−0.21	0.32
	10~20 年	30 年以上	0.443*	0.174	0.011	0.10	0.79
		20~30 年	−0.195	0.142	0.171	−0.47	0.08
		10 年以下	−0.055	0.144	0.704	−0.34	0.23
		未参加过工作	−0.142	0.131	0.278	−0.40	0.12
	10 年以下	30 年以上	0.498*	0.178	0.005	0.15	0.85
		20~30 年	−0.140	0.147	0.341	−0.43	0.15
		10~20 年	0.055	0.144	0.704	−0.23	0.34
		未参加过工作	−0.088	0.136	0.521	−0.36	0.18
	未参加过工作	30 年以上	0.586*	0.168	0.001	0.25	0.92
		20~30 年	−0.053	0.135	0.696	−0.32	0.21
		10~20 年	0.142	0.131	0.278	−0.12	0.40
		10 年以下	0.088	0.136	0.521	−0.18	0.36
F9	30 年以上	20~30 年	−0.498*	0.203	0.014	−0.90	−0.10
		10~20 年	−0.396*	0.199	0.048	−0.79	0.00
		10 年以下	−0.483*	0.204	0.018	−0.88	−0.08
		未参加过工作	−0.624*	0.193	0.001	−1.00	−0.24

续表

题项	（I）A9	（J）A9	平均值差值（I-J）	标准误差	p	95%置信区间 下限	上限
F9	20~30 年	30 年以上	0.498*	0.203	0.014	0.10	0.90
		10~20 年	0.103	0.163	0.528	-0.22	0.42
		10 年以下	0.015	0.168	0.927	-0.32	0.35
		未参加过工作	-0.125	0.154	0.417	-0.43	0.18
	10~20 年	30 年以上	0.396*	0.199	0.048	0.00	0.79
		20~30 年	-0.103	0.163	0.528	-0.42	0.22
		10 年以下	-0.087	0.164	0.596	-0.41	0.24
		未参加过工作	-0.228	0.150	0.129	-0.52	0.07
	10 年以下	30 年以上	0.483*	0.204	0.018	0.08	0.88
		20~30 年	-0.015	0.168	0.927	-0.35	0.32
		10~20 年	0.087	0.164	0.596	-0.24	0.41
		未参加过工作	-0.141	0.156	0.368	-0.45	0.17
	未参加过工作	30 年以上	0.624*	0.193	0.001	0.24	1.00
		20~30 年	0.125	0.154	0.417	-0.18	0.43
		10~20 年	0.228	0.150	0.129	-0.07	0.52
		10 年以下	0.141	0.156	0.368	-0.17	0.45
F10	30 年以上	20~30 年	-0.794*	0.206	0.000	-1.20	-0.39
		10~20 年	-0.610*	0.203	0.003	-1.01	-0.21
		10 年以下	-0.561*	0.208	0.007	-0.97	-0.15
		未参加过工作	-0.929*	0.196	0.000	-1.31	-0.54
	20~30 年	30 年以上	0.794*	0.206	0.000	0.39	1.20
		10~20 年	0.185	0.166	0.266	-0.14	0.51
		10 年以下	0.233	0.172	0.175	-0.10	0.57
		未参加过工作	-0.134	0.157	0.394	-0.44	0.18
	10~20 年	30 年以上	0.610*	0.203	0.003	0.21	1.01
		20~30 年	-0.185	0.166	0.266	-0.51	0.14
		10 年以下	0.048	0.167	0.773	-0.28	0.38
		未参加过工作	-0.319*	0.153	0.037	-0.62	-0.02
	10 年以下	30 年以上	0.561*	0.208	0.007	0.15	0.97
		20~30 年	-0.233	0.172	0.175	-0.57	0.10
		10~20 年	-0.048	0.167	0.773	-0.38	0.28
		未参加过工作	-0.367*	0.159	0.021	-0.68	-0.05
	未参加过工作	30 年以上	0.929*	0.196	0.000	0.54	1.31
		20~30 年	0.134	0.157	0.394	-0.18	0.44
		10~20 年	0.319*	0.153	0.037	0.02	0.62
		10 年以下	0.367*	0.159	0.021	0.05	0.68

题项	(I)A9	(J)A9	平均值差值 (I-J)	标准误差	p	95%置信区间	
						下限	上限
F12	30年以上	20~30年	-0.690*	0.192	0.000	-1.07	-0.31
		10~20年	-0.857*	0.188	0.000	-1.23	-0.49
		10年以下	-0.740*	0.193	0.000	-1.12	-0.36
		未参加过工作	-0.810*	0.182	0.000	-1.17	-0.45
	20~30年	30年以上	0.690*	0.192	0.000	0.31	1.07
		10~20年	-0.167	0.154	0.277	-0.47	0.13
		10年以下	-0.050	0.159	0.755	-0.36	0.26
		未参加过工作	-0.120	0.146	0.411	-0.41	0.17
	10~20年	30年以上	0.857*	0.188	0.000	0.49	1.23
		20~30年	0.167	0.154	0.277	-0.13	0.47
		10年以下	0.118	0.155	0.449	-0.19	0.42
		未参加过工作	0.047	0.142	0.739	-0.23	0.33
	10年以下	30年以上	0.740*	0.193	0.000	0.36	1.12
		20~30年	0.050	0.159	0.755	-0.26	0.36
		10~20年	-0.118	0.155	0.449	-0.42	0.19
		未参加过工作	-0.070	0.147	0.634	-0.36	0.22
	未参加过工作	30年以上	0.810*	0.182	0.000	0.45	1.17
		20~30年	0.120	0.146	0.411	-0.17	0.41
		10~20年	-0.047	0.142	0.739	-0.33	0.23
		10年以下	0.070	0.147	0.634	-0.22	0.36
F13	30年以上	20~30年	-0.402*	0.153	0.009	-0.70	-0.10
		10~20年	-0.397*	0.150	0.008	-0.69	-0.10
		10年以下	-0.163	0.153	0.289	-0.46	0.14
		未参加过工作	-0.319*	0.145	0.028	-0.60	-0.03
	20~30年	30年以上	0.402*	0.153	0.009	0.10	0.70
		10~20年	0.004	0.122	0.971	-0.24	0.24
		10年以下	0.239	0.127	0.060	-0.01	0.49
		未参加过工作	0.082	0.116	0.479	-0.15	0.31
	10~20年	30年以上	0.397*	0.150	0.008	0.10	0.69
		20~30年	-0.004	0.122	0.971	-0.24	0.24
		10年以下	0.234	0.124	0.059	-0.01	0.48
		未参加过工作	0.078	0.113	0.490	-0.14	0.30

续表

题项	（I）A9	（J）A9	平均值差值（I-J）	标准误差	p	95%置信区间 下限	95%置信区间 上限
F13	10年以下	30年以上	0.163	0.153	0.289	−0.14	0.46
		20～30年	−0.239	0.127	0.060	−0.49	0.01
		10～20年	−0.234	0.124	0.059	−0.48	0.01
		未参加过工作	−0.156	0.117	0.184	−0.39	0.07
	未参加过工作	30年以上	0.319*	0.145	0.028	0.03	0.60
		20～30年	−0.082	0.116	0.479	−0.31	0.15
		10～20年	−0.078	0.113	0.490	−0.30	0.14
		10年以下	0.156	0.117	0.184	−0.07	0.39
G1	30年以上	20～30年	−0.441*	0.146	0.003	−0.73	−0.15
		10～20年	−0.412*	0.143	0.004	−0.69	−0.13
		10年以下	−0.270	0.147	0.066	−0.56	0.02
		未参加过工作	−0.355*	0.138	0.011	−0.63	−0.08
	20～30年	30年以上	0.441*	0.146	0.003	0.15	0.73
		10～20年	0.029	0.117	0.806	−0.20	0.26
		10年以下	0.170	0.121	0.160	−0.07	0.41
		未参加过工作	0.086	0.111	0.438	−0.13	0.30
	10～20年	30年以上	0.412*	0.143	0.004	0.13	0.69
		20～30年	−0.029	0.117	0.806	−0.26	0.20
		10年以下	0.142	0.118	0.230	−0.09	0.37
		未参加过工作	0.057	0.108	0.594	−0.15	0.27
	10年以下	30年以上	0.270	0.147	0.066	−0.02	0.56
		20～30年	−0.170	0.121	0.160	−0.41	0.07
		10～20年	−0.142	0.118	0.230	−0.37	0.09
		未参加过工作	−0.084	0.112	0.453	−0.30	0.14
	未参加过工作	30年以上	0.355*	0.138	0.011	0.08	0.63
		20～30年	−0.086	0.111	0.438	−0.30	0.13
		10～20年	−0.057	0.108	0.594	−0.27	0.15
		10年以下	0.084	0.112	0.453	−0.14	0.30
G5	30年以上	20～30年	−0.582*	0.154	0.000	−0.88	−0.28
		10～20年	−0.538*	0.151	0.000	−0.84	−0.24
		10年以下	−0.371*	0.154	0.017	−0.67	−0.07
		未参加过工作	−0.473*	0.146	0.001	−0.76	−0.19

题项	（I）A9	（J）A9	平均值差值（I-J）	标准误差	p	95%置信区间	
						下限	上限
G5	20~30 年	30 年以上	0.582*	0.154	0.000	0.28	0.88
		10~20 年	0.043	0.123	0.725	−0.20	0.29
		10 年以下	0.211	0.128	0.099	−0.04	0.46
		未参加过工作	0.109	0.117	0.354	−0.12	0.34
	10~20 年	30 年以上	0.538*	0.151	0.000	0.24	0.84
		20~30 年	−0.043	0.123	0.725	−0.29	0.20
		10 年以下	0.168	0.124	0.178	−0.08	0.41
		未参加过工作	0.065	0.114	0.566	−0.16	0.29
	10 年以下	30 年以上	0.371*	0.154	0.017	0.07	0.67
		20~30 年	−0.211	0.128	0.099	−0.46	0.04
		10~20 年	−0.168	0.124	0.178	−0.41	0.08
		未参加过工作	−0.103	0.118	0.386	−0.34	0.13
	未参加过工作	30 年以上	0.473*	0.146	0.001	0.19	0.76
		20~30 年	−0.109	0.117	0.354	−0.34	0.12
		10~20 年	−0.065	0.114	0.566	−0.29	0.16
		10 年以下	0.103	0.118	0.386	−0.13	0.34
G6	30 年以上	20~30 年	−0.555*	0.155	0.000	−0.86	−0.25
		10~20 年	−0.557*	0.153	0.000	−0.86	−0.26
		10 年以下	−0.428*	0.156	0.006	−0.74	−0.12
		未参加过工作	−0.525*	0.148	0.000	−0.82	−0.23
	20~30 年	30 年以上	0.555*	0.155	0.000	0.25	0.86
		10~20 年	−0.002	0.125	0.990	−0.25	0.24
		10 年以下	0.127	0.129	0.325	−0.13	0.38
		未参加过工作	0.030	0.118	0.799	−0.20	0.26
	10~20 年	30 年以上	0.557*	0.153	0.000	0.26	0.86
		20~30 年	0.002	0.125	0.990	−0.24	0.25
		10 年以下	0.129	0.126	0.307	−0.12	0.38
		未参加过工作	0.032	0.115	0.783	−0.19	0.26
	10 年以下	30 年以上	0.428*	0.156	0.006	0.12	0.74
		20~30 年	−0.127	0.129	0.325	−0.38	0.13
		10~20 年	−0.129	0.126	0.307	−0.38	0.12
		未参加过工作	−0.097	0.120	0.418	−0.33	0.14
	未参加过工作	30 年以上	0.525*	0.148	0.000	0.23	0.82
		20~30 年	−0.030	0.118	0.799	−0.26	0.20
		10~20 年	−0.032	0.115	0.783	−0.26	0.19
		10 年以下	0.097	0.120	0.418	−0.14	0.33

表 18 所在地区变量上的单因素方差分析结果（呈现显著性差异的题项）

题号		平方和	自由度	均方	F	p
B3	组间	8.930	2	4.465	5.717	0.004
	组内	317.090	406	0.781		
	总计	326.020	408			
B4	组间	7.342	2	3.671	4.687	0.010
	组内	317.964	406	0.783		
	总计	325.306	408			
B6	组间	11.063	2	5.531	5.888	0.003
	组内	381.407	406	0.939		
	总计	392.470	408			
C1	组间	8.850	2	4.425	6.213	0.002
	组内	289.145	406	0.712		
	总计	297.995	408			
C2	组间	9.080	2	4.540	6.270	0.002
	组内	293.981	406	0.724		
	总计	303.061	408			
D11	组间	3.893	2	1.947	3.068	
	组内	257.613	406	0.635		
	总计	261.506	408			
E7	组间	5.731	2	2.865	4.293	0.014
	组内	271.003	406	0.667		
	总计	276.734	408			
E8	组间	4.683	2	2.341	3.872	0.022
	组内	245.493	406	0.605		
	总计	250.176	408			
E13	组间	4.045	2	2.023	3.764	0.024
	组内	218.155	406	0.537		
	总计	222.200	408			
F5	组间	5.994	2	2.997	3.387	0.035
	组内	359.302	406	0.885		
	总计	365.296	408			
F10	组间	8.854	2	4.427	3.605	0.028
	组内	498.628	406	1.228		
	总计	507.482	408			

续表

	题号	平方和	自由度	均方	F	p
G1	组间	4.087	2	2.043	3.452	0.033
	组内	240.348	406	0.592		
	总计	244.435	408			
G5	组间	4.573	2	2.286	3.425	0.033
	组内	271.036	406	0.668		
	总计	275.609	408			

表 19　所在地区水平上的 LSD 事后多重比较

题项	（I）A10	（J）A10	平均值差值(I-J)	标准误差	p	95%置信区间下限	95%置信区间上限
B3	东部和港澳台地区	中部地区	−0.230*	0.107	0.032	−0.44	−0.02
		西部地区	0.390*	0.172	0.024	0.05	0.73
	中部地区	东部和港澳台地区	0.230*	0.107	0.032	0.02	0.44
		西部地区	0.619*	0.189	0.001	0.25	0.99
	西部地区	东部和港澳台地区	−0.390*	0.172	0.024	−0.73	−0.05
		中部地区	−0.619*	0.189	0.001	−0.99	−0.25
B4	东部和港澳台地区	中部地区	−0.276*	0.107	0.010	−0.49	−0.07
		西部地区	0.214	0.172	0.216	−0.13	0.55
	中部地区	东部和港澳台地区	0.276*	0.107	0.010	0.07	0.49
		西部地区	0.490*	0.189	0.010	0.12	0.86
	西部地区	东部和港澳台地区	−0.214	0.172	0.216	−0.55	0.13
		中部地区	−0.490*	0.189	0.010	−0.86	−0.12
B6	东部和港澳台地区	中部地区	−0.386*	0.117	0.001	−0.62	−0.16
		西部地区	0.083	0.189	0.661	−0.29	0.45
	中部地区	东部和港澳台地区	0.386*	0.117	0.001	0.16	0.62
		西部地区	0.469*	0.207	0.024	0.06	0.88
	西部地区	东部和港澳台地区	−0.083	0.189	0.661	−0.45	0.29
		中部地区	−0.469*	0.207	0.024	−0.88	−0.06
C1	东部和港澳台地区	中部地区	−0.198	0.102	0.052	−0.40	0.00
		西部地区	0.431*	0.164	0.009	0.11	0.75
	中部地区	东部和港澳台地区	0.198	0.102	0.052	0.00	0.40
		西部地区	0.629*	0.180	0.001	0.27	0.98
	西部地区	东部和港澳台地区	−0.431*	0.164	0.009	−0.75	−0.11
		中部地区	−0.629*	0.180	0.001	−0.98	−0.27

续表

题项	（I）A10	（J）A10	平均值差值（I-J）	标准误差	p	95%置信区间 下限	95%置信区间 上限
C2	东部和港澳台地区	中部地区	−0.225*	0.103	0.029	−0.43	−0.02
		西部地区	0.403*	0.166	0.015	0.08	0.73
	中部地区	东部和港澳台地区	0.225*	0.103	0.029	0.02	0.43
		西部地区	0.628*	0.182	0.001	0.27	0.99
	西部地区	东部和港澳台地区	−0.403*	0.166	0.015	−0.73	−0.08
		中部地区	−0.628*	0.182	0.001	−0.99	−0.27
D11	东部和港澳台地区	中部地区	−0.206*	0.096	0.033	−0.40	−0.02
		西部地区	0.141	0.155	0.363	−0.16	0.45
	中部地区	东部和港澳台地区	0.206*	0.096	0.033	0.02	0.40
		西部地区	0.348*	0.170	0.042	0.01	0.68
	西部地区	东部和港澳台地区	−0.141	0.155	0.363	−0.45	0.16
		中部地区	−0.348*	0.170	0.042	−0.68	−0.01
E7	东部和港澳台地区	中部地区	−0.128	0.099	0.194	−0.32	0.07
		西部地区	0.383*	0.159	0.017	0.07	0.70
	中部地区	东部和港澳台地区	0.128	0.099	0.194	−0.07	0.32
		西部地区	0.511*	0.174	0.004	0.17	0.85
	西部地区	东部和港澳台地区	−0.383*	0.159	0.017	−0.70	−0.07
		中部地区	−0.511*	0.174	0.004	−0.85	−0.17
E8	东部和港澳台地区	中部地区	−0.114	0.094	0.226	−0.30	0.07
		西部地区	0.348*	0.151	0.022	0.05	0.65
	中部地区	东部和港澳台地区	0.114	0.094	0.226	−0.07	0.30
		西部地区	0.462*	0.166	0.006	0.14	0.79
	西部地区	东部和港澳台地区	−0.348*	0.151	0.022	−0.65	−0.05
		中部地区	−0.462*	0.166	0.006	−0.79	−0.14
E13	东部和港澳台地区	中部地区	−0.130	0.088	0.143	−0.30	0.04
		西部地区	0.297*	0.143	0.038	0.02	0.58
	中部地区	东部和港澳台地区	0.130	0.088	0.143	−0.04	0.30
		西部地区	0.426*	0.157	0.007	0.12	0.73
	西部地区	东部和港澳台地区	−0.297*	0.143	0.038	−0.58	−0.02
		中部地区	−0.426*	0.157	0.007	−0.73	−0.12
F5	东部和港澳台地区	中部地区	−0.220	0.114	0.053	−0.44	0.00
		西部地区	0.262	0.183	0.153	−0.10	0.62
	中部地区	东部和港澳台地区	0.220	0.114	0.053	0.00	0.44
		西部地区	0.482*	0.201	0.017	0.09	0.88
	西部地区	东部和港澳台地区	−0.262	0.183	0.153	−0.62	0.10
		中部地区	−0.482*	0.201	0.017	−0.88	−0.09

题项	（I）A10	（J）A10	平均值差值(I-J)	标准误差	p	95%置信区间	
						下限	上限
F10	东部和港澳台地区	中部地区	-0.267*	0.134	0.047	-0.53	0.00
		西部地区	0.321	0.216	0.138	-0.10	0.74
	中部地区	东部和港澳台地区	0.267*	0.134	0.047	0.00	0.53
		西部地区	0.587*	0.237	0.013	0.12	1.05
	西部地区	东部和港澳台地区	-0.321	0.216	0.138	-0.74	0.10
		中部地区	-0.587*	0.237	0.013	-1.05	-0.12
G1	东部和港澳台地区	中部地区	-0.093	0.093	0.317	-0.28	0.09
		西部地区	0.338*	0.150	0.025	0.04	0.63
	中部地区	东部和港澳台地区	0.093	0.093	0.317	-0.09	0.28
		西部地区	0.431*	0.164	0.009	0.11	0.75
	西部地区	东部和港澳台地区	-0.338*	0.150	0.025	-0.63	-0.04
		中部地区	-0.431*	0.164	0.009	-0.75	-0.11
G5	东部和港澳台地区	中部地区	-0.162	0.099	0.102	-0.36	0.03
		西部地区	0.283	0.159	0.076	-0.03	0.60
	中部地区	东部和港澳台地区	0.162	0.099	0.102	-0.03	0.36
		西部地区	0.444*	0.174	0.011	0.10	0.79
	西部地区	东部和港澳台地区	-0.283	0.159	0.076	-0.60	0.03
		中部地区	-0.444*	0.174	0.011	-0.79	-0.10

后　记

课题终于结题，这本书也终于要出版了。

完成了一项任务，也了却了一个心愿。这本书的出版让我相信，抱持理想主义信念的研究者终究会得到同道者的支持，不管遇到多少困难，最终还是能够实现自己的目标。所以，理想还是要有的。

"中国特色大学治理准则研究"这个课题是 2018 年获批、2023 年结题的。2018 年，父亲在受糖尿病折磨一年多之久后悲惨离世，2023 年母亲也突然病逝。其间，学校开始实行绩效考核，向来不喜欢被管理、被考核的我在工作中感到非常被动、无奈。生活的变故、工作上的压力让我身心俱疲，满怀热情申请下来的课题几乎成了负担，按照考核指标顺利完成结题对我来说一度成了奢望。

好在还是有很多人认为我的研究很有价值，他们的鼓励和支持让我坚持下来，最终顺利结题，并完成了书稿撰写工作。限于篇幅，我不能在此一一提及他们的名字，但有几位我必须在这里表达我发自内心的谢意，他们是：浙江师范大学资深教授、中国高等教育学会学术发展咨询委员会副主任兼秘书长、中国教育科学研究院原副院长马陆亭研究员，北京工业大学原党委副书记李四平研究员，河南大学教育学部李申申教授，复旦大学高等教育研究所原所长熊庆年教授。马陆亭老师非常关心我的这项研究，他和李四平老师不仅参加了本课题的开题答辩，还在研究过程中给我提供了各种宝贵的支持。李申申老师主持过多项全国教育科学规划重大课题，对课题管理程序十分熟悉。她虽然年事渐高，但总是以她几十年如一日的热忱工作态度激励着我、影响着我，让我不至于懈怠到放弃的地步。李老师还积极帮助我联系出版社，使我因为这本书与社会科学文献出版社结缘。我和熊庆年老师有幸相识于浙江师范大学主办的一场大学治理研究高峰论坛，熊老师力邀我加入他的课题组，而我也因此得以与其他课题组成员一同探讨我在大学治理准则研究方面取得的阶段性成果，并通过与课题组的多次会议交流、研讨，收获了可贵的学术友谊。我是个不会说客气话的人，但对他们的感激之情却始终萦绕在我的心头。

我的学生对这项研究也作出了很大的贡献。因为我是他们的导师，所以她们不得不听从我的安排，将自己的毕业论文选题在大学治理准则研究领域。因为国内几乎没有相关研究，她们总是面临着没有多少国内文献资料可供参考的难题。但她们足够勤奋也足够努力，最终还是战胜重重困难，在推进自己毕业论文写作的同时，和我一起完成了书稿撰写工作，其中师璇参与了本书第二章、第五章的撰写，马玉玉、陈菲参与了本书第四章的撰写，张涵承担了本书正文、脚注、文后参考文献的所有格式调整工作。感谢我可爱的学生们，很难想象，如果没有她们的协助，我的工作会陷入什么样的困境。

在本书即将付梓之际，我还要特别感谢社会科学文献出版社经管分社的恽薇社长和王劼峥老师。我是个严重的拖延症患者，她们一直在包容我的拖沓，让我既惭愧又感激。本书内容涉及大量图表，责任编辑孔庆梅老师和文稿编辑陈冲老师对照原始数据，对正文中的图表格式及数据进行了逐一核对，付出了大量心血，帮助我纠正了好几处数据遗漏和错误，可想而知他们为此付出了多少心血，真是万分感谢！此外，还要感谢全国教育科学规划领导小组办公室的资助，感谢参与"中国特色大学治理准则研究"课题开题、中期和结题答辩的所有评委专家和课题组的所有成员对本课题的支持。感谢我的家人，尤其是我善解人意的儿子，他们的陪伴和理解是我做任何事都不可或缺的力量来源。

最后我想说的是，大学治理准则是一个值得深入探讨的领域，在这个领域，我也是一个刚启程的旅者，尚未能深入它的腹地，一览它全部的风景。希望这本书能够抛砖引玉，吸引更多的同道学人投入大学治理准则研究，让我们一起努力，推动大学治理准则这种高质量治理工具在中国落地生根。欢迎大家指出本书中的不足之处，对本书中可能存在的错误，我负全部责任。

图书在版编目（CIP）数据

大学治理准则研究／王绽蕊著. --北京：社会科
学文献出版社，2024.11. --ISBN 978-7-5228-4372-8

Ⅰ. G647

中国国家版本馆 CIP 数据核字第 2024SL8654 号

大学治理准则研究

著　　者／王绽蕊

出 版 人／冀祥德
组稿编辑／恽　薇
责任编辑／孔庆梅
文稿编辑／陈　冲
责任印制／王京美

出　　版／社会科学文献出版社·经济与管理分社（010）59367226
　　　　　地址：北京市北三环中路甲 29 号院华龙大厦　邮编：100029
　　　　　网址：www. ssap. com. cn
发　　行／社会科学文献出版社（010）59367028
印　　装／三河市龙林印务有限公司

规　　格／开　本：787mm×1092mm　1/16
　　　　　印　张：18　字　数：273 千字
版　　次／2024 年 11 月第 1 版　2024 年 11 月第 1 次印刷
书　　号／ISBN 978-7-5228-4372-8
定　　价／98.00 元

读者服务电话：4008918866